Community Design

KOIZUMI Hideki
小泉秀樹 編

コミュニティデザイン学

その仕組みづくりから考える

東京大学出版会

Learning Design of Community Design
Hideki KOIZUMI, Editor
University of Tokyo Press, 2016
ISBN978-4-13-061133-6

はじめに｜少子高齢社会における協働のコミュニティデザインの可能性と課題[1]

1　コミュニティデザインを巡る社会環境の変化

1.1　大きな社会的文脈としての少子高齢化と環境的制約の増大

　現在，そしてこれからの地域づくり，まちづくり，コミュニティデザインを考えるにあたり，少子高齢化の進展と環境的制約の増大は，避けては通れない制約条件となる．

　前者，すなわち少子高齢化の進展は，地域づくりないしまちづくりに際して，多くの新しい課題を我々に突きつけている．概説すれば，介護やそれ以外の多様な高齢者向けサービス（孤老の増大への対応含む），子育て支援や教育関連のサービス・事業のきめ細やかな展開，それらを提供する担い手としての市民社会組織の育成やそれらの地域社会における連携，そしてそれら担い手の活動拠点となる各種施設の空間的配置の再考，そのことに関連した公共輸送機関や徒歩，自転車等といった交通手段の体系やサービス網の見直し，これら一連の事項を決めるための地域における意思決定の仕組み（政治的機構）の構築も必要となる．

　さらに，高齢化や少子化対策は，社会保障費の増額をもたらし，国や自治体の財政的な制約も増大しつつある．こうしたなか，高齢者の活動や子育ての主な舞台としての「地域公共圏」＝地域の社会・市場・環境・政治（これらすべてを含めて地域社会といった方が良いかもしれないが）が果たす役割は，今度さらに増してくるだろう．

　後者，環境的制約については，地球温暖化問題（CO_2をはじめとした温室

---

1) 本章は，小泉（2011a），および小泉（2013）に大幅加筆したものである．

効果ガスの排出低減），環境ホルモンの広域的な排出，ヒートアイランド，生物多様性の喪失，といった問題への対応が近年重視されるようになってきた．これらに共通しているのは，1地域や1都市での取り組みとともに，それを超えたスケール（都市圏，国，国家を超えた経済圏，そして地球）での取り組みが必要とされていることであり，同時に各レベル間の連携が必要とされていることである．

　小さな物語から大きな物語を紡ぎ，同時に大きな物語から，小さな物語のあらすじを考え直す，そのような相互調整的な作業を行うことの必要に迫られている．

1.2　ガバナンスの変化
(a) 多様なまちづくりの担い手の登場

　単純化すれば，まちづくりは，地域住民の意向に基づくこと＝正義，との考えに立って誕生し，先進的な取り組みが行われてきた[2]．行政の決定する都市計画が都市の総合性や一体性，広域性といった論理で行われることに対して，まちづくりは地域社会の声に基づいて行われるべき，との考えであった．しかし，多様化する現代社会では，住民（市民）も一様ではないし，また，行政─地域住民という対立構造だけでは単純に整理することができないさまざまな状況が生まれつつある．

　第2に，こうした状況とも関連しながら，市民社会組織による事業的活動（市民まちづくり事業）が多様なかたちで発展・展開しつつある．そして，事業の担い手は，医者，福祉事業者，映画館運営者，スポーツクラブ，主婦を中心としたコミュニティレストラン経営者など，多様化している．同時に，1つ1つの事業・プロジェクトにおいては，政府や，教育研究機関，関連する民間企業などが，さまざまな形で協力もしくは連携しながら実施する場合が多く見られる．

　また，まちづくりや都市計画に対する市民提案も，かつての地区住民組織による「街づくり提案」から，多くの主体のコラボラティブな活動の成果としての，より多様なイシュー，スケールを対象とした市民提案が行われるよ

2）佐藤（1999）での指摘．

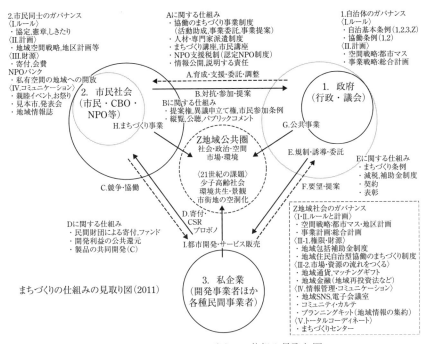

図1　コミュニティデザインの仕組み見取り図

うになってきた．たとえば，都市スケールや多様な主体が関わりを持つ領域に対する市民提案や，特定テーマに特化した提案などが見られる．

　このような担い手の多様化は，まちづくり，地域づくりへの各主体の関わり方の多様化をもたらし，また対象領域や空間的範囲の多様化を引き起こしている．そうした状況を前提としながらまちづくりや地域づくりを育むコミュニティデザインの仕組みを構想する必要に迫られている．

(b) ガバナンスの構図の変化

　図1は，まち・地域づくりに関わるガバナンスの構図の上に，現在そして将来必要と考えられるコミュニティデザインの仕組みを記入したものである[3]．ガバナンスの構図としては以下の通りである．まず，政府の領域は，

---

3) 本図の作成にあたっては，UNGP等による都市ガバナンスの説明図にヒントを得ている．

それ自体が公共の領域という認識のもとカバーする範囲はこれまで相対的に広かったが，近年ではその範囲は縮小しつつある．中曽根「民活」以降小泉都市再生まで，私企業の領域の拡大でそれをカバーしようとする政策を「国」としては重点的に執ってきたが限界が明確になってきた．その後，民主党政権時に「新しい公共」政策が展開されたものの十分な成果が得られたとは言い難い．今後も市民社会の領域を拡大することが必要とされている．

そして，重要なことは，現代社会では，従来の政府＝公共という考えではなく，市民社会，政府，私企業の3者が協力的な関係のもとに「地域における公共圏」を形づくることである．この図でいうと，中央部，そして各主体の中間的なスペースこそ新しい公共圏が形成されるべき領域（協働の領域）なのである．

1.3 見取り図から見た仕組みの課題

次いで図1に基づいて，やや俯瞰的かつ具体的に仕組みの現状について考えてみる．

コミュニティデザインの仕組みは，政府（主に自治体），市民，そして私企業が各自の領域を統治するための仕組みと，各々の関係＝地域公共圏（協働の領域）を形作るための仕組み（後述(a)）に大きく区分できる．後者，各セクターの関係を形作る仕組みは，さらに市民―政府，市民―私企業，私企業―政府の2者間，そして市民―私企業―政府の3者間における協働の関係づくりに関わる仕組みに区分できる．

このうち筆者が特に着目しているのは，市民社会組織の領域を充実させ拡大させるために必要となる仕組み(b)と，市民―政府(c)，市民―企業(d)の2者間，そして市民―私企業―政府の3者間における協働の関係づくりに関わる仕組みである．これらの仕組みについて概説しながら全体の構成を説明しよう．

(a) 地域公共圏全体を協働的に統治するための仕組み

これについては，各主体が協働するためのフレームワークとして「地域戦略」とよぶべき（広義の）計画がまず必要とされるだろう．これは，空間，経済，社会といった各分野について整合させつつ必要な戦略を地域というある領域を対象にまとめたものである．実務的には，従来の総合計画や都市マ

スタープランを，こうした各主体のフレームワークとして位置づけ直す，というイメージだろうか．たとえば，従来の都市マスタープランを例にとれば，各種の主体の投資や事業，活動を，空間の観点から統合し戦略的に誘導するためのフレームワークとして新たな位置づけを与えるということになるだろう．

　実際の都市マスタープランは，個別分野計画の1つと見なされている場合も多く，また総合計画を含めた他の計画も統合的に空間形成を管理することはできていない．たとえば，教育，子育て，高齢者関連のサービス施設や他の公共施設の配置は，各行政分野やサービスを行う主体ごとのロジックで決定されているのであり，地域における生活づくりの観点から統合的にデザインされてはいない．こうした空間戦略としての都市マスタープランの「再生」については，少子高齢社会に向けた喫緊の課題である．

　地域情報基盤とコミュニケーションの仕組みも，地域公共圏の形成に必要不可欠だろう．参加型モニタリング制度などを通じたプロアクティブな情報共有や，コミュニケーションの促進のための仕組みとして，地域SNSを市民活動支援とあわせて運用する方式などが試みられている．

　また，自治基本条例，協働条例，まちづくり条例といった条例群も主体間の関係を位置づける仕組みとしての役割も具備している．このうち，まちづくり条例については，特に市民―行政間の関係づくりとしての協議会への支援や提案制度について，その普及状況と運用実績をもとに課題を整理することが必要だろう．特に，条例上の規定が有効に機能するためには，市民の主体形成と同時に行政体制の変革が求められると考えられる．加えて，企業を含めた協働の枠組みを規定することも課題と言えるだろう．

　また，こうした全体のフレームワークのもとに各主体の連携的活動を促進するためのドライバーとして，まちづくりセンター（第1章参照）や市民活動支援センターが存在している．特に，まちづくりセンターについては，近年各地で新設される動きがあり，また地方自治体が設置する形から民間企業や市民が設置を進める事例も登場するなど，歴史的な発展経緯や全国的な普及状況と課題について整理することが求められている．

(b) 市民の活動領域を拡大するための仕組み

　これについては，市民ファンド（第2章参照）や私有空間の地域社会への

開放を利用した住環境の再構築などが該当するだろう．市民ファンドは，市民が設置し，多数の市民や職域団体からの寄付などによりファンドを設立し市民事業を支援するという試みで，行政や私企業が設置した基金，財団が，私企業・行政→市民社会組織への金銭的な流れをつくりだす仕組みであるのに対して，多様な市民→市民社会組織の資金的な流れを作り出すものと位置づけられる（第2章参照）．萌芽的事例が多いが「市民の思い」を公共圏を形成する市民事業に届ける，という意味で先駆性のある試みと言える．

(a)で述べた地域情報基盤とも関連して，クラウドファンディングの活用やwebを通じたふるさと納税によるまちづくり事業資金の調達など新しい動きもある．

(c) 市民―政府による協働の領域のための仕組み

これについては，協働のまちづくり事業制度や地域住民自治型まちづくり制度などを代表的なものとして挙げることができる．協働のまちづくり事業制度は，各種の市民事業に対して，自治体行政が一定の目的達成のために資金支援を行ったり，行政施策としての位置づけを与える（委託や政策として公定することを通じて）制度である．

地域住民自治型まちづくり制度は，従来の町会・自治会等を再編する形で地域住民組織を新たに設置し，そこに一定の財源を行使する権限を付与するという仕組み・制度である．いずれにしても市民事業に対する単なる財政支援策ではなく，市民ないしは住民と政府（行政），場合によっては（地域の）私企業との中間に位置する公共圏を形づくるための制度と見なすことができる．担い手としての市民，住民組織の主体づくりのプログラムを加えることや，行政体制の再編を伴うことで，有効な仕組みとなりうる．

(d) 市民―企業による協働の領域のための仕組み

これについては，現状では，有効な仕組みや制度はほとんど用意されていないといってよいだろう．NPOへの寄付控除も現状ではまだまだ敷居が高い制度となっており[4]，CSRやプロノボなども十分には展開していない状況がある．私企業の資金をNPOにより積極的に引きつける投資減税制度や，

---

4) たとえばNPOが寄付控除となるには，そもそも寄付による運営を行っている団体であることが前提となる．また，寄付を行う側にとっても確定申告が必要であるなど煩雑な面がある．

地域公共圏ないしはコミュニティにおいて，より具体的かつダイナミックに協働・共創プロジェクトを推し進める制度や仕組みが求められている．

2　仕組みづくりを検証する視点

2.1　コミュニティ資本（community capital）の形成仮説

　地域に蓄積された資本をここでは仮にコミュニティ資本（community capital）と呼んでおこう[5]．

　筆者らが関わってきた自治体・地域での取り組みから考えると，地域／まちづくりがさまざまな主体の協働のもとイノベイティブに展開していくためには，コミュニティデザインの仕組みそのものが発達し相互に連接していることはもちろん重要である．が，それだけでうまく活用されるとは限らない．仕組みを動かす担い手づくり（主体づくり）や主体間のネットワークの形成，さらに仕組みを動かすための基本的考え方・やり方の工夫（理論や技術）の進展も同時に必要となる．これら異なる要素の相互的かつ創発的な発展／展開があって，地域／まちづくり活動も多様に展開する．

　つまり，コミュニティデザインの仕組み（制度），担い手（主体），考え方・やり方（理論や技法）の総体からなるコミュニティ資本（計画資本）を，これら3つの要素の相互作用的働きのなかで高めることが，地域／まちづくりの発展には必要と考えられるのである．

　コミュニティデザインの仕組みの検証にあたってはこのコミュニティ資本（計画資本）の形成という観点から，仕組みとともにそれを動かす担い手（主に，自治体や専門家，市民社会組織，地元企業や関連団体），考え方・やり方（理論や技法）にも着目することが必要と考えられるのである．

　地域／まちづくりをイノベイティブに展開するために必要となるコミュニティ資本（計画資本）の形成にむけて，現在の仕組みがどのように作用し，何を加えることが必要なのか，仕組み群の具体事例をもとに検証を進めることが必要だろう．

[5) 小泉（2011b）では，計画資本と呼んでいる．しかし，内容からはコミュニティ資本もしくはまちづくり資本と呼んだ方が適当かもしれない．本書では，とりあえず，コミュニティ資本としておくが，上記文献もあわせて参照されたい．

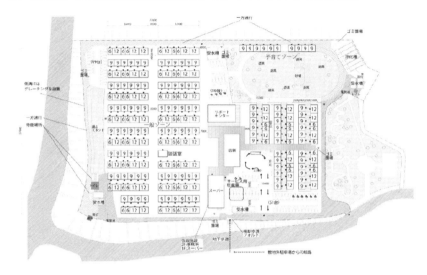

図2　釜石市コミュニティケア型仮設住宅団地

　その理由は，1つには，地域における実践の検証を通じて各仕組みごとの課題を明らかにすることなしに，目指すべき仕組みの「全体像」は見えてこないと考えるからである[6]．

　また，地域／まちづくり関連の法改正を考えた場合，それが意味あるものとなるためには，丹念な実証作業を踏まえることが必要不可欠である．単なる言説や思いつき・アイデアから構想されるべきではない．この観点からも，現存する主な仕組みの課題を明らかにすることは意義があると考えられる．

3　被災地における少子高齢社会に向けたコミュニティデザインの実践

　少子高齢社会においては，こうした各種の仕組みとコミュニティ資本を総合的分野横断的に構築することが必要であると考えられるが，それは実践を

---

6) 仕組み群の総体の評価については，このようなアプローチで個々の仕組みの評価が行われた後に，特定の自治体を取り上げるなどして行うことが必要だろう．

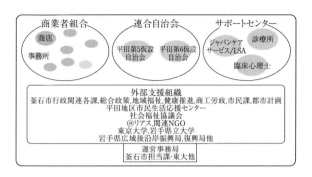

図3　釜石市平田総合公園の運営体制図

繰り返すなかで，課題を確認しながら構築するものであろう．本節で，まず筆者等が関わった事例について紹介したうえで，そこから明らかになった可能性や課題を4節で論じたい．

3.1　岩手県釜石市平田総合公園での仮設まちづくり

図2は，平田総合公園での仮設のまちの配置図である．平田総合公園の仮設のまちは，既成市街地からも離れており，高所移転の実験的モデルとしての意味合いも持つ．空間計画的な特徴としては，(1)コミュニティ形成の観点からは最も小さなコミュニティ単位としての近所付き合いを育むためにウッドデッキによる「路地」をつくり出していること，(2)これをデイサービスやクリニックのあるサポートセンターと商店街に接続することで，高齢者や身体障がい者が外出しやすくまた見守りも行いやすい環境としたこと，(3)住宅のみならず，福祉・医療拠点，商業店舗・事務所なども同じ団地内にある仮設のまちとしたこと，(4)高齢者や中高生など車を利用できない居住者が公共交通を利用して団地外の主な施設にアクセスすることが可能なように，バスを団地内部まで引き込み仮設店舗内に待合室を用意し，またバス停までスロープで降りられるようにした，ことである．

また，(5)コミュニティ組織のデザインの観点からは，仮設のまちであることの利点を活かし，住民自治組織に加えて医療・福祉・心理療養士からなるケアチーム，商業者の設立した商業者組合からなる「まちづくり協議会

x　はじめに　少子高齢社会における協働のコミュニティデザインの可能性と課題

図4　車椅子でも自分の力で外に出て買い物に行くことができる

図5　さまざまに利用される憩いの場所

（図3）」を設立し，施設利用に関連した多様な主体が協働・連携するかたちで「見守り（ケア）」の体制を充実し，また共助・協働によるコミュニティ活動を創出しようとしている．

　(1)については，住民が椅子を持ち寄り，座っての井戸端会議が各所に見られるようになった．(4)についても，高齢者らが夏や冬に待合室で和気あいあいと話し合いながらバスを待つ姿が頻繁に見られている．(2)(3)(5)については，サポートセンターの事業者（ジャパン・ケア・サービス）中心にクリニックの医師，生活応援センター，自治会，商業者組合が連携し，高齢者のみの世帯や単親世帯などの見守りを行うことで，他の仮設団地に比較して心理的に問題がある住民の発生率が極めて低いことが確認されている．ま

た 2012 年に実施したアンケートの結果によれば，バス停や商店街，医療拠点を設けたことは高齢者にとって意味あることであったことが確認されている．

また，(5)については，住民自治会が立ち上がったのが 2011 年 11 月，商店街が設置されたのが同年クリスマス前となり，協議会としての本格的な活動はそれ以降に行われることになったが，同年末にサポートセンター事業者が主催した子ども向けの餅つき大会の実施にあたっては，住民自治会，商店街も協力して行うなど，さっそく協働的な活動が行われた．その後も，芋煮会や，コミュニティカフェの運営，コミュニティガーデンの作成などの活動を活発に行っている．

また，参加型の点検ワークショップ（WS）でありかつ参加型アクションリサーチでもある住環境点検活動を実施している．これは大槌（岩手県）でも同様の方式で実施しているものであり，1 回目はまち歩き WS をやり，2 回目は報告会をやる．報告会では，1 回目の WS で出された意見を空間とテーマ別にまとめたものを用意しこれをコミュニティーペーパーの形でまとめ，全戸配布した上でコミュニティの皆さんに集まってもらい，この内容を改めて報告し，そのなかで，主体ごとの役割を整理する．この際のポイントは，たとえば，住民にはできない課題は県とか市，支援団体に対応していただく，住民自身のできるところは自分たちでやってもらう，このような形で役割分担を明確にすることにある．そして，各々が責任を持ちながらコミュニティの改善活動につなげている．

3.2　陸前高田まちのリビングプロジェクト：りくカフェ

このプロジェクトは，地元住民のみなが気軽に立ち寄れる居場所＝まちのリビングをつくり，運営することを通して，復興に向けた仮設期のまちづくりの重要性を問うものである．津波により甚大な被害を受けた岩手県陸前高田市では，町場のほとんどが被災したため住民が気軽に集まり話をできる場所がない．

被災地では用地不足が問題となるなか，地元の開業医らが 2011 年 4 月，私有地にいち早く病院・薬局を開業し復興に向けて動き出していた．地域のコミュニティスペースをつくろうという彼らの発意に賛同する形で，まず大

図6 移動販売と連携したコミュニティの拠点（奥が「りくカフェ」）

学の専門メンバーが支援の体制を形づくり，企業に協力を呼びかけて，市民，大学，企業の協働プロジェクトとして実現している．被災3ヵ月後（6月）ぐらいから地元住民とコミュニティスペースの運営について相談しつつ，空間デザインの方向性を確認し，また本設に向けた建て替えデザインゲームをするなど，地区全体の空間マネジメントの方針を11月ぐらいまでには固め，その後2012年1月仮設のカフェ（りくカフェ）の建設・開業を実現している．

　1月のオープン以降，カフェを発意した地元の女性たちが運営を分担し，お茶やコーヒーを飲みながら会話を楽しむことはもちろん，病院，薬局，バスの待合所として，訪問診療の拠点として，またイベントの貸しスペースとしても利用され，住民の憩いの場所となっている．

　このプロジェクトは，居場所づくり（プレイスメイキング）のプロジェクトなので，地元組織とさまざまな連携をしながら運営を行っている．たとえば店を失ったパン屋の店主やコーヒー豆を安く卸してくれる業者など，さまざまな地元企業や人と連携しながらこのカフェを運営し，そういう企業や人たちにとっては生活再建の1つの機会・場にもなることを考えながら運営が行われている．また情報交流の場としても利用されており，さらに文化的なイベントが行える場所は市内にほとんどないことから，ちょうど小上がりの部分をステージとして東京などから音楽家が来て演奏を行ったり，地元の団体がコンサートや発表会を行う場所にもなっている．

　りくカフェのある敷地は，バス停の近くに位置しており，バスに乗るときに休む方や，診療所からの帰りに寄っていくという方もいる．こうしたコミ

3 被災地における少子高齢社会に向けたコミュニティデザインの実践　xiii

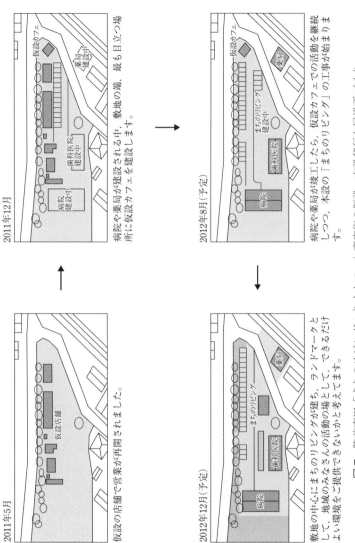

図7　陸前高田「まちのリビング・りくカフェ」商店街の仮設→本設移行と居場所づくり

ュニティスポットとしての機能をさらに強めようということで，生協の移動販売と連携し，りくカフェの前庭で販売してもらうことも地元メンバーの発意で始めている．そうすると，生協を利用するおばあちゃんたちが，移動販売で買い物をしてお茶を飲んで帰る，話をして帰っていく，そういう「場所」になりつつある．また千葉大学の秋田典子先生にお願いしコミュニティガーデンのプロジェクトも敷地内で実施しており，ハーブを栽培し，心の安まるハーブティーをカフェで出す予定となっている．

　また，このプロジェクトの特徴として本設を見越した仮設期まちづくり，という点を指摘できるかもしれない．建て替えのシミュレーションを模型を用いて住民とともに行い本設への移行を前提とした空間配置となっている（図7）．この仮設のスペースを運用するなかで，コミュニティ再生の「場」として，担い手とともに成長し，本設における本格的な活動の展開につなげることを目指している．

　このカフェがコミュニティ再生に果たしている役割としては，(1)元コミュニティの場：異なる仮設団地への入居や在宅避難などにより離散した元コミュニティの住民が集まる場所がない，(2)同様に仮設住宅団地を超えて在宅避難者を含めたサークル活動や発表会の場：同様に仮設団地を超えて同じ趣味の仲間が集う場，(3)被災住民が気軽に立ち寄り情報交換する場，(4)高齢者にとっての良い居場所，といった意味が見いだされており，今後(5)介護・医療の拠点としての意味も強めてくるかもしれない．

　(5)については，地元の運営メンバーが「ヘルシービレッジ構想」というものを考えており企画を詰めている．文化的な活動を展開する癒しの場所としてりくカフェを位置づけ，それを取り囲む診療所と歯科医院と薬局とを連携させながら，健康づくりの拠点にする構想となっている．

　カフェのある敷地を在宅医療や介護・福祉の拠点にし，保険医療と非保険医療を区分したうえで，心のケア等のプロジェクトも展開することを想定している．また，本設建設においては資金をクラウドファンディングや各種の助成金を組み合わせることで準備した点も，協働型の新しい事業プログラムとして興味深い（http://campfire.jp/projects/view/732）．

4 少子高齢社会に向けた協働のコミュニティデザインの可能性と課題

4.1 協働のコミュニティ・デザインの可能性

　以上の事例に見るように，多様なアクター，ステークホルダーが地域の課題を共有し協働することで，少子高齢社会に必要な地域公共圏の形成が促されることがわかる．

　たとえば，釜石市の平田総合公園仮設団地においては，コミュニティ形成を意図した空間デザインが小さなつながり・コミュニティを創りだし，また協働を進めることを意図した空間およびコミュニティ組織のデザインが，異なるタイプの組織の連携体制の構築を実際にもたらし，それをベースに見守りの輪が形成され有効に機能していた．この見守りの輪は，高齢者や単親子育て世帯などに対する見守りと医療的対応，そしてノンプロフィットとフォープロフィット，インフォーマルとフォーマルサービス（医療保険，介護事業）が連続・連携・共存した形で，展開している．

　陸前高田市のりくカフェにおいても，同様に，その建設から運用に至る過程では，地元診療所，歯科医院，薬局，大手企業から地元の商店に至る民間企業，生協，市役所などの多様な主体の連携や関わりが見られ，りくカフェ自体は，多様な人々・主体の活動や情報の拠点であるとともに，そうした多様な人々・主体をつなぎとめる扇の要の役割も果たしていた．

　これらの事例からいえることは，1つは，地域における新しい暮らしと生業の姿と，それを支える新しい地域の空間利用とコミュニティベースの組織同士や，外部組織，そして民間企業との連携・協働のあり方を，実践の中で模索し，描こうとしている，ということであろう．言い換えれば，協働のコミュニティデザインは，地域の社会的資源と空間的資源を結びつけ，また外部の資源や人材との連携・協働をつくりあげることで，少子高齢社会における「コミュニティリビング」[7]を実践的に生み出すために行われている．

---

7) コミュニティリビングとは，コミュニティに多様な居場所（コミュニティカフェやコワーキングプレイス，魅力的な商店街，人々が憩い・活動する公園など）をつくりだし，コミュニティ全体を，コミュニティでくらすさまざまな人々にとってくつ

もう1つは，そうした活動により，高齢者や単親世帯などが必要とする生活支援のサービスをコミュニティベースで展開し，それを提供する側にとっても生きがいとなる新たな地域での働き方を提供する可能性を秘めていることもある．

こうした生活支援は，これまで家族・親族や，自治会など従来からあるコミュニティ組織，そして民生委員などの役職人材によってボランタリーにカバーされてきた．しかし，従来組織の弱体化とともに，問題が深刻化し，また新たな問題が発生するなかで，十分に対応できていない状況がある．こうしたことを，地域社会共通の課題として位置づけた上で，ノンプロフィットベースではあるが，職を生み出すかたちで，サービス事業を展開させる試みであるともいえる．

つまり，高齢者や子育て世帯への支援を行うことが，地域でいきいきと働き暮らす人を増やす，新しいコミュニティベイストなリブ・ワークモデルをつくりあげることにつながる可能性を秘めている．

4.2　協働のコミュニティデザインの課題

では，何が課題として考えられるだろうか．

たとえば，りくカフェの事例でいえば，当該カフェは，民間所有で民間（NPO）によって運営される施設である．しかし，こうしたコミュニティプレイスメイキングについては，公的な補助金を用いることが難しい．むしろ商店会など既存団体が行う事業に対する補助金の方が充実しているという現状がある．

場や居場所というものは，場所（空間）に，さまざまな機会や活動・利用が行われることで成り立っている．NPOへの公的補助・助成金は，主に活動への補助・助成金であり，場所への支援は少なく，実際に，場所がないために，活動を展開できていない事例も被災地に限らず多く見られる．

NPOなど市民社会組織がつくりあげる新しい公共性を表現している「場所」に対して，公的補助金を用意することや，りくカフェで行っているよう

ろげる「リビング」のようにするという考え．こうした考え方は，たとえば，丸の内の仲通りをリビングのようにする「ストリートリビングプロジェクト」にも反映されている．

に，クラウドファンディングを利用し市民による支援をコミュニティプレイスメイキングにつなげていく，こうしたことに税制的なインセンティブを与えることを考えることも必要だろう．

また，上記の事例に限らず，コミュニティデザインを進める専門家については，ボランタリーなかたちで関わっている場合も多い．筆者のような研究者は，先端的事例の実践研究ということで，こうした事例にボランタリーに関わることが可能であるが，地域でのコーディネートやコミュニティデザインに価値を認め，職・生業として成立しうるような，社会的な仕組みをつくりあげることが，少子高齢化社会におけるさまざまな課題の解決の鍵を握るだろう．

本書では，こうした視点から重要と考えられる「コミュニティデザインの仕組みづくり」を取り上げて，その可能性を検討している．

こうした各種の課題をどのように克服するのか？ 第1章以降の「仕組みづくり」に関する検討の中で，より具体的に検討して行きたい．

参考文献

小泉秀樹（2011a）「まちづくり仕組み改革論」（特別企画「新しい公共」の仕組みづくりを検証する）まちづくり，30号，pp. 73-77

小泉秀樹（2011b）「まちづくりと市民参加」，大西　隆編『人口減少時代の都市計画』学芸出版社

小泉秀樹（2013）「協働のコミュニティ・デザインの仕組みづくり」アーバン・アドバンス，No. 60，pp. 10-18

佐藤　滋（1999）「序章　まちづくりとは」『まちづくりの科学』鹿島出版会

目次

**はじめに　少子高齢社会における協働のコミュニティデザインの
　　　　　　可能性と課題**　i

1　コミュニティデザインを巡る社会環境の変化　i

　　1.1　大きな社会的文脈としての少子高齢化と環境的制約の増大／1.2　ガバナンスの変化／1.3　見取り図から見た仕組みの課題

2　仕組みづくりを検証する視点　vii

　　2.1　コミュニティ資本（community capital）の形成仮説

3　被災地における少子高齢社会に向けたコミュニティデザインの実践　viii

　　3.1　岩手県釜石市平田総合公園での仮設まちづくり／3.2　陸前高田まちのリビングプロジェクト：りくカフェ

4　少子高齢社会に向けた協働のコミュニティデザインの可能性と課題　xv

　　4.1　協働のコミュニティデザインの可能性／4.2　協働のコミュニティデザインの課題

序章　コミュニティデザインの歴史的展開と本書のねらい　1

コミュニティデザインとは？　1

0.1　1960年代のコミュニティ問題とコミュニティ計画／設計　1

0.2　1970年代後半森村道美によるコミュニティデザイン
　　　──改善型まちづくり，アーバンデザインの技法　6

0.3　1980年代から1990年代中盤──まちづくりの展開とバブル，デザイン・アートからのコミュニティデザインへのアプローチの先駆け　8

0.4 ヘスターのコミュニティデザインの普及と担い手・つながりのデザインとしてのコミュニティデザイン論の登場　10

　0.4.1　ヘスターのコミュニティデザインの普及／0.4.2　新たなコミュニティデザインの登場

0.5 2000年代中盤以降の多様な意味としてのコミュニティデザイン／コミュニティ論　16

0.6 2011年以降におけるコミュニティデザインの大衆化　17

0.7 コミュニティデザインの本質とはなにか？　18

0.8 本書の着眼点と構成　20

第Ⅰ部　住民によるまちづくり

第1章　総合的支援の構築
──「まちづくりセンター」によるエンパワーメント　25

1.1 多様な資源の供給源としての総合的支援機能を持つ「まちづくりセンター」　25

1.2 「まちづくりセンター」の多様性　25

　1.2.1　多様な「まちづくりセンター」／1.2.2　「まちづくりセンター」の展開過程

1.3 まちづくりセンターの事業　29

　1.3.1　まちづくりセンターの事業内容／1.3.2　市民主体のまちづくりに対する資源提供／1.3.3　市民主体のまちづくりに関する普及啓発／1.3.4　地域の課題解決のための主体的な活動／1.3.5　行政・企業・市民の協働によるまちづくりのコーディネート

1.4 まちづくりセンターの運営　34

　1.4.1　組織形態／1.4.2　スタッフ

1.5 まちづくりセンターの成果　35

1.5.1　まちづくりの担い手の創出／1.5.2　新たな地域課題の顕在化／1.5.3　多様な主体間のネットワーク構築への貢献
1.6　まちづくりセンターへの今後の期待　36
　　　1.6.1　多様な資源調達方法の確立／1.6.2　より戦略性を持った包括的な支援へ／1.6.3　多様な主体を紡ぐプラットフォーム機能の充実

第2章　経済的支援の構築
──住民・市民の資金と想いをつなげる「市民ファンド」　39

2.1　市民ファンドとは　39
　　　2.1.1　市民ファンドとは／2.1.2　市民ファンドの3つの類型／2.1.3　助成型市民ファンド／2.1.4　融資型市民ファンド（NPOバンク）
2.2　3つの市民ファンドの説明　47
　　　2.2.1　草の根市民基金・ぐらん／2.2.2　ソーシャル・ジャスティス基金／2.2.3　コミュニティ・ユース・バンクmomo

第3章　提案権の導入と計画形成支援の構築
──住民・市民の提案を受け止める「まちづくり条例」　59

3.1　まちづくり条例の歴史的発展　59
　　　3.1.1　初期のまちづくり条例の誕生／3.1.2　総合的まちづくり条例の登場／3.1.3　多様化するまちづくり条例／3.1.4　まちづくり条例の到達点
3.2　首都圏における計画提案関連制度の導入・運用の状況　64
　　　3.2.1　住民組織支援制度の導入実態／3.2.2　まちづくり協議会の設立状況／3.2.3　まちづくり協議会の認定基準／3.2.4　住民組織支援制度の運用状況／3.2.5　住民提案の運用状況
3.3　テーマ型まちづくり提案制度の運用状況と今後の展望　74
　　　3.3.1　テーマ型まちづくり提案制度とは／3.3.2　テーマ型提案制度の制度化状況と規定内容／3.3.3　テーマ型提案制度の活用状況／3.3.4　提案事例の紹介──狛江市／3.3.5　運用実態から見る課題と今後の方向性
3.4　まちづくり条例の運用で何が課題となっているのか？　84
3.5　エリアマネジメントやプレイスメイキングを受け止めるまちづくり条例へ　85

第Ⅱ部　まちづくりへの協働事業

第4章　地域住民自治型まちづくり制度の動向と課題　91

4.1　戦後日本におけるコミュニティ政策の展開と地域住民自治型まちづくり制度　91

4.1.1　戦後GHQによる町内会等の廃止と復活／4.1.2　コミュニティ問題の社会化――コミュニティ問題小委員会による報告／4.1.3　コミュニティ研究会とモデル・コミュニティ事業（1971-1973）／4.1.4　自治省コミュニティ推進地区（1983-1989）およびコミュニティ活動活性化地区（1990-1994）／4.1.5　革新自治体による協議会方式の導入／4.1.6　市町村合併とコミュニティのあり方／4.1.7　現代の自治体コミュニティ制度への期待

4.2　地域住民自治型まちづくり制度が目指す地域像　98

4.3　地域住民自治型まちづくり制度の導入動向　99

4.3.1　制度の導入状況／4.3.2　地方中小都市の抱える課題

4.4　地域住民自治型まちづくり制度の概要　100

4.4.1　地域住民自治組織の要件／4.4.2　地域住民自治組織に対する交付金・補助金／4.4.3　支援体制／4.4.4　地域住民自治型まちづくり制度の効果と課題

4.5　ケーススタディ：伊賀市　102

4.5.1　制度規定と行政の運用実態／4.5.2　住民自治協議会の実態／4.5.3　運用実態の分析から見えてきた課題

4.6　地域住民自治型まちづくり制度の課題と展望　110

4.6.1　住民によるプランニングは可能か／4.6.2　小規模多機能自治組織への展開可能性

第5章　住民・NPOと行政の連携――協働のまちづくり事業制度　117

5.1　「協働」の定義を見直す　117

5.1.1 望ましい「協働」モデルと実態の乖離／5.1.2 「協働」の概念のどこに着目するか／5.1.3 行政と市民社会組織の異なる論理の調整／5.1.4 コミュニティケアとフォーマルケアを事例に

5.2 協働のまちづくり事業制度　120

5.2.1 市民社会組織による公共サービスの提供／5.2.2 まちづくり事業とそれを支える社会的な仕組みの整備／5.2.3 協働のまちづくり事業制度とは／5.2.4 制度の必要性／5.2.5 全国の動向

5.3 練馬区まちづくり活動助成制度　125

5.3.1 練馬区まちづくり活動助成／5.3.2 「活動助成事業」のプロセス／5.3.3 対話型審査プロセス／5.3.4 運用実態／5.3.5 成果と課題および制度設計への示唆／5.3.6 まとめ

5.4 大和市協働のまちづくり事業制度　136

5.4.1 市民活動推進条例と「新しい公共」／5.4.2 協働事業制度の仕組み／5.4.3 運用状況／5.4.4 成果と課題／5.4.5 制度設計への示唆／5.4.6 まとめ

5.5 制度の実効性を高める仕組み　148

5.5.1 市民社会組織の自由な発意とその実現／5.5.2 制度と並行した主体形成のさまざまな仕組み／5.5.3 制度全体を通じて，公共政策としての合理性を高める仕組みであること

5.6 市民社会の育成に向けて　152

5.6.1 育成の仕組みづくり／5.6.2 対話と社会実験を通して地域資源を増やす／5.6.3 公正な手続きとフレームワークとしての計画

第6章　住民主体による私有空間を活かしたまちづくり
　　　　　──地域共生のいえづくり支援事業制度を中心に　157

6.1 郊外既成住宅市街地における住環境の現在　157

6.1.1 郊外既成住宅市街地における住環境の課題／6.1.2 郊外既成住宅市街地における住環境の維持向上のための手がかり

6.2 住民主体による私有空間を活かしたまちづくり　161

6.2.1 私有空間の公共的利用／6.2.2 私有空間を活かしたまちづくりを考

えるための視点／6.2.3　行政による支援の仕組みの重要性／6.2.4　取り組みと支援制度の概況

6.3　地域共生のいえづくり支援事業制度を通じた住民主体によるコミュニティスペースづくり　168

6.3.1　地域共生のいえづくり支援事業制度の概要／6.3.2　地域共生のいえづくり支援事業制度の運用実態の概要／6.3.3　地域共生のいえの取り組みの実態／6.3.4　地域共生のいえづくり支援事業制度を通じたコミュニティスペースづくりの特徴と意義

6.4　可能性とこれからの課題　190

6.4.1　郊外既成住宅市街地における取り組みの普及／6.4.2　小さな共同的利用を多発的に生み出し，連携させる／6.4.3　郊外既成住宅市街地の住環境の維持向上を促す新しい仕組み

第7章　社会資本のリノベーションによる地域活性化　195
——少子高齢社会における新しいコミュニティマネジメントに向けて

7.1　本章のねらい　195

7.2　公共施設マネジメントの実態　196

7.2.1　全国の公共施設マネジメントの取り組みの現状

7.3　社会資本のリノベーション・マネジメントに関わる先進的取り組み　200

7.3.1　公共施設マネジメントの先進例／7.3.2　地域資源の活用を志向した戦略的プランニングからのアプローチ

7.4　社会資本イノベーションを志向したコミュニティマネジメントへの展開　206

第Ⅲ部　協働を超えて

第8章　協働フレームワークとしてのコミュニティ戦略
──「都市マスタープラン」からの展開　213

8.1　都市マスタープランの導入と「参加」の進展　214

　　8.1.1　市民による都市マスタープランの提案／8.1.2　「参加」の理論・実践の進展とコミュニティデザイン／8.1.3　コミュニティデザインからエリアマネジメント，そして仕組みづくりへの展開

8.2　都市マスタープランの現在地
　　──都市マスタープランの見直しから見た名古屋市空間戦略の課題　218

　　8.2.1　名古屋市都市計画マスタープラン見直しの概要／8.2.2　次期都市MP案の特色と構成／8.2.3　「集約連携型都市構造」の実現へ──空間戦略の骨格の形成／8.2.4　名古屋市の空間戦略の課題

8.3　多世代共創コミュニティ形成に向けた空間戦略　227

　　8.3.1　コミュニティマネジメント志向のプラニングとは？／8.3.2　コミュニティマネジメント志向のプラニングを支える制度の課題

第9章　情報・ICTをまちづくり支援に活かす　243

9.1　まちづくりに関係する情報の捉え方　243

9.2　4つの集め方　243

9.3　情報のまとめ方・見せ方のバリエーション　246

　　9.3.1　都市の情報集／9.3.2　街のなかに情報を埋め込む／9.3.3　情報の見せ方の工夫

9.4　ICTの展開と情報の交わり方の多様化　249

　　9.4.1　まちの情報で市民が学習する／9.4.2　ソーシャルメディアの活用／9.4.3　まちづくりのための資源の集約

9.5　コミュニティデザインの基礎を支える情報とICT　252

索引　255

執筆者および分担一覧　263

序章 コミュニティデザインの歴史的展開と本書のねらい

コミュニティデザインとは？

「コミュニティデザイン」という用語は，近年になり急に一般の知るところとなった．しかし，日本で用いられ始めたのは約50年前，1960年代にまで遡る．そして，定義や方法が具体的に示されたのが35年前，1970年代後半であった．その後，時代の課題に応じて，コミュニティデザインという用語は，さまざまな意味で用いられてきた．コミュニティデザインのブーム，その曖昧さゆえの普及は，まちづくりの普及の展開と似ている．

本書を始めるにあたり，まず，コミュニティデザインという用語の誕生から現代までの発展の歴史を簡単に振り返ってみよう．

表1は，コミュニティおよびデザインという2つの用語を含む図書・論文を（CiNiiおよびGoogle Scholarによって）検索・収集し，コミュニティデザインについて論じているものについて，学術系統別／年代別に整理したものである．以下これに従いながら話を進めることにする．

0.1 1960年代のコミュニティ問題とコミュニティ計画／設計

コミュニティ計画，という言葉は，戦後間もない頃から都市計画学者の間で用いられていた．たとえば，日笠端は，自身の博士論文（1959）でコミュニティ計画（プランニング）に触れている．このころ，都市計画は，施設や空間のデザインも含んだ「トータルに都市を形成すること」であった．したがって，コミュニティ計画は，ときおりコミュニティ設計（デザイン）と呼ばれることもあった．日笠は，民主的なコミュニティの形成を直ちに実現す

表1 コミュニティデザイン論の展開

	1965	1970	1975	1980	1985	1990	1995	2000	2005	2010	2013
社会・行政学		渡辺洋三:キブツ、渡辺・関外・ニュータウン / 渡辺:正義、奥村			金子:サービスシステム					越智:コミュニティ政策のデザイン	
建築都市計画		青木他:コミュニティ設計 / 池田惠二:都市のコミュニティ計画	森村他:馬成市街地改善 / 森村他:モデルコミュニティ		渡辺		山本・竹内:ヘスター	小泉・土肥:パタンランゲージ	小泉・俊や的コミュニティデザインとNPO / 延藤・林:まちの縁側	染谷:コレクティブハウジング 小泉:震災復興 カブラーイヴン:防災 延藤:New Urbanism 上野合:地域CD研究:防災・つながりのデザイン	
ランドスケープ				Auback:デザイナーとコミュニティ	佐々木葉二:ヘスター			中里:プライマー ヘスター・土肥	三輪:コミュニティデザイン / 野崎他:関西コミュニティデザイン特集	三輪:コミュニティデザイン 鈴木:博多門	
デザイン						佐藤優:サイン計画		黒岩:景観デザイン	中藤・林:緑のコミュニティデザイン	栗栖田他:ピジュアルコミュニケーション / 黒岩他:クリエイティブ	
情報デザイン								渡辺保安:情報デザインとコミュニティ / 桂圭寿:ハコダテスローマップ			
教育								山内:学びのコミュニティデザイン / 河合他:学校と文化の公共空間		織田他:授業科目開発 塩瀬・水町:図書館とCD	
福祉								平野:給食サービス	工藤:Ithaca Hour / コミュニティデザイン研究会・世田谷福祉系NPO・相互関係デザイン / 秋田:庄野:場のデザイン・辻:サービスコミュニティ		
その他								金子健管:コミュニティ・ソリューション(新版'02)		金子:コミュニティ科学 内山:寄居にまなぶ 広井:コミュニティを問い直す	
国		国民生活審議会 / 都計法		自治省モデルコミュニティ / 自治省自治振興部 (中間'73、最終報告'77) / 自治省コミュニティ研究会	地区計画 / 自治省住民参加・活動調査研究会 (日笠座長) / 自治省コミュニティ推進地区			NPO法 地方分権一括法	都市再生特別措置法	多摩市自治基本条例(新しい公共条例) / 広井:コミュニティを問い直す 新しい公共円卓会議	
自治体・コミュニティ			コミュニティカルテ神戸'73 実施'74 / 札幌住区整備基本計画	太子堂まちづくり協議会 / 真野まちづくり懇話会(構想提案'80)	真野まちづくりセンター設立 / まちづくり協議会(神戸'80、世田谷'81) / 横浜市まちづくり協議会地区本格運用開始			世田谷出張所地区本格運用開始 / 株式会社配配役			
社会	東京五輪	真野 外山生活運動 / 大阪万博				バブル崩壊	阪神淡路大震災	ITブーム 小泉政権		ツイッター 東日本大震災	

ることが難しい社会的状況を鑑みて，都市計画による空間の計画・デザインを通じて，むしろコミュニティの社会的な側面を形成する，ということを志向し，特にコミュニティセンターの建設設置と民主的運営の必要性を指摘していた．

しかし，いよいよ本格的な高度成長を迎えた1960年代の後半においては，コミュニティの形成・計画は，一部の研究者のみの関心から，社会的な課題になりつつあった．高度成長に伴うさまざまな社会的な歪みの顕在化を背景に，1968年1月には，国民生活審議会の調査部会が，内閣総理大臣より「経済成長発展に伴い変化しつつある諸条件に対応して，健全な国民生活を確保するための方策いかん」との諮問を受けた．老人問題，余暇問題につぐ第3の問題としてコミュニティ問題が取り上げられ，同年4月にはコミュニティ問題小委員会が設置され，翌1969年9月に「コミュニティ——生活の場における人間性の回復」と題する報告を取りまとめている[1]．

この時代には，急激に広がる都市郊外の開発と，既成市街地への人口の急速な流入に処する必要性の高まりから，都市計画68年法，そして都市再開発法（1970年）が制定され，また1969年には地方自治法が改正され総合計画の策定が義務づけられている．コミュニティが問題視されていたこの時代に，都市計画や地方自治の新しい枠組みが用意されたことは偶然の一致ではない．

この時期は，こうした背景のもと，コミュニティ問題に関連して都市計画と社会学での交流が深まり，そのなかから初期のコミュニティデザイン論が展開された．

コミュニティデザインを論じた初出事例（渡辺，1967）を執筆した渡辺博史も，都市計画の研究者や実務家と交流があり，郊外開発やニュータウン建設，農村計画にあたり，社会学の立場から，計画論を構想した1人であった．

---

[1] この報告では，まず，地域共同体の崩壊についてその要因とこれによって生じている問題から説き起こし，コミュニティの必要性を訴え，続いてコミュニティ形成のための方策として，コミュニティからの要求（合意性，提案・建設性，応分の負担）を受け入れる回路，公聴制度・広報活動，コミュニティ指向型の「有限責任型」リーダー，コミュニティ施設整備水準の内容に触れ，当面の活動内容として，交通安全，オープンスペースの確保，公害等の防除，余暇（余暇活動の施設に対する発言等），地域内の交際を示している．

ここでは，イスラエルのキブツの建設を例にとり，住民参加によるコミュニティ建設のことを「コミュニティデザイン」と呼んでいたが，それ以上の具体的な論述はなかった．

その後，渡辺は，渡辺（1968），渡辺（1973）などにおいて神戸市丸山や藤沢市辻堂などにおける住民主体の「まちづくり」に関心を示し「住民主体の立場を促進するコミュニティ研究」の範として評価しつつ，その「いっそうの基本的確立」に向けて，「地域空間的基盤（住民生活展開にふさわしい環境配置計画）を社会学の観点からダイナミックに設計していくコミュニティデザイン（community design）のアプローチが，今後の新しい研究課題として積極的に推進されていく必要があるように考えられる」とした．

また，ほぼ同時期にコミュニティ設計を論じた菊竹清訓も，社会学者（羽仁五郎等）との交流を踏まえて自身の考えを述べている（菊竹，1968）．そこでは，コミュニティそのものの探求がないまま，あたかもコミュニティを育む空間計画・デザインとして広場なり公共施設が計画されるという現状に対して，そのことが実際には「計画を媒体としてコミュニティが発展し成長するという本来の自己発展の望ましいメソッドを逆に放棄させてしまう結果になっているのではないか」との問題意識を提起したうえで，コミュニティの計画方法論が未だ発見も確立もされていないと指摘している．その上で，コミュニティの社会的側面に触れながら，建築物の完成形を設計する従来の建築設計とは異なり，コミュニティの社会的成長とともに空間的にも発達する設計・計画方法としてコミュニティデザインを論じている．その中で菊竹は，「外部条件の変化に対して，つねにこれに適応していかなければならないという，このようなコミュニティデザインを考えてみると，これはちょうど生体が環境に適応し，進歩していく状態に類似していることに気づかされる」とし，その後自身が展開するメタボリズムに通じる考えをここで述べている点は興味深い．

また，やや遅れて1970年に雑誌「都市住宅」においてコミュニティ計画に関する連載を行っていた佐々木宏は，その内容を『コミュニティ計画の系譜』（1971）にまとめるが，日笠等が扱っていた欧米におけるコミュニティ計画に加えて，アメリカの農村コロニーやキブツなどを農村コミュニティの「フィジカル・デザイン」の例として紹介しつつ，末尾において，「フィジカ

ルなプランナーやデザイナーの立場からコミュニティ計画にアプローチするためには，自らもそのコミュニティの構成員となるほどのデザインが必要であろう」として，特定な場所で行われるコミュニティ計画の具現化の観点から，インターナショナルな計画理論の限界を，また参加型実践のアプローチの必要性を先取りして指摘している．そして，さらに続けて「現代のあらゆるコミュニティ像はすべて仮説であり，それが実験によって確かめられねばならない」「コミュニティという概念は観念的であり，また抽象的なものである．それをフィジカルなプランやデザインにまとめる方法はまだ確立していない」とした．また同書からは，建築・都市計画分野では，コミュニティのプランニングとデザインが，この時代明確に区分されるものではなく，プランニング行為のその先に，より細部を設計すること，すなわちデザインが存在する，といういわば当たり前の理解にたってコミュニティデザインが用いられていたことがわかる．

　この時代のコミュニティデザイン論の特徴は，社会学，建築・都市計画学の双方から近接しつつ論じられてきたことであった．このため，社会学，建築・都市計画学双方の論者は共に，コミュニティの空間と社会的側面の双方の計画そしてデザインの重要性を指摘しつつ，論じていた．それは，大都市への集中と郊外スプロールの進展，公害問題，ニュータウン建設など，物的な空間形成の問題と同時に，そこでの人々の生活のありようやそれを支える都市や国土，社会システムが問われていた，その時代性を反映していたものと理解することができる．そして，その具体的な方法論が確立されないまま，ニュータウンの建設などを通じてあたかもコミュニティが育まれる計画・デザインの実践が進められていく状況に対して，各々の立場から，実践論の確立の必要性を指摘しているものということができよう．そして，その範として，渡辺がいわゆる「住民主体のまちづくり」を挙げている点はコミュニティデザインとまちづくりの位相を考える上で重要なポイントとなりうることを指摘しておきたい．

0.2　1970年代後半森村道美によるコミュニティデザイン
　　　——改善型まちづくり，アーバンデザインの技法

　1970年代に入り，高度成長の波はまだ完全に収まっていたわけではないが，社会的には徐々に安定的な状況に向かいつつあった．1972年の日本列島改造論などを契機に地価の上昇は続いたが，1973年のオイルショック以降は徐々に安定成長の時代に入る．

　そうしたなか，1960年代後半から1970年代初頭にかけて論じられていたコミュニティ政策[2]が，国，自治体双方において，実践されはじめた．また，線引き制度が導入されたことで，郊外部へのスプロールへの制度的対応が一応整ったのに対して，都市再開発法が極めて限定的な対象と方法を採用したこともあり，非計画的に形成された既成市街地における環境改善が大きな課題として認識され始めていた．

　先に述べた，1960年代後半から1970年代前半のコミュニティデザイン論は，西欧近代的な近隣住区論などの計画手法を参照しながらも，あるべき「コミュニティ像」の確立自体がそもそも課題であった特殊日本的状況において，新しいあるべきコミュニティを空間・社会の双方から形成・計画・デザインするための方法論の構築の必要性を指摘しているものだった．しかしそれを理論化したり，具体的な方法にまで落とし込んだ論考・論説はまだなかった．これに対して，森村ら（1976）では，上述の時代背景をもとに，既成市街地の居住環境改善をテーマとして，より具体的な方法論をモデル的に提示している．

　森村は，マスタープラン（都市基本計画）の立案技法を開発するとともに，日笠らとともに，地区（＝空間単位としてのコミュニティ）の計画に関わる

---

2) 自治省行政局のモデル・コミュニティ事業が代表的な事業．その目的は，小学校区程度の広がりを対象として，生活環境の整備とコミュニティ活動の推進の2つを達成することであった．同事業を実施するにあたり自治省は，日笠端（東京大学教授），佐藤竺（成蹊大学名誉教授），松原治郎（東京大学助教授），石田頼房（東京都立大学助教授），伊藤滋（東京大学助教授），倉沢進（東京都立大学助教授），森村道美（東京大学助教授）らをメンバー（いずれも肩書きは当時）とするコミュニティ研究会を組織している．日笠ら都市計画学者が主導していた点は興味深い．

技法確立に先進的に取り組んできた都市計画の研究者である．森村ら（1976）は冒頭において「コミュニティデザインは，一定の地理的範域を対象とした主としてフィジカルな対応を表象している」とし，「居住環境整備の問題は，けっしてフィジカルな対応のみで解けるものではないことをわれわれは知っている．それは地域社会の問題でもあり，生活者自身の問題にも深く関わっている．しかしながら，居住環境という物的な場に繰り広げられる問題である以上，空間の問題を介して語ることのできることが少なくないはずである」と言及した．

ここで示された方法論の特徴をまとめると以下の通りとなる．

① 「地区」を対象とすること：コミュニティデザインが対象とする地理的範囲とは，都市を構成する下部組織の単位である「地区」であった．「地区」とは具体的には，近隣住区に代表される物的な空間計画のユニットを指すのであり，それは必ずしも実態として存在するコミュニティやそこにおける活動に依るものではなく，物的な計画論や空間的特徴から規定される場合もありえた（日端，1976）．

② 物的な空間形成を主眼においていること：またコミュニティデザインの対象は物的な空間形成を主としており，具体的には，コミュニティ施設の内容と配置，道路（歩行空間や車道），それに住宅のタイプと配置であった．

③ アーバンデザインを観点として内包していたこと：当時のコミュニティデザインは，その空間形成の技法を構成するものとして，公共・共同空間に対する人視的立場からのデザイン，すなわち近年のアーバンデザイン的観点をすでに内包していた．

以上のような，コミュニティデザインの計画論・計画技法は，近隣住区論に代表される，かつての牧歌的西欧コミュニティを，膨張する近代都市において「郊外」として再現する技法を基本として，それを既成市街地に拡張的に適用すること，さらにその理想的な適用が困難な場合にそれを個別地区の特徴に応じて「補う」技法を新たに構想することを目指していた，といえるだろう．

一方で，この時期には，関西を中心に，住民主体のまちづくりが，計画的指向をもって本格的に展開する直前であった．1977年には神戸市真野でま

ちづくり懇談会が設立されており，その後，まちづくり条例の制定（1981年神戸市），導入間もない地区計画の適用（1982年），住環境整備モデル事業の実施（1982年）などを通じて，主にハードからの居住環境整備が本格的に進められる直前であり，それらの状況を横で観ていた関東において，住民主体のまちづくりが始動する直前（太子堂まちづくり協議会設立が1980年，条例による認定が82年，京島のコミュニティ住環境整備事業が83年であった）の時期といえる．

この意味で，ここでいう「コミュニティデザイン」は，住民主体や参加の色彩は特に強調されていないが，既成市街地における住民主体のまちづくりの展開に計画・デザイン方法論の側面から呼応してまとめられたものとあった見なすことができるだろう．そして，その執筆にあたった当時の若手，中堅の都市計画家，研究者はその後，全国各地の既成市街地を対象にまちづくりやアーバンデザインプロジェクトを展開するのである．

0.3　1980年代から1990年代中盤——まちづくりの展開とバブル，デザイン・アートからのコミュニティデザインへのアプローチの先駆け

1980年代当初は，1970年代の安定成長の時代における各種の試みを受けて，地区・コミュニティレベルの空間計画制度が整いつつあった時代である．しかし，1982年に成立した中曽根内閣では，プラザ合意に基づく内需拡大のため，都市部において民間活力を活用した再開発を進めることが大きな政策課題として掲げられた．そして1988年には，その象徴的な制度である再開発地区計画制度が創設されている．

中曽根「民活」政策が引き起こした土地バブルは，当初大都市における地価上昇をもたらし，特に都心部における地上げや人口減少などの社会問題を引き起こした．その後，大都市郊外や観光地にも地価上昇と乱雑な開発や地上げが飛び火する．それらがきっかけとなり，大都市基礎自治体が主導する都市住宅政策の多様な展開や，湯布院（1990年），掛川（1991年），真鶴（1993年）など，地方中小都市におけるまちづくり条例の制定に結びついていく．

この時期，コミュニティデザイン論としては，大きな飛躍は無かったが，

むしろ，街づくりないしはまちづくりが，密集市街地の改善をテーマとして関東各地で実施・展開されていった時期であった．また自治省のコミュニティ政策を受けた自治体によるコミュニティ政策の展開や，地方自治法に位置づけられた基本構想・基本計画の策定が，各自治体に定着発展し，そのなかでコミュニティ計画ないしは，地区別計画の策定が進められた時期でもあった．

後のコミュニティデザイン論の展開に関連した成果としては，1988年に，佐々木葉二が，ランドルフ・ヘスター（U.C. Berkeley教授：当時）をコミュニティデザイナーとして造園の実務者向け雑誌である『ジャパンランドスケープ』において紹介している．ヘスターのコミュニティデザイン論は，その後，山本ら（1993）により建築系都市計画関係者も知るところとなる．更に，後述するヘスター・土肥（1997）により，造園・ランドスケープ，まちづくり関係者に広く知られるところになる．

また，1992年には佐藤優が，欧米や日本の都市地域のCI（Corporation Identity）やサインデザインに用いられたデザインモチーフをまとめて『コミュニティデザイン』として出版している．佐藤はデザイン学のアプローチで景観問題に実践的に取り組んできた人物である．デザイナーからの都市・コミュニティへの働きかけ方として，佐藤はこの時期からサイン計画や景観を形成する各種のデザイン・アイテムに着目していた．表題以外にはコミュニティデザインという用語は用いていないが「まちづくり」にデザイン学のアプローチを用いることを指向していたことは先見性に富んでいたといえるだろう．

1960年代から1970年代までは，都市デザイン，コミュニティデザインの実務・実践は，建築系都市計画の専門家が担っていたといってよい．しかし，1980年代後半以降，都市がさまざまな主体の活動の場として広く認識されるなかで，いわゆる「デザイナー」が都市再生やコミュニティ形成に深く関わるようになる．佐藤は，その流れをいち早く捉えて，デザインの立場から，都市における情報伝達手段としてのサインデザイン中心とした内容で本図書をまとめたのである．

0.4 ヘスターのコミュニティデザインの普及と担い手・つながりの デザインとしてのコミュニティデザイン論の登場

1990年代は「失われた10年」と揶揄されたが，その後のボランタリーセクターの成長につながる多くの成果があった10年として位置づけることができる．特に，阪神淡路大震災（1995年）からの復興過程では，政府のみでは復興が成し遂げられないことを多くの国民が実感し，ボランティアワークの必要性が広く認識された．この流れが1998年のNPO法の成立へとつながった．

また，1990年代の後半には，民間のインターネットサービスプロバイダーが急増し，多くの国民がインターネット（WWW）を利用する社会的環境が用意された．そして，ICTを各種の問題解決に利用する「最初」のブームが到来した時期でもあった．

この時期，コミュニティの必要性が再認識された．ただし従来のコミュニティと異なる捉え方，たとえば，テーマ型コミュニティ（林泰義ら）といった考えも提示され，またインターネットでのコミュニケーションを通じたネットコミュニティも登場した時期であった．そうしたなか，金子郁容（1999）は，阪神淡路大震災におけるインターネットを通じた被災地でのボランティアによる復旧活動の展開や，当時急速に形成されつつあったネットコミュニティの活動の登場を確認しつつ，広義のコミュニティが社会的問題の解決の手段となることを指摘し，そのことを「コミュニティ・ソリューション」とした[3]．

0.4.1 ヘスターのコミュニティデザインの普及

この時期，コミュニティデザイン論としては，2つの大きな飛躍を見る．

---

[3] この考え方は，金子勇（1982）のサービスの担い手としてのコミュニティについて，実際の現象を捉えて，より具体的に論じたものと位置づけることができる．金子は，その後も，実証研究の成果をふまえて課題解決の観点からコミュニティの重要性を指摘している．この論は，その後，辻（2005）らが紹介したサービスコミュニティ論に近い考え方である．

0.4 ヘスターのコミュニティデザインの普及と担い手　11

1つは，アメリカのランドルフ・ヘスターらが実践する参加型の公共空間デザインの理論・手法の，日本のまちづくり現場への本格的導入と普及である．既述のとおり，ヘスターの方法については，佐々木（1988）や山本ら（1993）が紹介しているが，本格的に日本の都市計画・まちづくり関係者が知るところとなったことについては，ヘスター・土肥（1997）が大きな役割を果たしたことは確かだろう．土肥はその後も，土肥（1998，2004）において，ヘスターが提示した理念や方法論をベースにしながら，参加型の公共空間のデザインとしてのコミュニティデザインについて，阪神淡路大震災からの復興まちづくりなどの実践経験を踏まえつつ，理論的・方法論的展開を担ってきた．その根底にある考えは社会的公正の実現であり，空間デザインを通じたより公正な社会の実現，ということである．これを土肥は，空間デザインから社会的改革に取り組むことと論じているが，日笠らが戦後に考えた「空間計画・デザインからコミュニティの社会的側面の形成にアプローチする」ということを，より精緻に理論的整理を行い，また実践可能な形で示したものと見なすことも可能だろう．

　また，コミュニティデザインという用語ではなく，参加型まちづくり，改善型まちづくり，という用語を用いていたが，1980年代から1990年代にかけて林泰義らとともに木下勇や中村昌彦らが主導するかたちで展開した世田谷区太子堂での各種の実験的実践（3世代遊び場マップ，ガリバーマップなどの参加型地域情報編纂手法の開発や公園の参加型デザイン）は，まさにヘスターや土肥が志向したコミュニティデザインを先取りして実践していたものでもあった[4]．

---

4) 林泰義は，日本にワークショップやデザインゲームなどの参加手法を紹介しただけではなく，コミュニティデベロップメントのための社会的装置としてのコミュニティデザインセンターないしは，コミュニティデベロップメントセンターを紹介し，世田谷において「まちづくりセンター」として実現させることにも貢献している．そして，ドイツ，アメリカで都市計画，コミュニティデザインの研究・実践を行っていた卯月，浅海らを都市デザイン室やまちづくりセンターに招き入れるきっかけをつくった．浅海は，ヘスターもいたUCバークレーにおいて，参加型の公共空間を学んでおり，その後の世田谷区の実践においても大きな貢献をした．
　また，林の他に，世田谷まちづくりの端緒をつくった人物として冒険遊び場を行っていた大村虔一・璋子夫妻，そしてアートからのまちづくりを実践していた及部克人を挙げる必要がある．大村夫妻は木下が冒険遊び場に参加する機会をつくり，そ

0.4.2　新たなコミュニティデザインの登場

　さらに，この時期，コミュニティデザイン論は，参加型の公共空間のデザインを超えた広がりを見せる．その「きっかけ」は，阪神淡路大震災からの復旧，復興の過程にあった．この過程で，行政が主導する従来型・日本型の都市計画は，さまざまな意味で限界があることを露呈した．その1つが，多様な声やニーズに応えることであり，この観点からはボランティアによる多様な支援活動が意味あるものとして浮かび上がってきた．また，当時普及し始めていたインターネットによる情報交換がこうしたきめ細やかなニーズへの対応に威力を発揮した．

　それまで大学研究者を中心とした情報交換手段であったインターネットが1990年代の中頃に広く市民に普及し始めていた．

　こうした状況のなか，コミュニティデザイン論は，新しい局面を迎える．それは，コミュニティデザインとは，ある「地域」を対象とするものの，そこで活動する担い手の組織化やそのネットワーク形成を行うことである，とする論である．その先駆けとなった論は，平野（1995）である．平野は世田谷をベースとして活動してきた給食サービス事業を展開してきたNPO「ふきのとう」で活躍していた人物である．「地域に対する理想や自身の生き方や死に方なども含めて，10年20年と長い年月をかけて実践してこそ1つの答えが出てくるものであり，それがコミュニティデザインを創造する活動なのだとおもっている」とした．

　また，1998年には「ふきのとう」のメンバーが中心になって，コミュニティデザイン研究会を立ち上げ，世田谷区内の地域福祉活動を展開するNPOを対象として活動状況や課題を把握し「住民参加の地域福祉活動を通したコミュニティデザインに関する調査研究事業報告書（コミュニティデザイン研究会，1998）」としてまとめた．その中では，ヘスター・土肥（1997，

のことを契機として木下は子供の遊び環境をづくりを太子堂にて展開するようになった．また，及部はアートを切り口に子供，障害児童の社会参加・コミュニティ形成の実践を1970年代から行なっていたが，大村夫妻との出会いがあり，冒険遊び場，雑居祭りへと活動を展開させている．その及部の教え子，斎藤恵子も，街づくりセンターに参加している．こうした世田谷まちづくりのルーツの詳細については，別稿にまとめたい．

p. 20）の文を引いたうえで[5]，コミュニティデザインを「職種，専門分野を超えた市井の人々が自分たちの生活や地域を形づくる過程」とし，特に，コミュニティ形成（この場合は，個々の福祉事業を行うテーマ型コミュニティ，すなわち福祉NPOの組織形成や運営基盤づくりのことを指していた）と個々の「コミュニティ」間のネットワークを形成することとした．

また，同書のまとめの部分では，個々のコミュニティ（福祉NPO）が連携しつつ地域のニーズに対応する形で「新しいコミュニティ」が登場している点に着目しつつ，個々のコミュニティ（福祉NPO）の役割を「新しい公共」の活動の中核を担うものとしている．そして，こうしたコミュニティ（福祉NPO）の特性を，自発性・主体性をもった地域住民によることから，自立性・自発性，社会性・連帯性，創造性，柔軟性，開拓性・先駆性，自己実現性といった特徴をもち，同時に，事業活動体としての性格から，有償性・有給性，継続性，組織性・集団性，経済性という特徴をもつこととしている．今日の新しい公共論や社会的企業論に通じる指摘を，この時点で行っている点は極めて先進性があるものであった．

小泉は，日笠，森村に師事し，学生時代にガリバーマップを「発明」した中村昌彦や張俊鎬らに連れられ太子堂のまちづくりに参加し，その後は阪神淡路大震災からの復興まちづくり，そしてアメリカ，シアトル市での住民主体型計画策定・管理の実践について研究を進めていた．そして，小泉（2000, 2001）において，東京練馬区でのまちづくり活動をベースに，現代的なコミュニティデザイン論の射程を示している．そこでは，「現代のコミュニティを，錯綜する各種の個人・組織にとっての関係（対話的行為）の場として捉えるならば，現代のコミュニティデザインは，ある特定の課題に関連して，もしくはある特定の空間的地域において，重層的・分散的・部分的に存在する各種のコミュニティ的なものの相互補完的もしくは対立的な関係を理解し

---

5) 脚注はないが同書 (p. 4) では「コミュニティデザインとは，職種，専門分野を超えた市井の人々が自分たちの生活や地域を形づくる過程とした．よって，建築，都市計画，造園，ソーシャルワーク，環境心理学，経済学など多くの分野の専門領域に根ざす一方，単独の専門領域に収まらず，多くの領域にまたがっているのはおのずから明らかである」としており，ヘスター・土肥（1997, p. 20）の文章を引用している．

つつ，それらが自律的な応答をはかりながら，お互いが有するリソースを相互的に活用しうるような関係の場を立体的に組上げることに他ならない」とし，現代的コミュニティデザインが，空間デザインよりもむしろ社会的関係の構築に重点を置くべきとの主張を都市工学，建築，ランドスケープ系まちづくりの専門家として初めて指摘した．そして，コミュニティデザインの射程（主な対象／仕事）を，(1)社会的な関係の理解，(2)対話を行う場の形成，(3)主体形成，(4)対話的関係の継続と循環的な合意形成，と整理し今日のコミュニティデザイン論を先駆けて論じたのである．これは，内山（2010）らにも引用されることで，2010年以降のコミュニティデザインブームにも影響を与えた[6]．

また，野嶋ら（2001）は，阪神淡路ルネッサンスファンド（HAR基金）の運用などを通じて，市民参加のまちづくりが，土木建築的な公共空間の整備から，福祉や教育，環境などを含めたさまざまな場面で繰り広げられている状況を指して，「コミュニティデザインとしての新しい顔を見せ始めてい

---

6) 具体的には以下の通り述べている．
- 社会的な関係の理解：多様な目的を持った組織・個人が関与する現代のコミュニティデザインは，物的環境に視点を限定しえないだろう．社会・経済・自然・文化的な課題との相対的な関係のなかで，物的環境に関する課題も解かれることになる．仮に，我々が，物的空間形成に関連した課題・問題を限定的に扱うとしても，その課題・問題に関連する各主体の存在と活動のベクトルを把握し，それら相互の関係を理解することがコミュニティ・デザインの基底をなす．
- 対話を行う場の形成：相互補完的関係の構築や対立構造の創造的解消には，関連主体間で対話的行為を自律的に展開することが可能な場を作り上げることが必要となる．この場に参加する主体の範囲は，必ずしも特定な地理的範囲に居住・活動する主体に限られるものではない．扱われる課題・問題に応じて関与する主体の範囲は地理的に決めえない可能性がある．
- 主体形成：場の形成に関連して，対話に加わる関連主体の内部的な力が不十分な場合には，その主体の力そのものを醸成することも必要となる．
- 対話的関係の継続と循環的な合意形成：その上で，各主体間の相互補完的関係を構築することや対立構造を創造的に解消するための前提条件や可能性を模索することが初めて行われる．しかし，目的はあくまである課題・問題に対して相互了解的な状態に達することやそれを発展させることにある．その観点からは，ある合意に到達することが，次の対話的活動を生み，さらにより広い，若しくは深い合意に到達するような，継続的・循環的な対話と合意のプロセスを作り上げることが求められる．

る」とした．野嶋が，コミュニティデザインに関連して公共空間のマネジメントのみならず新しい公共性や意思決定のプロセスについて言及している点は，極めて先駆的であったと言えるだろう．同様に，中瀬・林（2002）は，阪神・淡路大震災からの復興まちづくりにおいて，花やみどりを通してさまざまな形でコミュニティに関わる活動を「みどりのコミュニティデザイン」として紹介している．また同じころ渡辺民代が，アメリカのコミュニティデザインセンターの研究を開始している．

しかし，この時期そうした議論を展開したのは，都市工学やランドスケープを専門とする小泉や野嶋らだけではなかった．同じ時期に，渡辺（2001），桂（2001）らは，情報デザインの立場から，ほぼ類似の議論を展開していた．

桂（2001）は，図書館情報学の立場から，社会的関係の構築について論じており，互酬や家政の原理をもって活動するNPOに着目し，インターネットなどを通じてNPOが活動を相互に参照しつつ活動する互酬システム（当時，紹介し始められていた地域通貨などを例示している）の存在が，ボトムアップのコミュニティデザインにとって重要との指摘をしている．ここでのコミュニティは，人々と組織の社会的関係であり，それをインターネット（情報通信技術）や拠点施設（図書館のような）をもとに，互酬性を確認しながらつながりあう，そしてそれは明日からだれでも始められるもの（その意味でボトムアップとしている）と構想した．

渡辺（2001）は，デザイナーやユーザー，エンジニアといった立場を超えたデザインをめぐるコミュニティの形成が，参加型デザインの可能性を広めるとした．また，当時普及しつつあったICT（ML）の利用と，コミュニティカフェなどの地域の拠点（ノード）が連携する形で，地域再生のあり方をさぐり・進めていくことを，函館を対象とした自身が関わる実践活動をモデルとしながら，コミュニティにおける情報デザインとして，その必要性と可能性を指摘している．

また，工藤（2002）は，地域通貨を通じた関係づくりを高齢社会のコミュニティデザインと論じている．さらに，やや遅れて山内（2003）は，教育の分野から，デジタル社会におけるリテラシーの修得と学校教育の関連を論じながら，社会的実践の場と学びの場が出会うことで学びのDNAが埋め込まれた社会実験のコミュニティを生み出すことを指して「学びのコミュニティ

をデザインする」としている．山内はその後実践的コミュニティ論をふまえたコミュニティデザイン論を展開し，更に近年では，物的な空間のデザインを含めたさまざまな局面においてワークショップを通じたデザインを実践し，また理論化している点が興味深い．

0.5 2000年代中盤以降の多様な意味としてのコミュニティデザイン／コミュニティ論

　教育・文化，学びのコミュニティ・デザインは，苅谷ら（2004），秋田・庄司（2005）らの論によって展開されていく．一方で，この時期において，建築都市計画，ランドスケープ分野においては，コミュニティデザインという用語は幅広く用いられるようになる．

　例を挙げれば，コレクティブハウジングにおける組織形成（染谷，2007），ニューアーバニズムの観点からのコミュニティの空間デザイン（有賀，2007），防犯のコミュニティデザイン（カフーン，2009）などがある．もちろん，公共空間の参加型デザインを土台にしつつ，小泉らが指摘したようなコミュニティ組織の形成や相互の関係づくりの双方を指してコミュニティデザインとする論（上町台地コミュニティデザイン研究会，2009など）も多くみられた．

　この時期に着目すべきは，少子高齢社会の進展を背景としたコミュニティの重要性を指摘する論が台頭したことである．代表的な論は広井（2009）である．広井は，高齢社会の到来により地域生活圏を主な活動の場とする人口（地域社会人口）が，再び増加することを指摘し，生活の場としてのコミュニティ（いわゆる地域コミュニティ）の重要性を再度指摘した．また金子は，その近著（金子他，2009）において，実証的に地域コミュニティの重要性を指摘した．

　以上，見てきたように，阪神淡路大震災以降2000年代中頃まで，コミュニティデザイン論は，社会における（新しい）コミュニティの重要性を論じる論とともに展開してきた．

0.6　2011年以降におけるコミュニティデザインの大衆化

　直前から始まる民主党政権において「新しい公共」が政策化した．少子高齢社会の問題が顕著となるなかでNPOなどを含めた協働的統治を進めることが政府の政策となったことは画期的であった．しかしながら，この政策は，十分に実効的なものとはならなかった可能性がある．

　この時期，広井らが震災の直前にコミュニティの重要性を指摘していた．そして，そうした状況のなか，2011年に東日本大震災が発生し，また福島原子力発電所の発災の混乱のなか，復旧・復興に向けてコミュニティやつながり，きずなの必要性が強く認識され，コミュニティはある種の流行となっている．

　こうしたなか，山崎（2011）は，コミュニティデザインを，人と人をつなげる仕事，として自らのプロジェクトを説明し，コミュニティデザインの爆発的なブームを生み出した．山崎は，民間のランドスケープデザイナーとして活躍していた人物であった．少子高齢社会においては，造ることではなく，空間のマネジメントが重要となることに着目し，そのマネジメントを実施するコミュニティを形成する実践を兵庫県立有馬富士公園などで成功させた．

　理論的には，2000年代前半までにすでに指摘されていたことであるし，また手法的にも類似の方法はすでに各地で行われていた．もっとも評価されるべきは，コミュニティデザインを民間デザイナーが行いうる「仕事」として成立させたことにあるだろう．それまでの先駆的な実践の多くは，大学の研究者らが専門家として関わる場合が多かったし，また民間プランナーやデザイナーが行う場合においては，採算を度外視するか，もしくは助成金などを活用した市民活動をサポートする形にすぎなかった．しかし，山崎は複数年かけて地域社会のコミュニティを形成・デザインすることを当初はボランタリーに成功させ，そのことをきっかけに複数年でプロジェクト契約をする新しいビジネスモデルをつくりあげた[7]．また，山崎のもう1つの重要な貢献は，そのプレゼン力を通じてコミュニティデザインの大衆化を進めたことにある．多くの若者や市民がコミュニティデザインを志向することになったことへの貢献を見逃すことはできない．

また，山崎そして筧（2011）や紫牟田ら（2012）など同時期に多数の出版が相次ぐが，この時期の特徴としては「ビジュアルデザイン」を重視している点を挙げることができる．同じワークショップのツールを美しいデザインで提供することで，多くの参加者を魅了する，そのような「ビジュアルデザイン」ないしは「デザイン指向」であることを，この時期のコミュニティデザイン論の特徴として挙げることができるかもしれない．このことは，それ以前にすでにアート系の人材がまちづくりに参加し，また各地の民間のプランニング事務所に流入していたことを，論としても強調したものであるといえる．そして，現在のコミュニティデザインの流行は，更に多数のデザイン・アート系関係者をまちづくりの現場へと誘い出すことになっている．

0.7　コミュニティデザインの本質とはなにか？

では，コミュニティデザインの本質とはなにか？　その答えを一言でいうならば，社会的共通資本としての豊かなコミュニティの形成を行うこと，といえるだろう．

今や，コミュニティは，現実空間に根付いたものから，バーチャルなネットコミュニティにまで広がり，同質性や相互関係性，持続性などが異なるコミュニティが現代社会の課題に対応して必要とされるようになってきた．

そして，コミュニティデザインの対象領域は，社会的関係としてのコミュニティそのもののデザイン／形成と，そのために必要となる「場（place）」のデザイン，そしてそれらを支える社会的仕組みのデザイン，これら相互に関連しあう3つのレイヤーの総体へと広がってきている．

ここでいう社会的関係としてのコミュニティのデザインとは，ある場のなかで，個人と個人をつないで（小さな）グループ（＝コミュニティ）の形成を行うことや，比較的同質的なグループとグループの関係をつくりあげるこ

---

7) 類似のビジネスモデルを，林泰義の主宰する計画技術研究所が先駆けてつくり上げようとしていた．たとえば，所員を地域に派遣し，地域との信頼を構築した後に，地域団体や新たに立ち上げたNPOの事務局員などの形で「現場」に職を確保し，コミュニティ形成やまちづくり支援を「地域密着型」で行うといった方法をとっており，これにより一定の成果を挙げている．

と，更には NPO，政府や企業といった異質なグループ間の関係を築くことを指し，そうしたことを通じて課題解決や豊かな生活文化を形成する．その意味ではコミュニティ・オブ・プラクティスとしてのコミュニティの創出がそこではイメージされているといってよいだろう．

また，そのための場のデザインという場合の「場（place）」とは，社会的関係をつくりあげる「空間」的な意味での場所と，関係をつくりあげるための「機会」の双方を意味している．このように整理するとわかりやすい．たとえば，単なる建築デザインのアプローチのみでコミュニティ形成を意図することは前者であり，インターネットにつくられた SNS などにある「コミュニティ」は，後者の機能に特化している．多くの場合，それら双方を組み合わせながらコミュニティを創りあげる「場（place）」をデザインしていくものであろう．

そして，社会的仕組みのデザイン，については，あまり多くは言及されていなかったが，たとえば，それは地域再生の担い手としての住民の組織形成を促す制度や，相互に意向を確認するための情報交流を支える仕組みなどが該当しており，これらもコミュニティのデザイン，形成を支えるものとして捉えることができる．

それでは，こうした3つのレイヤーのまたがるコミュニティデザインの対象領域のどの部分に，どのようにアプローチするのか？　それは，取り組みの対象となるコミュニティや課題に応じて多様であってよい．グローバルな課題への対応や，イシューベースの課題へのチャレンジであれば，Web デザインや SNS の活用が効力を発揮するだろう．地域での生活・くらしに関わる問題であれば，空間利用やモビリティのデザインが重要となってくるかもしれない．小さなグループ・チームをつくりあげることから始める場合もあれば，社会的仕組みを構築してから，場づくりや個々のコミュニティ形成の取り組みを展開する場合もあるだろう．また，時には，アート，教育，スポーツなどのさまざまな領域におけるコミュニティのデザインを組み合わせることが有効となる場合もあるだろう．

多くの場合，3つのレイヤーと多分野の取り組みの組み合わせによって，コミュニティのデザインを企図し，働き掛け，創発的に相互形成的に，コミュニティが形成されていく．

0.8 本書の着眼点と構成

　本書では，地域再生を主な対象として，この3つのレイヤーとしてのコミュニティデザインのうち，とくに，3つめのレイヤー，すなわちコミュニティをデザインするための社会的仕組みに着目することにする．ここまで見てきたとおり，これまで既存文献で触れられることは少なかったが，今後の日本における地域再生の鍵を握ると思われるからである．

　そして取り上げた仕組みにの検証については，徹底したケーススタディによるアプローチをとっている．全国や関東圏の自治体を対象とした「全数調査」により，検証に値する事例を発掘し，その事例の課題や可能性を検討することで，全国の地域再生にフィードバックしうる知見・示唆を得ることを試みている．

　本書の構成は以下の通りである．

　まず，第Ⅰ部は，住民によるコミュニティのデザイン，まちづくり・地域づくりを主なテーマとして各章を構成している．第1章では，総合的支援を行うための基本的な装置としての「まちづくりセンター」を取り上げ，その可能性と課題をエンパワーメントの関連から論じる．第2章では，住民によるコミュニティのデザイン，まちづくり・地域づくりに対する経済的支援の仕組みの構築について，住民・市民の提案を事業化する「市民ファンド」を取り上げて到達点について論じている．第3章では，「まちづくり条例」を取り上げ，特に住民・市民の提案を受け止める提案権の導入と計画形成支援の観点から現状と課題を論じている．

　ついで，第Ⅱ部では，協働によるコミュニティのデザイン，まちづくり・地域づくりを進める制度・仕組みを取り上げて各章を構成している．第4章では，地域住民自治型まちづくり制度を通じた住民自治の促進と再構築の可能性について論じている．第5章では，協働のまちづくり事業制度を取り上げ，NPOと行政／企業との連携について，現状における課題を論じている．第6章では，民有空間を活用した「住環境」の再編を進める新しいタイプの制度について，「新しい公共」の空間化という切り口で論じている．第7章では，公共の再編・マネジメントをコミュニティ再生へと展開するための課

題を論じている．

　第 III 部では，さらにそうした個々の社会的仕組みを総合することや，相互に繋げる社会的仕組みを取り上げている．第 8 章では，現状の「都市マスタープラン」の課題を示しつつ，協働フレームワークとしての空間戦略への展開を論じている．第 9 章では，コミュニケーション・ツールとしての ICT について論じている．

参考文献

秋田喜代美・庄司一幸（2005）『本を通して世界と出会う——中高生からの読書コミュニティづくり』（シリーズ読書コミュニティのデザイン 1）北大路書房

有賀　隆（2007）サステイナブル・コミュニティの理論的背景と経緯——ニュー・アーバニズムの流れと都市型コミュニティのデザイン（特集「サステイナブル・コミュニティ」を解剖する），都市住宅学 (57), 3-7

上町台地コミュニティデザイン研究会 編（2009）『地域を活かすつながりのデザイン——大阪・上町台地の現場から』創元社

内山　節（2010）どうつくる「地域の力」—— 第 1 回地域力フォーラム，季刊地域，3, pp. 84-89

筧　裕介監修・issue+design project 著（2011）『地域を変えるデザイン——コミュニティが元気になる 30 のアイデア』英治出版

桂　英史（2001）『人間交際術——コミュニティデザインのための情報学入門』平凡社

金子郁容（1999）『コミュニティ・ソリューション——ボランタリーな問題解決にむけて』（〈叢書〉インターネット社会）岩波書店

金子郁容・玉村雅敏・宮垣　元 編（2009）『コミュニティ科学——技術と社会のイノベーション』勁草書房

金子　勇（1982）『コミュニティの社会理論』アカデミア出版会

カフーン，イアン（2009）「防犯とコミュニティ・デザイン——英国と日本を比較する」都市計画，58(6)，pp. 20-22

苅谷剛彦・大西　隆・植田和弘・森田朗・大沢真理・神野直彦 編（2004）『創造的コミュニティのデザイン』（講座 新しい自治体の設計）有斐閣

菊竹清訓（1968）コミュニティ設計論，デザイン批評，7, pp. 151-162, 風土社

工藤由貴子（2002）高齢社会のコミュニティ・デザイン——地域通貨 Ithaca Hour を事例として考える，武蔵野女子大学短期大学部紀要(3)，39-47

小泉秀樹（2000）「現代的コミュニティデザインの中での NPO」『特定非営利法人と地域の計画——2000 年度日本建築学会大会 都市計画・農村計画部門研究懇談会』日本建築学会，pp.33-37

小泉秀樹（2001）「第 8 章　コミュニティ・デザインとまちづくり NPO」原田純孝編『日本の都市法 II　諸相と動態』

コミュニティデザイン研究会（1998）「住民参加の地域福祉活動を通したコミュニティデ

ザインに関する調査研究事業報告書」
佐々木宏（1971）『コミュニティ計画の系譜』鹿島出版会
佐々木葉二（1988）「コミュニティ・デザイナー：ランディ・ヘスター」『ジャパンランドスケープ』Vol.8，プロセスアーキテクチュア，pp. 96-99
佐々木葉二・村上修一・曽和治好・久保田正一（1998）『ランドスケープ・デザイン』昭和堂
佐藤 優（1992）『コミュニティデザイン――魅力あるまちづくりとイメージ計画』グラフィック社
紫牟田仲子＋編集部編（2012）『クリエイティブ・コミュニティ・デザイン 関わり，つくり，巻き込もう』フィルムアートデザイン
染谷正弘（2007）「家族のかたち，住まいのかたち――コミュニティをデザインする」（特集 新・住宅双六），住宅 56(1), 24-29
辻 朋子（2005）『サービスコミュニティのデザイン』白桃書房
土肥真人（1998）コミュニティー・デザイン――場所づくりのデザイン手法，都市計画，47(2), pp. 27-30
土肥真人（2004）「コミュニティ・デザインと都市の公共空間」『都市から考える公共性』（公共哲学 13）東京大学出版会
中瀬 勲・林まゆみ編（2002）『みどりのコミュニティデザイン』学芸出版社
野嶋政和（2001）「コミュニティ・デザイン特集によせて」『緑の読本』Vol.59, p. 1
日笠 端（1959）住宅地の計画単位と施設の構成に関する研究
日端康雄（1976）地域を再構成する，コミュニティ・デザイン〈特集〉：地区の構成，建築文化，355号，pp. 60-62
平野眞佐子（1995）コミュニティデザインを創造する，都市計画，44(1), pp. 20-21
ヘスター，ランディー・土肥真人（1997）『まちづくりの方法と技術――コミュニティー・デザイン・プライマー』現代企画室
広井良典（2009）『コミュニティを問いなおす――つながり・都市・日本社会の未来』ちくま新書
森村道美他（1976）『特集：コミュニティ・デザイン』建築文化，彰国社
山内祐平（2003）『デジタル社会のリテラシー――「学びのコミュニティ」をデザインする』岩波書店
山崎 亮（2011）『コミュニティデザイン――人がつながるしくみをつくる』学芸出版社
山本和代・藤本信義・武蔵靖毅・竹内 稔（1993）コミュニティデザインの手法に関する研究：ランドルフ T. ヘスター，Jr の手法を中心として，日本建築学会学術講演梗概集 E，建築計画，農村計画，pp. 1251-1252
渡辺博史（1967）43 イスラエルの集団農場：キブツ型とモシヤブ型との対比において，日本教育社会学会大会発表要旨集録，20, pp. 57-58
渡辺博史（1968）わが国の住宅政策（特集 都市と住宅問題），都市問題研究，20(11), pp. 63-75
渡辺博史（1973）公的住宅建設の諸問題について（特集今後の公共住宅政策のあり方）都市問題研究，25(5), pp. 15-27
渡辺保史（2001）『情報デザイン入門――インターネット時代の表現術』平凡社新書

第Ⅰ部

住民によるまちづくり

第1章 総合的支援の構築──「まちづくりセンター」によるエンパワーメント

1.1 多様な資源の供給源としての総合的支援機能を持つ「まちづくりセンター」

　地域で市民主体のまちづくりを進めていくためには，すでに可視化され，かつ活用可能な状態にある地域資源（ヒト・モノ・カネ・情報）に加えて，不足する資源を活用することが効果的である．しかし，不足する資源は，地域の課題や地域社会の状況等によって異なってくる．

　そこで，まだ可視化されていない資源の掘り起こしや外部からの資源調達などを通じて，資源を確保したりする．この時に必要な資源を直接，間接的に供給する主体として，まちづくりセンターが期待される．

　本章では，地域が主体的に進めるまちづくりに対してまちづくりセンターが果たしてきた役割，今後さらに期待される役割について紹介したい．

1.2 「まちづくりセンター」の多様性

1.2.1 多様な「まちづくりセンター」

　「まちづくりセンター」は，法律用語ではなく，その目的，役割，事業内容等については，明確な定義はない．さらに「まちづくり」が多義性を持った言葉であるために，全国各地にある「まちづくりセンター」は，その「まちづくり」の多義性を反映した多岐にわたる活動をしている．

　われわれは，2009年11月現在における「まちづくりセンター」と称される施設あるいは組織の存在状況について，インターネットの検索サイトを利用したキーワード検索を行った．その結果，307ヵ所124事例（当時）を抽

出することができた．そしてそれらの事例を設立経緯，目的および主要な事業等により整理し，「①行政出張所型」，「②公民館型」，「③支援機関型」，「④実施機関型」の4つに分類した[1]．このうち，本章では③「まちづくり支援機関型」を中心に，②④も視野に入れて議論をしていく．

1.2.2 「まちづくりセンター」の展開過程
(a) 市民により設立されたシンクタンクと中間支援機能を併せ持つセンター

特に「支援機関型」の「まちづくりセンター」の登場とその後の経緯について紹介する．最初の「まちづくりセンター」は，1984年に設立された「奈良まちづくりセンター」である．この奈良まちづくりセンターは，伝統的な街並みを有する奈良市の旧市街地である奈良町を拠点としており，地域内に計画された都市計画道路に対する問題提起として，徹底的な地域調査を行うことなどを契機として，地域住民等により設立された市民組織である．具体的な活動としては，奈良町にある町家を活用した地域の拠点を利用した交流事業等を行いつつ，さまざまな政策提言，調査業務，さらに県内外のNPO等とのネットワーク構築などを行ってきている．

続いて，1988年に神奈川県に設立されたまちづくり情報センター・かながわ（通称，アリスセンター）は「課題解決を市民自らが担う自治型の地域社会を目指し，市民がまちづくりの主体となるための手法やシステムの開発，社会環境整備に関する提案を行うとともに，地域における市民の活動やまちづくりのための実戦・政策提案を支援すること」を目的として設立された．アリスセンターは，市民活動を支援するとともに，県内外のNPO等とのネットワークを構築し，自ら政策提言を行うなどの市民によるシンクタンクと

---

1) 「①行政出張所型」は，自治体内に複数設置し，市民への情報提供の場や市民の声を行政につなぐ最前線の窓口としての機能を果たしており，地域課題の解決等，身近な地域のまちづくりを支援しているところもある．「②公民館型」は，住民のまちづくり活動の受け皿となっており，まちづくり活動の拠点としての機能を果たしている．「③支援機関型」は，公民館型の機能に加えて，より積極的に働きかけていく仕組みを持ち，総合的に住民のまちづくり活動を支援することができる．「④実施機関型」は，支援を行っているところもあるが，自らが主体となってまちづくり関連事業を実施しており，住民まちづくりに対する支援機関というよりはむしろまちづくりにおける主体性の発揮に軸足をおいている（小泉他，2010）．

しての役割も果たしている．このように当初の「まちづくりセンター」は，市民によりつくられ，市民活動に対する中間支援を行い，また市民活動等とのネットワークのハブとなり，さらに自ら調査研究を行い，政策提言を行うシンクタンク機能を持った市民による自治を充実させるための中間支援を含む総合的な機能を目指す組織であった．

その後，1998年特定非営利活動促進法制定に合わせて，市民活動への中間支援を志向する団体等が登場したが，「まちづくりセンター」を称するものは少なく，「市民活動センター」「NPO支援センター」等が一般的な名称となっていく．

(b) 基礎自治体における都市計画部門の外郭団体に設置されたセンター

「支援機関型」のまちづくりセンターの典型タイプの1つが，基礎自治体の外郭団体（特に都市計画部門）に設置されたものである．自治体による都市計画分野のまちづくり支援施策は，1974年大阪市によるハード事業を対象とした助成事業（「カネ」の支援）が事業のはじまりと言われている（薬袋他，1995）．これらは，市街地再開発事業や土地区画整理事業等の都市計画事業や防災まちづくりに関連する事業着手前の段階を対象としていた．また，1979年に始まるトヨタ財団による市民コンクールは，テーマ型まちづくり活動への「カネ」の支援の先駆けとなった．その後，1983年に土地区画整理事業の残余金を原資として設定された公益信託佐倉街づくり文化振興臼井基金を皮切りにして，「公益信託」という仕組みを活用したまちづくり活動への「カネ」の支援は，当時の経済状況を反映し，各地で行われた．その後，1992年に「公益信託世田谷まちづくりファンド」がつくられ，審査方法（公開審査）等が新たに開発され，その後に各地で登場する公募型の助成事業のモデルとなった．

資金面での支援制度が各地でできるなかで，資金に限らないまちづくり活動への支援を目的とする組織が登場する．1992年に(財)世田谷区都市整備公社内に世田谷まちづくりセンター（現在の(一財)世田谷トラストまちづくり），1993年に(財)神戸市都市整備公社内にこうべまちづくりセンターが設置された．両自治体は，いずれも地区計画制度創設直後に住民提案の仕組みをもつまちづくり条例を制定するなど，「参加型まちづくり」の先進自治体

であり，その経験を踏まえて設置された．また，同時期に建設省（当時）が，住民参加型の都市整備推進を目的としてまちづくり支援を行う自治体やまちセンのネットワーク化を試行していた．その後，京都市景観・まちづくりセンター（1997年），ひょうごまちづくりセンター（1999年設置・2010年廃止），浜松まちづくりセンター（2002年，2009年組織改変）などが設置された．

　また，1980年代に東京都区部を中心に外郭団体としてまちづくり公社等が設置された．これらは，当初は防災まちづくり，再開発事業，土地区画整理事業等の準備段階や公共施設等の管理事業等に携わっていたが，その後市民発意の，幅広いまちづくり活動支援に業務を拡大することもあった．しかし，2000年代以降，行財政改革の影響で，廃止（中野区，杉並区），あるいは他の外郭団体との統合（千代田区，豊島区，世田谷区，目黒区）が行われた．とはいえ，2000年前後の地方分権改革，条例による都市計画決定手続きや都市計画提案制度創設などの都市計画法改正，開発指導要綱の条例化などに対応するためにまちづくり条例を制定する自治体が増え関連して市民による提案活動等を支援することを目的としたり，まちづくりセンターを設置する自治体が登場する（2006年練馬区，2007年国分寺市）．

(c) 特定エリアを対象としたまちづくりセンター

　その後，登場するまちづくりセンターは，運営主体や設立経緯等がさまざまであるとともに，対象領域が狭くなった．

①自治体出先機関が進化したまちづくりセンター

　従来から，自治体は市役所のさまざまな窓口機能を地域に展開した出張所，また地域の社会教育拠点としての公民館，またはそれに類似する各種施設が自治体の単位よりも小さな単位で配置していた．最近ではこれらの機能を統合，さらに地縁組織の弱体化等を背景とした地域活動の活性化等を志向して，出先機関の機能の充実させて，「まちづくりセンター」と称する事例が見られた．2004年に始まる札幌市の取り組みが代表的なものであり，東京都世田谷区，埼玉県所沢市などで同様の動きが展開している．この拠点では，従来の出張所機能や地域活動に対する貸館機能に加えて，活動を支援するための金銭的支援や人的支援としてのコーディネーターを配置するなど，それまでの出先機関から機能強化を図っている．

②多様な主体により運営されるエリアマネジメント拠点としてのアーバンデザインセンター

2006年に千葉県柏市柏の葉地区に設立された柏の葉アーバンデザインセンターは，大学，企業，行政による協働により運営されたまちづくりセンターと類似機能を持った拠点である．同様の拠点はその後，福島県田村市，郡山市，福岡県福岡市などに展開されている．これらのセンターの特徴は，自らが主体となり，地域運営に関する各種事業を実施している点である．

また，その後，静岡県静岡市や福井県福井市のように中心市街地を活動拠点とし，中心市街地活性化の施策と連動した拠点が登場した．

このように，近年登場するまちづくりセンターは，自治体全体の拠点機能よりもまちづくりの単位に近い範囲での活動拠点，事業主体，事務局機能を担うエリアマネジメントの拠点としての総合的機能を期待されている．また，これらの拠点は，行政だけでなく，企業や市民等がその運営に関与するなど，多様な主体の資源を持ち寄って運営されている．

1.3 まちづくりセンターの事業

1.3.1 まちづくりセンターの事業内容

具体的に2つのまちづくりセンターの事業内容を見ていく．
①事例1：みどりのまちづくりセンター（東京都練馬区）

みどりのまちづくりセンター（設立当時は練馬まちづくりセンター）は，2005年4月に練馬区の外郭団体である(財)練馬区都市整備公社（現在の(公財)練馬区環境まちづくり公社）内に，「住み続けたいと思えるような美しい地域環境と豊かな地域社会の実現」を目的として設置された．このセンターは，同じく2005年に施行された練馬区まちづくり条例にて位置づけられた地区の土地利用等に関する提案制度の活用をする活動を支援するために設置された．

事業内容は，表1.1に示す通りで，調査研究，相談・助言・援助，普及啓発で構成されている．このなかで相談・助言・援助については，設立の直接的な目的であるまちづくり条例に基づく土地利用等に関する住民提案制度（条例に基づく地区まちづくり計画，都市計画法に基づく地区計画や住民提

表 1.1　みどりのまちづくりセンターの事業内容

1. 都市機能の維持・増進および環境への負荷低減のための調査，研究およびその成果の普及
　まちづくりに関する調査・研究，景観まちづくり・みどり景観資源の保全に関する取り組み
2. 都市機能の維持・増進および環境への負荷低減のための相談，助言および援助
　練馬区まちづくり条例に基づく専門家派遣と助成，まちづくり相談と区民発意のまちづくり支援，区民主体のまちづくり活動に関する支援，まちづくり団体への活動費助成，みどり事業の推進，練馬区の住民参加型協働事業に対する支援など
3. 都市機能の維持・増進および環境への負荷低減のための普及啓発
　まちづくり情報誌の発行，まちづくり講座の開催，まちづくり交流事業の実施，まちづくりに関する資料コーナーの設置，ホームページ・Eメールによる情報発信

（公財）練馬区環境まちづくり公社「平成28年度事業計画」より抜粋

案制度）を活用するための活動の支援がある．しかし，それにとどまらず，区民主体のまちづくり活動を幅広く捉えて，相談業務，専門家派遣，活動助成事業（助成金）等の支援を行っている．また，まちづくり条例に位置づけられた大規模建造物の計画地の近隣住民と事業者が協議する際の専門家の派遣もしている．さらに，「練馬区の住民参加型協働事業に対する支援」は，センターのスタッフの持つ専門性（都市計画等専門知識，ファシリテーション，デザイン等）を生かして，自治体が住民参加型を志向して行う事業に関わる事業である．そして，景観法に基づく景観整備機構に区から指定をうけ，練馬区福祉のまちづくり総合計画に位置づけられた「ユニバーサルデザイン推進ひろばの運営」事業を受託し，行政施策の一端を担っている．

　センターには，実務・研究経験のあるスタッフを採用していることから，景観・緑・都市農地等練馬区の土地利用に関連する課題に関する調査，研究も行っている．

②事例2：京都市景観・まちづくりセンター（京都府京都市）

　京都市景観・まちづくりセンターは，1997年10月に住民，企業，行政等パートナーシップによるまちづくりを促進することを目的として設立された．1998年に京都市が策定した都心部のまちづくり方針である「職住共存地区整備ガイドライン」では，関係する主体のパートナーシップによるまちづくりを推進するための第三者機関であり，さらに，実現主体としても位置づけられている．ガイドラインでは，「地域協働型地区計画」における地域主体の地区整備計画の策定を支援することになっている．さらに，2000年に策

1.3 まちづくりセンターの事業

表1.2 京都市景観・まちづくりセンターの事業内容

1. 市民の活動に対する総合的支援
   地域まちづくり活動支援(まちづくり活動相談,まちづくり活動助成,まちづくり専門家派遣
   京町家再生支援(京町家なんでも相談,建物調査報告書,京町家データベース,京町家等継承ネット)
2. 歴史的建造物の保全,再生
   京町家まちづくりファンド,京町家カルテ
3. 情報発信
   セミナー・シンポジウム,シンポジウム,各種メディアの開発,活用
4. 交流及び協働活動
5. 調査研究
   近代まちづくり史研究(過去:都市再生モデル調査,京町家まちづくり調査)
6. 人材育成
   インターンシップ受入,視察受入,講師派遣,景観エリアマネジメント講座,文化財マネージャー育成講座
7. 景観整備機構
   専門家の派遣・情報提供・相談その他の援助,調査研究,啓発事業,景観重要建造物への指定提案
8. 京都市景観・まちづくりセンター運営

(公財)京都市景観・まちづくりセンターHPより抜粋

定された「京町家再生プラン」において,そのアクションプランのなかでセンターの役割など含めて行政計画に位置づけられている.

事業内容は,表1.2の通りである.情報発信・啓発,活動への支援については,練馬と同様であるが,「京町家再生支援事業」や2の歴史的建造物に関する事業が特徴的である.設立当初より「地域まちづくり活動の促進」と「地域と共生する土地利用の促進」をパートナーシップで実現していくことを柱としている.前者は,都心部を中心とした地域単位でのまちづくり活動,後者は,京町家再生,袋路再生,マンション建設といった京都におけるまちづくりの課題である個別の土地利用について,住民・地権者,事業者,行政等の対話と協働で地域価値を高める活動を対象としている.

地域まちづくりへの支援については,スタッフによる相談業務,外部専門家の派遣,活動費の助成といった他のセンターと同様のメニューで対応をしている.個別の土地利用に関する仕組みとしては,京町家再生に関する事業が充実しており,スタッフによる相談,大工・建築士・不動産屋等の実務者による相談,個別の京町家の価値を継承するための京町家カルテ作成,行

政・市民等からの資金を京町家改修助成に活用する京町家まちづくりファンドの運営など，多岐にわたっている．

1.3.2 市民主体のまちづくりに対する資源提供

次にまちづくりセンターが市民主体のまちづくりに提供する資源について，ヒト・モノ・カネ・情報について概観する．

①人的資源の提供

市民主体のまちづくり活動において市民が持つ最大の資源は「ヒト」である．しかし，活動を展開するために必要な技術や経験を持ったヒトが充足しているとは限らない．特に高度で複雑な課題を解決するためには，それに必要な専門知識や技術が不足になることがある．それに対してまちづくりセンターは，必要な人的資源を提供することがある．まずは，専門知識・技術を持ったまちづくりセンタースタッフがいて対応することもある．しかし，まちづくりセンターのスタッフでは対応できない専門知識・技術が必要になったときには，外部の専門家を派遣する仕組みを持っている（このときには，まちづくりセンターから派遣される専門家に対して対価を支払う）．また，インフォーマルな対応として，ネットワークしている専門家あるいは専門家のいる団体を紹介する場合もある．

②物的資源の提供

まちづくりセンターが提供する物的資源の代表的なものは，打ち合わせ・作業のための場所，印刷関係機器等の提供である．まちづくりセンターは，空間を持っていることから，物的資源として空間を必要とする場所・機器を提供できる．これは，まちづくり活動をする側にとって貴重な資源提供ともいえる．また，地域調査やワークショップなどに活用する道具等を貸与するまちづくりセンターも見られる．さらに，情報発信のツールとして，チラシやニュースレターの配置場所を提供する．また公共施設等での配置協力の斡旋，さらにインターネット等での発信といった活動の情報発信の支援を行うことも多い．

③資金的資源の提供

まちづくり活動において人的資源，物的資源を直接確保できる場合には資金的資源はあまり必要とならない．しかし，確保できないときには，資金的

資源を対価としてこれらの資源を確保する必要がある．活動に必要な資源の多くを直接確保することは容易ではないため，まちづくりセンターによる資金的資源の提供は効果的である．

まちづくりセンターによる資金的資源の提供には，概ね2つの方法がある．1つは，まちづくりセンターが特定の地域を対象として，人的資源，物的資源の提供を含めて包括的に支援するなかで行われる資金的資源の提供である．もう1つは，資金的資源の提供を行う活動を公募し，活動企画内容等を審査し，選定された活動に対して，資金的資源を提供するものである．

④情報の提供

まちづくり活動が対象とする課題が複雑であるときに，必要な制度等の仕組み，他事例などの経験に関する知見を知ることが有効になる場合がある．その情報を提供することもまちづくりセンターの役割である．まちづくりセンターのスタッフが個別のまちづくり活動との対話の中で行う場合もあるが，より多くの人たちの関心であると想定される情報については，講座・研修・シンポジウム等として行うこともある．

1.3.3　市民主体のまちづくりに関する普及啓発

多くのまちづくりセンターが，資源提供とともに行っているのが普及啓発事業である．講座，研修会あるいはシンポジウムといったイベント，ニュースレター等の媒体を使った情報発信を通じて，広く市民にまちづくりに関する情報提供を行うことが多い．これらが，まちづくりに関心ある（けれども，まだ活動していない）層が活動を始める契機となることもあるし，既に活動をしている人にとって有益な情報や技術を提供することもある．

1.3.4　地域の課題解決のための主体的な活動

まちづくりセンターは，市民主体のまちづくり活動への支援を中心とした中間支援を軸としているところが多い．しかし，中間支援に限らず，多様な主体の協働によるまちづくり活動を志向しているまちづくりセンターも見られる．関心の高い地域課題に対して，まちづくりセンターが発意し，構築してきたネットワークから対象となる必要なステークホルダーと協働し，プロジェクトを進めることになる．

1.3.5　行政・企業・市民の協働によるまちづくりのコーディネート

　まちづくりセンターは，特に行政の，市民参加プロジェクトのコーディネート役として，多様な主体をつなぎ合わせる場を運営することがある．

　また，地域で活動するまちづくり団体同士が交流する機会を運営することもある．こういった場での出会いを契機として，団体間での協働等が生まれることが期待される．

1.4　まちづくりセンターの運営

1.4.1　組織形態

　これまでのまちづくりセンターは，行政が出資する財団法人等の外郭団体により運営されていることが多い．当初は行政とは違う立場で運営することによる利点が強調されていた．つまり，行政自らが動きにくいまちづくり領域の担い手としてまちづくりセンターへの期待もあったと思われる．

　現在では，このような外郭団体運営することには，まちづくりセンターが常に行政側の影響を受けやすい構造としてのデメリットが強い．まちづくりセンターの規模縮小，統廃合の多くが行政サイドの事情に依っている．行政に依存し続けることにより，まちづくりセンターの支援機能を維持することが難しくなっている．また，さらに高度な地域への課題解決が期待されるなかで，行政だけでない多様な主体が関与する協働型の運営を志向する動きも見えてきた．

　そういったなかで埼玉県越谷市では，地元の住宅関連事業者が中心となり，完全民営の「越谷住まい・まちづくりセンター」などが登場するなどの萌芽的な動きも見られるようになってきた．

1.4.2　スタッフ

　まちづくりセンターのスタッフは，支援する現場に直接関わる存在である．そのため，スタッフの能力が，まちづくりセンターの活動に対する評価に影響する．スタッフに求められる職能や経験については，まちづくりセンターで共通となってはいない．これまでは，建築・都市計画・ランドスケープなど空間デザインに関係する知識や技術を持った人が中心となっていたが，最

近では，デザインやファシリテーションなどコミュニケーションに関わる技術を持った人が増えている．これまでも，これらの技術や知識を持つ人をすべて内部に抱えるのではなく，外部の技術者との連携は試行されてきているが，うまく連携できているとは言いがたい．

1.5 まちづくりセンターの成果

1.5.1 まちづくりの担い手の創出

　まちづくりセンターの成果として，新たなまちづくりへの関心層をあぶり出し，そして活動の担い手へと育んできたことが挙げられる．まだ活動に踏み出せていない関心層を市民の関心に対応した講座等の普及啓発によって浮かび上がらせ，さらに関心を踏まえた学びを通じた気づき，出会いを通じたチームづくり，そこでの高まったモチベーションから，まちづくり活動を企画し，公募型助成金等への応募が具体的な活動を育んでいる．

1.5.2 新たな地域課題の顕在化

　まちづくりセンターへの相談または提案のなかには，まだ共有されていない新しい地域課題を感知したものが含まれる．さらに公募型助成金をきっかけとして，さらに行政による事業化へと展開する事業も見られる．また，行政事業に展開しなくても，賛同者を増やし活動を発展させていく事業も見られる．いずれにしても，市民が感知した新たな地域課題を顕在化させる機能を果たしている．

　また，地域である程度共有されつつある新しい課題に対して，まちづくりセンターがその解決のための行動をとる場合もある．課題に対する現況分析，政策提言，社会実験，事業化といった段階をまちづくりセンターが担い，利害関係者に呼びかけ，協働で課題解決に取り組んでいくことになる．たとえば，世田谷トラストまちづくりの地域共生のいえ事業，みどりのまちづくりセンターのみどりに関する事業，京都市景観・まちづくりセンターの京町家再生に関する事業などがこれに該当する．

1.5.3 多様な主体間のネットワーク構築への貢献

　まちづくりセンターは，まちづくり活動に必要な資源を提供することを通じて，さまざまなグループとの関係を構築していく．また，課題解決のために関わりを持つことが期待される資源を持つ多様な主体との関係も構築していく．さらに，多くのまちづくりセンターが行政や企業が発意する市民等との協働を志向するプロジェクトにおいて，ファシリテーターとして参加する．多様な主体がプロジェクトにおける対話を円滑にするだけでなく，そのプロセスを通じて，まちづくりセンター自体が参加する主体からの信頼を獲得し，まちづくりに関するネットワークのハブになっていくのである．

　また，まちづくり活動を行うグループが交流するイベントを企画したり，公募型助成事業の多くがその審査を公開したり（つまり応募団体同士が顔を合わせることになる），特定課題の解決のためのプロジェクトを多様な主体による協働で行ったりすることを通じて，まちづくりセンターがハブとなりネットワークをつないでいく．まちづくりに関わるグループは，他の主体とネットワークすることにより，必要な資源を獲得する能力を高めることになる．

1.6　まちづくりセンターへの今後の期待

1.6.1　多様な資源調達方法の確立

　これまでのまちづくりセンターの多くが行政の外郭団体の中につくられている．これはまちづくりセンターが行う，市民主体のまちづくりに提供する必要な資源を行政資源に頼っていることを示している．しかし，自治体財政が次第に厳しくなっていくなかで，従来までと同じように行政資源を前提としたまちづくり活動への支援をすることが難しくなっている．

　そうすると，まちづくり活動に必要な資源を行政資源以外から確保することが求められるようになる．地域の中にある資源を顕在化させることや，行政以外の外部資源を確保させることが期待される．

　そこで，今後のまちづくりセンターは，自らが資源を調達し，支援組織として配分するのではなく，まちづくり活動の担い手と資源を持つ主体の関係をコーディネートするということも視野に入れることも重要になる．これに

は，個別のグループと資源を持つ主体をマッチングする方法もあるが，特定課題を対象とした多様な主体が協働する場をコーディネートすることも考えられる．

1.6.2 より戦略性を持った包括的な支援へ

まちづくりセンターは，ヒト・モノ・カネ・情報といったまちづくり活動に必要な多様な資源を供給できるところが特徴である．しかし，これらの資源供給が個別メニューとなっていることが多く，地域や活動主体の状況に相応しい，効果的な資源提供が行われているとは言い難い．まちづくりセンターの多くに，専門性を持ったコーディネート業務を担うスタッフがいることから，それぞれの地域の状況を踏まえて，戦略的，かつ効果的に多様な資源の効果的な配分をすることが期待される．

まちづくりセンターが，都市整備部局の外郭団体内に設置されることが多いことから，土地利用等のルールづくりなどを目的とした活動に対しては，包括的な支援を行うこともあった．しかし，複雑かつ多様な地域課題の解決を行うためには，ルールづくりなど手法に限定しない柔軟な対応も必要である．

1.6.3 多様な主体を紡ぐプラットフォーム機能の充実

まちづくりセンターは，多様な資源を持っている．特に場所があることは，物理的に多様な主体が出会う場をつくり，ヒトがいることは，多様な主体を効果的に紡ぐ仕掛けをすることを可能にする．これらを通じて，地域にある資源を顕在させ，さらに共有し，活用することが期待される．また，多様な主体による対話を促すことにより，地域課題を解決するための方法を創造し，実践する主体形成などを可能にすることが期待される．たとえば，まちづくりセンターは近年各地に設置されているフューチャーセンターに必要な資源を持っていることから，この役割を担うことも可能になってくる．

参考文献

小泉秀樹他(2010)「住民による身近な環境改善のまちづくりを支援する拠点(まちづくりセンター)と仕組みの運用実態」第一住宅建築協会
薬袋奈美子他(1995)「住民主体のまちづくりへの自治体および外郭団体による支援の現状と課題」日本都市計画学会学術研究論文集

第2章 経済的支援の構築——住民・市民の資金と想いをつなげる「市民ファンド」

2.1 市民ファンドとは

2.1.1 市民ファンドとは

　近年，市民ファンド，市民基金，コミュニティ財団，NPOバンクなどの言葉を耳にするようになった方もいるのではないかと思う．これらは「お金」という，これまでは市民活動やNPOなどではあまり重視されてこなかった（重視したくても資金がなかった）部分を意識し，NPOセクターや地域社会に市民自身の手で必要な資金を流すことを目的に行われている市民事業である．

　これらはまだ明確な定義があるわけではなく，人によって意味する内容が違う場合も多い．そのため，最初にそれぞれの特徴と性質を簡単に整理したい（以下では，それら全体をまとめる言い方として，暫定的に「市民ファンド」を使用する）．

　共通するのは，市民の所有する資金を社会的（≠投機的）に活用するために集め，それを広義のNPO（非営利組織）や，一般の金融機関からは資金が回りにくい個人や中小の企業へ何らかの形で提供していることだと考えられる．

　この動きが日本各地で急速に活性化したのは，つい最近のことである．それには，法制度の変化が大きな要因となった．2008年12月に施行された公益法人改革によって，かつては困難だった「市民が公益財団を設立すること」が可能になり，次いで2011年4月に施行されたNPO法（特定非営利活動促進法）改正によって「税メリットのある認定NPO法人の取得」が容易になった．それによって，NPOや市民が「自分たちの保有する資金」を

投機目的ではなく，社会目的で活用しようという動きが加速した．

　社会的な背景としては，2015年現在で5万を超す数となったNPO法人が，行政や企業では対応できない，生活に根ざした多様な社会サービスの主体として期待されるようになり，同時に経済的な自立を求められるようになったことがあるだろう．一方でNPOが社会サービスを提供する先は，社会的弱者，自然環境，一般社会全体などであることが多く，直接金銭的な対価を受けられない場面も多々ある．金銭的なリターン（のみ）を期待せずに行政や市場とは独立した運営が可能な，「市民ファンド」の1つの役割として，この矛盾を解決することがある．

　また被災地や地方には震災前の借金があったり，収益性が弱いなどの理由で，金融機関から資金がまわっていない中小企業や個人事業がある．これらの小規模な事業は，地域になくてはならない社会サービスであることも多い．「市民ファンド」はこの部分に対応する金融機能としても期待されている．

2.1.2　市民ファンドの3つの類型

　市民ファンドの資金の集め方には，大きくは「寄付」と「出資」があり，その活用には「助成」「融資」「投資」がある．どの手法を取るかは，各市民ファンドのミッションによって違う．団体によっては複合型のものもあるが，整理のためにここでは市民ファンドを上記に分けて考える．

　当然のことながら，これらの市民ファンドには優劣があるわけではなく，社会性についても基本的にはすべてが何らかの社会目的を持ち，それを市民に訴えかけることで事業を行っている．事業対象もしくは支援対象の性質によって，市民ファンド自体の性質が規定されているとも言えるだろう．

　1つ目は，「助成型市民ファンド」である．助成とは，「主に経済面で援助して，事業・研究などを完成させること」（『大辞林』）であり，助成型市民ファンドとは資金を提供する（あげてしまう）タイプの市民ファンドである．助成対象は，地域で生活の支援事業をするNPO，震災支援をする市民団体，研究機関などさまざまであり，「市民基金」，「コミュニティ財団」などともいう．

　助成を継続するには，市民ファンド側が常に自己資金を増やし続けることが必要になる．バブルの時代は国内の金融機関へ一定規模の資金を預けてお

き，その利子で活動をすることが可能だったが，低金利の現在ではそれは不可能である．そのため，助成型市民ファンドは常に助成原資を寄付等で集めることが前提になる（市民ファンドの多くは規模が小さく，ファンドマネージャーもいないため，ここでは「基金の運用益による事業継続」という考え方は取らない）．

戦後にできた既存の公益財団との大きな違いは，市民ファンドの助成原資の多くが市民からの中小額寄付を中心としていることである．大きな資金を運用するのではなく，多くの市民に呼びかけ資金を集めて事業を行うことは手間もかかるが，一方で信頼関係に根ざしたコミュニティの育成にもつながっている．

2つめは，「融資型市民ファンド」である．融資とは，「資金を融通して貸し出すこと」（『大辞林』）であり，多くの場合は一般の金融機関が資金を提供しにくいNPOや金融弱者などへお金を貸し出している．実際には「NPOバンク」と言われ，市民による新しい非営利金融の動きとして全国に広がりつつある．

融資を行うには，融資先が基本的には金利をつけた上で資金を返済することが絶対的な条件となる．そのため助成とは違い，融資先は返済するための何らかの収入を将来得ることが求められる．また各団体の貸出ルールにもよるが，各NPOバンクは融資期間中の数年間は何らかの形で活動に寄り添いながら資金を回収している．このような性質を持つため，助成型とは違って常に融資のための自己資金を拡大する必要はそれほど大きくない．むしろ確実な回収が求められる．

NPOバンクでは多くの場合，市民からの「出資」で助成原資を集めている．ただし，費用のかかる金融商品取引法の適用除外を受けているために，「非営利の出資」つまり金銭配当のできない出資に限定されるという課題がある（詳細は後述）．

3つめは，「投資型市民ファンド」と考えることができる．投資とは，「利益を得る目的で資金を投下すること」（『大辞林』）であり，ある程度の利益配当と社会的配当を同時に考える，このタイプの団体も近年出現してきている．たとえば，風車を建てるために市民からお金を集める「市民風力発電」や，被災地での中小事業の復興を支える「ミュージック・セキュリティー

表 2.1　市民ファンドの 3 類型

	助成型	融資型	投資型
主な事業原資	寄付	出資（非営利型）	出資
事業収益	なし	少ないがあり	あり
相手先の事業性	なし〜淡	中	濃
主な法人格	認定 NPO 法人 公益財団法人	なし	株式会社

ズ」の取り組みがある．

　ざっくり分けると，一般的にファンドと呼ばれる投資ファンドとの違いは，投資型の市民ファンドが金銭的なリターンのみを目的にしていないことである．ある程度の利益配当に加えて，出資者への「リターン」を「お金」以外でもよいのでの何かでも返していくことが，それぞれの活動のオリジナリティとなっている．それは例えば，自然エネルギーの促進に加わったと風車に記された個人名称であり，被災した牡蠣の養殖事業が復興できた際に牡蠣を無料で得られることである．

　融資型市民ファンドが，専門性とコストの必要な金融商品取引法から除外されることで事業を成立させていることに対して，投資型はプロフェッショナルな性質を持ち，金融商品取引法への対応も行った上で事業を行っている．そのため，「市民ファンド」という市民発の枠組みからは外れる要素もある．しかし「営利と非営利の中間的な投資型」市民ファンドの存在を社会化することは，社会的な事業を行っている NPO や被災地や地方で地域に根ざした活動をしている中小企業にとって，とても重要な要素になるのではないかと考えられる．

　その違いは，表 2.1 のようにお金と法人格から比較すると理解しやすい．

　ここからは，助成型と融資型の市民ファンドについてもう少し詳しく説明を行う．投資型市民ファンドは今後の可能性という側面が強いため，説明は以上にとどめる．

2.1.3　助成型市民ファンド

　助成型市民ファンドは，市民によるここ 20 年の新しい動きである．最も古い「草の根市民基金・ぐらん」でも 1995 年からの事業スタートで，ほと

表 2.2 代表的な助成型市民ファンドの例

名称／設立年	特徴
草の根市民基金・ぐらん／1995年	東京での市民活動とアジア支援を対象
しみん基金・KOBE／2000年	震災をきっかけに設立，神戸の非営利団体を支援
ちばのWA地域づくり基金／2000年	千葉県の市民活動や市民事業を支援
高木仁三郎市民科学基金／2001年	市井の市民科学者を生み出すことを目的
神奈川子ども未来ファンド／2003年	神奈川県の子ども，若者に関する活動を支援
地域貢献サポートファンドみんみん／2003年	宮城県の市民活動を支援
京都地域創造基金／2009年	公益財団法人として，地域社会を支援
地域創造基金みやぎ／2011年	復興に向けた支援活動
ソーシャル・ジャスティス基金／2011年	社会提案事業や社会的対話を支援
あいちコミュニティ財団／2013年	愛知県内の地域課題を解決するNPOを支援

んどは 2000 年以降の設立となっている．これらの多くは，認定 NPO 法人や公益財団法人を取得している．

2011 年には，市民ファンド推進連絡会が設立された．この組織は，それぞれ固有のミッションで設立され，活動してきた市民ファンドの仕組みを，日本社会で普及することを目的にしている．市民ファンド推進連絡会による市民ファンドの定義は，「新しい価値の創造や社会的課題の解決のため，市民からの寄附を中心に，市民の活動に助成する，市民が主体的に設置・運営する民間の仕組み」となっている．

また，民主党政権時代の「新しい公共」事業の流れで，2010 年代に入って日本各地で公益財団法人を活用した「コミュニティ財団」設立の動きも活発化してきた．

助成型市民ファンドの特徴は，まったく事業性のない社会運動的な側面が強いものから，ある程度の事業収益性を持つものまで，多岐にわたる分野の団体を事業対象としていることである．その結果，それらに対する市民ファンド側も個々のミッションによって多様性を持っている．

大別すると，テーマ性を重視する団体と地域性を重視する団体に分けられる．テーマ性の重視では，「認定 NPO 法人 高木仁三郎市民科学基金」が典型的である．現代の科学技術がもたらす問題や脅威に対して，科学的な考察に裏づけられた批判のできる「市民科学者」の育成・支援を目的としたこの団体では，助成先は社会運動性が高い団体となっている．社会的公正の実現

をテーマとする「ソーシャル・ジャスティス基金」も同様のタイプである.

地域性の重視では，たとえば「NPO法人 しみん基金・KOBE」が阪神淡路大震災からの復興を目的に，神戸を中心に事業を行っている．また「公益財団法人 京都地域創造基金」は，地域で市民による公益財団を設立して地域コミュニティの発展を多様な分野を巻き込んで行っている．このような地域社会をベースにした団体は，近年増加傾向にある．

前述のように，助成型市民ファンドは自前の大きな資産を運用しない限り，活動を続けるには常に何らかの資金を得なくてはならない．そのため，ほとんどの場合で個人または企業からの寄付を毎年受けながら活動をしている．認定NPO法人や公益財団法人が多い理由は，寄付をする際に寄付者が税優遇を受けるメリットがあるためである．

かつては認定NPO法人も公益財団法人も，一般の市民事業ではほとんど取得できなかった．そのハードルが下がったことは大変に良いことなのだが，一方で比較的簡単に設立できるようになった市民ファンドが，毎年に亘って寄付を受けながらどう継続性を持って事業できるのか，そのモデルはまだ共有されていない．ネットワークをうまく活用しながら，この動きを社会に定着させていくことが次の課題だろう．

2.1.4 融資型市民ファンド（NPOバンク）

融資型市民ファンド（以下，NPOバンク）は，1994年に「未来バンク事業組合」が設立されたことから始まった．未来バンクは，当時，郵便局や大銀行に預けていた一般市民の預金が市民運動の対象となっていたダムや原子力発電所の建設費用となり，またアメリカの国債の購入に充てられることで戦争の資金になっていたこと，一方で地域のNPOなどにはその資金がまったく融資されないことを知ったメンバーによって始められた．

その後，女性による市民事業の起業に対して融資を積極的に行わなかった既存金融機関の代わりに，自分たちで信用組合を設立しようと1998年に始まった「女性・市民コミュニティバンク（前：女性市民信用組合設立準備会）」の動きなどもあり，現在は日本各地に12のNPOバンクが存在している．

NPOバンクの大きな特徴は，市民等からの出資で集めた資金を市民団体

表 2.3 融資型市民ファンドの一覧

名称／設立年	融資対象
未来バンク事業組合／1994 年	環境，福祉，市民事業
女性・市民コミュニティバンク／1998 年	神奈川県内在住の出資者の団体，個人（対象は限定）
（特非）北海道 NPO バンク／NPO バンク事業組合／2002 年	NPO 団体，ワーカーズ・コレクティブ
（特非）NPO 夢バンク／NPO 夢バンク事業組合／2003 年	長野県内に主たる事務所を置く非営利組織
東京コミュニティパワーバンク／2003 年	東京都内の特定非営利活動促進法別表に該当する分野で活動する団体
コミュニティ・ユース・バンク momo／2005 年	NPO 法 20 分野の NPO 法人，個人事業主，任意団体，株式会社など
天然住宅バンク／2008 年	NPO 法 20 分野の NPO 法人または個人
もやいバンク福岡／2009 年	福岡県内および近隣地域で活動する NPO や社会起業家など
公益財団法人信頼資本財団／2009 年	個人，法人不問，法人格不問，活動地域（国）不問
ピースバンクいしかわ／2010 年	石川県内で活動する NPO 法 20 分野の活動をする NPO 法人，個人事業主，任意団体など
公益社団法人 難民起業サポートファンド／2010 年	日本在住の難民による事業
はちどり BANK@とやま／2011 年	富山県内に事業所のある個人／団体，もしくは富山県内を活動の対象とする個人／団体

＊全国 NPO バンク連絡会資料を一部改編

等へ融資することによって生まれる継続性である．一般の NPO 等であれば，ある程度の活動期間を経た後に解散することもよく見受けられるが，融資事業の場合は一度融資をした後，返済が終了するまでは何年間も事業を継続させる必要がある．この責任を組織として持ち続けることは非営利の市民事業では困難な場合もあるため，これまでに設立された団体の数は多くない．しかし，地域の中では非常に貴重な活動となっている．

　NPO バンクに類似したものに，日本で古来より行われてきた「頼母子講」，「無尽」，「模合」がある．複数の個人等が組織を作ってお金を預けあい，顔の見える関係の中で貸し借りを行うこの仕組みと NPO バンクとはそう遠い存在ではない．また，2006 年にノーベル平和賞を受賞したバングラデッシュのグラミン銀行のような，貧しい人や地域に融資をするマイクロファイナンスの動きとも同時代的にリンクしている．NPO バンクは，かつてのコミ

ュニティが崩壊し高齢化が進んだ先進国である今の日本社会に必要な,「古くて新しい」市民金融といえる.

　NPO バンクがどのような社会的存在になりうるのかは,不確定な要素が大きい.それは表 2.1 で,主な事業原資を「出資（非営利型）」,主な法人格を「なし」という,社会的には通用しにくい表現で説明したことからもわかる.

　非営利型の出資という表現は,2007 年に金融商品取引法が施行される際の金融庁と NPO バンク関係者の折衝によって生まれた.その規模や目的のまったく違う投資ファンドへの出資と NPO バンクへの出資を同様に規制しようとした金融庁の当初案では,公認会計士の審査や第 2 種金融商品取扱業者の登録など費用と手間がかさみ,非営利の市民金融である NPO バンクの継続が不可能になることは明らかだった.そのため,NPO バンク側でアメリカの法律などを調査し金融庁に対案を示すことにより,NPO バンクへの出資は新しい概念である「投機性がない非営利の出資」と見なされ,法の適用除外となった.

　これにより活動の継続が不可能になることはなくなったが,一方でまったく配当を行うことができない,つまり減る可能性はあっても増える可能性のない出資しか集めることができないという大きな課題を残した.

　法人格がない理由は,非営利を基本とする NPO 法人へは出資ができないためである.NPO 法（特定非営利活動促進法）は,利益配分と残余財産の分配を禁じている.そのため事実上,出資金を集めることができない.NPO バンクへの出資は,利息は付かなくとも将来戻ってくることを前提にしている.しかし,非営利事業を対象とした NPO 法人へ仮に出資をしたとすると,それを出資者個人へ戻すことができない建て付けとなっている.このことが,NPO バンクが NPO 法人を取得しない理由である.

　団体一覧の公益社団法人をとっている場合は出資ではなく寄付で資金を集め,また 2 つの団体を記載している場合は出資と融資の機能を 2 団体に振り分けることで問題を回避しているが,いずれも一長一短である.つまり,市民が非営利で金融事業を行うに適した法人格や社会の仕組みが存在しないのである.

　今後の日本のコミュニティデザインを考える際に,民間の,それも市民の

所有する資金の流れを地域ベースで考えることは非常に重要である．融資型市民ファンドである NPO バンクのこれらの問題を解決することは，一方で投資型市民ファンドの今後の発展のあり方にもつながっていくだろう．

このようにさまざまな社会課題に対応した市民ファンドが，課題の近くにいる市民自身の手によって作られてきた．今後のコミュニティデザインを考える際には，市民ファンドの分野横断的なネットワークに加えて，地域金融機関や行政との連携も必要になると予測される．このことは，特に被災地や地方に対して有益性が高いのではないだろうか．実際に，愛知県の「コミュニティ・ユース・バンク momo」と「あいちコミュニティ財団」では，地域金融機関との積極的な連携を進めている．

2.2　3つの市民ファンドの説明

筆者が勤務する「認定 NPO 法人まちぽっと」は，日本最初の助成型市民ファンド「草の根市民基金・ぐらん（以下，「ぐらん」）」の運営を行ってきた．しかし近年の社会変化から，「ぐらん」の活動領域では不十分な事象が顕著になってきたため，2011 年 11 月に社会運動性を強調した新しい市民ファンド「ソーシャル・ジャスティス基金（以下，SJF）」も設立し，運営している．また個人的に，融資型市民ファンドである「コミュニティ・ユース・バンク momo」設立の手伝いと，2013 年まで顧問として助成審査に関わってきた．

そのため以下では，3 つの団体を通して具体的な内容を紹介する．市民ファンドと呼ばれる機能は，「資金」を手段にしながら，同時に「資金以外のもの」を動かしているところに特徴と価値がある．活動紹介を通じて，その「資金だけでない」可能性を感じていただければと考えている．

2.2.1　草の根市民基金・ぐらん

「ぐらん」は，1989 年に生活クラブ生活協同組合が「もうひとつのノーベル賞」として知られる「ライト・ライブリーフッド賞」を受賞したことを契機とし，国際化・巨大化・複雑化している社会的諸問題や多様な市民のまちづくりを応援することを目的に生活クラブの中に設立され，1995 年から助

成活動を開始した.

　当時はバブル景気の最後の時代であったため,生協の組合員に積み立てを呼びかけて基金を集め,その運用資金が事業原資となっていた.しかし,その後にバブルが崩壊してしまったために利息収入が激減し,約3億円あった基金では事業の継続が困難となった.そのため2003年に積み立ててあった基金を返却し,「ぐらん」への直接寄付方式に切り替えた.同時に生協の枠を超えた社会的な仕組みとしていくことを目的に,運営をNPO法人に移行して現在に至っている.

　他の市民ファンドが2000年代まで設立されなかった理由には,バブルの崩壊という原因がある.その後,1995年の阪神淡路大震災からの復興と1998年のNPO法(特定非営利活動促進法)施行をきっかけに市民活動や市民事業が日本社会に根付いていったことが,2000年代以降に市民ファンドが各地で生まれる要因となったと考えられる.

　このような時代背景のもと,長年にわたって助成事業を行ってきた「ぐらん」の主な特徴は以下の通りである.

- 運営と選考を市民が行う
  寄付者からの複数の代表,市民事業の実践者,専門家からなる10名ほどの運営委員会で,資金調達,助成方針,助成選考など,活動全体を運営する体制を持っている.
- 2つの助成分野を持つ
  都内で活動する市民事業と,アジアで活動するNGOという,2つの助成分野を持つ.
- 小さな団体の立ち上げ支援を中心とする
  「草の根」という名称の通り,50万円を上限に比較的小さな団体の立上げ期への資金援助を中心に行ってきた.そのため,先駆的な団体へ助成する傾向がある.
- 地域の市民活動がベースにある
  生協が母体であることから地域の市民活動をベースにしながらも,生協のメンバーシップを意識的に超えた事業(助成,交流)を行っている.
- "つながり"をもう1つの柱とする

「ぐらん」への寄付は,このように使われています

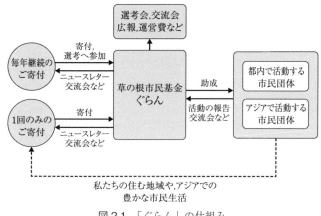

図 2.1　「ぐらん」の仕組み

毎年，助成先と寄付者や一般市民を対象にした交流会を開催している．このことで，「ぐらん」を介さない，寄付者と助成団体，助成団体同士の関係性も生まれている．
● 可能な限りの透明性を確保する
選考過程を「公開式」「参加型」で行うなど，透明性の高い公正な運営を行っている．
● 市民からの直接寄付による財源
少額寄付からなる，完全に市民の直接寄付による仕組みである．

「ぐらん」は 1995 年から 2015 年までの間に，都内とアジアで活動する 159 の団体へ総額 6200 万円の助成を行ってきた．

長年継続して助成してきたため，日本の市民活動や市民事業の変化を実感することも多い．当初の助成団体には高齢者や障がい者をテーマにした団体が多かったが，2000 年代に入ると環境問題や子育て関連をテーマとする団体が増えてくる．この原因には，介護保険制度の充実によって福祉系の団体で助成を受ける必然性が減っていった一方，子育て関連には十分な制度的な手当てが為されていないということもある．2000 年以降の特徴としては，テーマが限定されたシングルイシューの団体が増加している．さらに，都内

表2.4 ぐらん助成先一覧（2013年，2014年度）

	助成先団体	活動内容
2013年度	地域生活定着支援事業　ヒゲの会	刑務所出所者の就労トレーニング事業
	NPO法人 ReBit	教職員へLGBTの理解を深めるための啓発
	一般社団法人グリーフサポートせたがや	喪失体験に寄り添うコミュニティづくり
	CCS世界の子どもと手をつなぐ学生の会	外国にルーツを持つ子どもへの学生支援
	福島と立川の子どもたちの会	被災地支援，福島保養プロジェクト
	NPO法人東京多摩いのちの電話	いのちの電話相談員への研修
	患医ねっと	患者自身による勉強の場の形成
	NPO法人イランの障害者を支援するミントの会（アジア・イラン）	イランの障害者ホームケアプロジェクト
2014年度	NPO法人親子消費者教育サポートセンター	未就学児童や保護者に対する消費者教育
	NPO法人むさしの発達障がい支援サークルしょーとてんぱー	発達障がい児の家族支援と啓発活動
	みなとチャイルドライン・子ども電話	電話をかけてきた子どもに寄り添う活動
	つくろい東京ファンド	東京の貧困の実態を広く視覚的に伝える
	NPO法人なんみんフォーラム	国内難民への理解促進と生活支援
	NPO法人環境維新隊東京ユネスコクラブ	ひとり親家庭の小中学生の教育支援
	NPO法人高麗博物館　韓流の会	日韓両国女性の理解と交友促進
	デュープレックスファミリー	子ども虐待予防を目的とした夫婦への支援
	lay Art in Commons パコモ	コミュニティセンター型学童保育の設立
	NPO法人 APLA（アジア・フィリピン）	農民学校を卒業した若者たちへの支援

での活動にとどまらない政策提案など運動性の強い団体も増加してきた．

　市民活動や市民事業の多くは，生活をしていくなかで生まれた疑問や課題を自ら解決することを目的に生まれてくるため，社会状況に大きく影響される．これらは，社会に欠落している，または正しい状況にないと思われる課題に対して，そこに近い市民が社会システムを作っていく活動だということもできるだろう．

　表2.4は直近の2年間の助成団体一覧である．これを見ると，本当にさまざまなタイプの市民団体が活発に活動していることがわかる．

　「ぐらん」の特徴は，生協をベースに設立されたこともあって，地域生活に根差した団体へ資金提供することを通じて寄付者が居住する地域社会も改善されていくことにある．そのため，寄付者と助成先団体が毎年「草の根交

流会」で顔の見える交流を行っている．近年は寄付者が助成先のサービスを受けたり，助成先団体同士の協働事業が行われるようになってきた．ぐらんの助成事業は，このように「まちづくり」に近いものがある．

2.2.2 ソーシャル・ジャスティス基金

　資金提供側である市民ファンドの性質が3つに分かれていることでもわかるように，市民活動や市民事業は多様性を持ち，成熟化が進んでいる．「ぐらん」を運営するなかで見えてきた課題の1つは，NPOセクターと社会の変化に市民ファンドがどこまで対応できるのかということだった．

　ここでいうNPOセクターの変化とは，①地域社会におけるまったくのボランティア団体，②最低限度の事業性（継続性）を持つNPO団体，③事業性と社会性の両立を意識したソーシャル・ビジネス型の団体，④市民の合意形成や政策提案などを意識したアドボカシー（社会や行政への働きかけ）型の団体，のように多面的なそれぞれの進化を意味している．

　アジア助成を除けば，東京都内の生活に根ざした活動の立ち上げ期を主に支援するコンセプトの「ぐらん」は，②を中心として③の立ち上げ期などへの助成事業を行ってきた．しかし近年は④のタイプの団体からの申し込みが増加し，実際に助成を行うケースも増えてきている．申請団体への聞き取りによると，④の事業へ資金提供をする仕組みが，テーマや使用使途をあまり限定しない「ぐらん」以外にほとんどないことも，少額であるのにもかかわらず申請した理由だという．

　これは社会の要請には応えているものの，本来のコンセプトから遠のいている側面がある．この課題を解決するには，「ぐらん」の中に④のタイプの団体へ助成する仕組みを新たに作る方法もあるが，本来のコンセプトを変えるよりも，それに特化した市民ファンドがあった方が良いと考えた．そこでソーシャル・ジャスティス基金（SJF）が設立された．

　コミュニティデザインというと，地域コミュニティをイメージすることが多いと思う．しかし，「ぐらん」とSJFの違いのように地域テーマ型のコミュニティデザインと社会テーマ型のコミュニティデザインは，別に描いた方が合理的であろう．SJFのデザインを考える際のイメージは，日本社会が不安定化するなかで「社会の仕組み」そのものを市民が提案し実現するための，

図 2.2　SJF の 3 事業

新しい資金の流れをつくることだった．

　SJF の名称にある「ソーシャル・ジャスティス（社会正義）」という言葉は，危うい要素を持っている．デリケートさがない社会正義は，非常にアンバランスなものになりかねない．社会的マジョリティから見た社会正義と，社会的マイノリティから見た社会正義は，一致している部分もあるだろうし，一致しがたい部分もあるだろう．

　私見だが，SJF が目指す社会正義とは，多様なスタンスの個人 1 人 1 人を尊重した「曖昧な部分を残しながらも，倫理感を一応満足させる社会状況」を指すのではないかと思っている．個人と社会との関係が逆になると，「社会正義から見た個人」という全体主義的なものになってしまう．SJF 自体が社会正義なのではなく，そうなることを目指しているわけでもない．市民が「正義の存在する社会」に向かう支援をするための市民ファンドだということが，SJF の他にない特徴であると考えている．

　SJF は，助成事業，募金事業，対話事業を 3 つの柱として活動している．

- ●助成事業——社会的な運動への支援
　「社会正義」という方向性で社会の仕組みや不公正さを変える活動を，市民・企業・行政等を対象に行っている団体を助成対象としている．
- ●募金事業——市民自身による資産の再配分
　運営団体である「認定 NPO まちぽっと」の税優遇を活用することで，「市民が資産の一部で，次の世代の希望を創っていく」ことを働きかける．
- ●対話事業——社会的対話（ダイアログ）の創出

2.2 3つの市民ファンドの説明

表 2.5 ぐらん助成先一覧（2012 年, 2013 年, 2014 年度）

	助成先団体	活動内容
2012 年度	NPO 法人レインボープライド愛媛	性的少数者の人権啓発や当事者外との社会対話の促進活動
	NPO 法人監獄人権センター	刑務所出所者の社会復帰を促進するための政策提言
	「多様な学び保障法」を実現する会	既存の学校外でも子どもが正式に学べるための新たな立法活動
2013 年度	「なくそう！子どもの貧困」全国ネットワーク	2013 年 8 月に成立した「子どもの貧困対策推進法」への提言活動
	NPO 法人 OurPlanetTV	チェルノブイリ低線量地域の学校ドキュメンタリー制作による社会提言
	公益社団法人アムネスティ・インターナショナル日本	名張毒ぶどう酒事件と袴田事件の再審開始を通した，死刑廃止の世論喚起
	NPO 法人「環境・持続社会」研究センター（JACSES）	原発輸出による社会的不公正・途上国市民の被害回避を実現する政策・体制構築
2014 年度	移住労働者と連帯する全国ネットワーク	大学・高校進学における外国人特別枠の設置・拡充に向けた活動
	人身取引被害者サポートセンター　ライトハウス	児童・青少年向け人身取引被害者のための専用サイト／アプリ開発プロジェクト
	市民科学者国際会議	放射線防護について情報・知見・取り組みを共有する「第 5 回市民科学者国際会議」
	生活保護問題対策全国会議	生活保護基準の引下げを阻止するとともに生活保護の捕捉率 100% を目指す事業

社会的な制度提案活動等には，広く開かれた対話の場が必要だという視点から，対立する意見も含めたダイアログへの支援を行っている．

このように活動を開始した SJF はまだ寄付はそれほど集まっていないが，小規模な助成事業を 2012 年度より開始し，同時に「アドボカシーカフェ」と題した対話事業をセクシャル・マイノリティ，日本の貧困問題，原発事故などのさまざまなテーマで月に 1 回ペースで開催している．

表 2.5 は設立後 3 年間の助成団体一覧である．「ぐらん」との明らかな違いがわかると思う．

SJF の特徴は，日本の市民社会で弱いとされている NPO による社会提案への支援を明確に打ち出し，そこに資金提供と対話の場を提供するところに

ある．この仕組みが社会化するかどうかは，どれだけの寄付を集めることができるかによる．

これは，近年になって注目されているソーシャル・ビジネスや社会的投資とは反対の動きである．しかし，民主的な市民社会が形成されるためには，継続のために経済性を重視する一方で，新しい社会の仕組みを市民が提案実行できる新しい資金の流れを作っていくことが必要だと考えられる．

2.2.3 コミュニティ・ユース・バンク momo

コミュニティ・ユース・バンク momo（以下，momo）は，2005 年に名古屋在住の 20 〜 30 歳代の若者が中心となって設立した NPO バンクである．地域で暮らす若者たちの「このまちでずっと暮らしていけるように」という想いで，彼ら自身が理事となってさまざまな年代や団体を巻き込んだ活動をしている．

前述の 2 つとは違って融資型の市民ファンドであるため，寄付ではなく「市民からの非営利の出資」を原資にして，愛知・岐阜・三重の東海 3 県の「地域社会をつくる事業」を対象にした融資事業を行っている．

2014 年 3 月時点での出資金総額は 5208 万円，それまでの融資合計は 1 億 2734 万円となっている．金利は 2.5％（つなぎ融資は 2.0％），融資金額の上限は原則 500 万円，融資期間は原則として最長 3 年である．

金融機関としての momo の特徴の 1 つは，融資先をホームページ等で公開していることだろう．一般的な金融機関は融資したことを公開しないし，融資を受けた側もそれは望まない．しかし，非営利事業で地域を一緒に創っていくミッションを持つ momo では，融資する際の条件にそれを入れている．逆に momo に融資を受けて若者からの支援を受けていることが，地域社会でのプラス評価に結び付くようにもなってきた．

もう 1 つの大きな特徴は，融資先と地域の若者を結び付ける仕掛け「momo レンジャー」である．momo レンジャーとは，若者を中心としたボランティアスタッフのことで，活動理念に共感し，自分の時間やスキルを提供したいという 20 〜 30 歳代の若者たちが中心となって構成されている．愛知を中心とした民間企業，官公庁，NPO，金融機関職員，大学（院）生など多岐にわたる分野から参加する彼らは，出資者と融資先をつなぐ役割を担

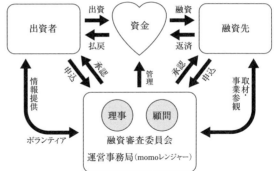

図2.3 momoの仕組み

っている．

　たとえば，身体障がいと知的障がいを合わせ持った最重度の障がい児のデイサービス事業等を行っている「NPO法人ふれ愛名古屋」は150万円の融資を受け，約2年半の返済を終了した．momoから借り入れを行った理由を「運転資金を確保したかったのと，重度の障がいを持っていても地域で暮らせるように，momoに関係する方たちにも子どもたちに関わっていただきたいため」と述べている．融資期間中は，普段は福祉事業に関わりを持たないたくさんのmomoレンジャーが実際にデイサービスの現場に出かけ，子どもたちと触れ合った．

　福祉以外にも，農業，農山村の地域づくり，アートなど，普段の日常生活では接点を持つことの難しい社会事業へ，若いmomoレンジャーが積極的に参加している．この経験は，単に地域内資金循環にとどまらず，地域社会の未来にとって大変大きな価値を持つだろう．

　momoは2.5％と低金利で手間のかかる審査を行い，融資後も完済まで活動に寄り添っていくという，収益ベースだけで見ると割に合わない事業を行っている．仮に1000万円を融資しても，年に入っている利息収入は25万円にしかならない．そのため助成金などを受けて継続的な活動を行っている．表2.6は2014年度の融資先である．

　momoの活動は，地域におけるコミュニティデザインを，若者たちが行政の支援を受けずに行う先駆的な仕組みとして貴重である．しかし質の高い事業を継続して行うためには，融資利息以外の収入がないと，いくらボランテ

表2.6 momo融資先一覧 2014年度（HPより抜粋）

	助成先団体	活動内容
2014年度	NPO法人ひろがり	障がい児への支援活動
	一般社団法人 One Life	放課後等デイサービスワンライフ
	ギガスター実行委員会	超高性能プラネタリウムの製造販売
	郡上・田舎の学校	都市農村共生対流総合対策交付金事業
	中部ESD拠点協議会	ユネスコ世界会議に向けた中部モデル構築
	中部ESD拠点協議会	ユネスコ世界会議でのサイドイベント実施
	アジアの浅瀬と干潟を守る会	100年続ける山川里海健康診断
	株式会社 スピリット	間伐材割り箸生産事業
	一般社団法人 しん	地域活動支援センター とびら
	株式会社 ランダムネス	外国人と日本人がともに成長できる場
	（個人）	不耕起栽培による有機野菜の生産と販売
	株式会社 関むぎパッションフルーツ組合	パッションフルーツの露地栽培の確立等
	NPO法人ブラジル友の会	多文化共生社会の橋渡し事業

ィアが多いと言っても無理がある．助成型市民ファンドが，助成原資を提供するために毎年寄付を受け続けなくてはならないように，momoは融資先に寄り添っていくための資金を毎年助成金等で得てこなくてはならない．

　さらには，まだ貸し倒れがないとはいえ，融資事業をする以上は必ず貸し倒れリスクは存在する．市民からの出資で運営している以上，そのリスクは最低限度まで低くする必要があり，そうすると融資できる範囲も限られてくる．自立した先駆的な動きである一方で，どんなに地域に必要な事業でも少しでもリスクのある団体の支援はできない．このことは社会的な課題でもあるだろう．

　今後の市民社会のコミュニティデザインには，市民ファンドという要素が不可欠なのではないかと考えられる．しかし，このまま発展していくとは考えにくい部分もある．

　これまで説明したさまざまな市民ファンドを日本社会に根付かせ，継続的な機能にしていくには，行政による政策的な支援も必要であろう．高いリスクと責任を自ら担って事業を行ってきた市民ファンドは，ほぼ支援を受けることなく自立して先駆的な社会サービスを提供してきた．しかし今後もこの

機能が必要だと社会が考えるなら，市民ファンドを政策的に位置づけ，人件費などの必要なコストやリスクヘッジなどを支援すべき時期にあるのではないだろうか．

2015年現在，休眠預金の社会的活用についての議論が行われている．2015年5月に募集が行われた．そのパブリックコメントには市民ファンドへの活用という項目もあった．このような動きをうまく使い，市民ファンドが「社会のもう1つのお金の流れ」を形成していくことが期待される．

追記

休眠預金を活用する「民間公益活動を促進するための休眠預金等に係る資金の活用に関する法律案」は，2016年の通常国会では見送られたものの，2016年秋の臨時国会で成立することが有力視されている．休眠預金活用推進議員連盟による仕組みイメージ図ではNPOバンク等の活用が明記された．

市民の自発的な寄付等の流れを損なうことなく，健全な形でその資金が市民ファンド等を通して社会へ活用されれば，今後の日本社会における市民ファンドの役割も大きく変化していくことが予測される．

第3章 提案権の導入と計画形成支援の構築──住民・市民の提案を受け止める「まちづくり条例」[1]

3.1 まちづくり条例の歴史的発展

3.1.1 初期のまちづくり条例の誕生

　初期のまちづくり条例は、地区計画の策定手続条例に併せて、いわゆる地区まちづくりに関する計画について住民からの提案を行政が受け止め、施策に反映するための手続きを中心に定めたものであった．行政によって認定された住民組織＝まちづくり協議会（後に世田谷は提案に認定を要しないことになった）は、首長に地区まちづくり計画（まちづくり構想）を提案できる．

　この初期のまちづくり条例では、提案にいたるまでにとるべき手続きや、合意要件などは明記されていない．これは、世田谷区の新条例においても同様であった．

　提案を受け取った首長は、神戸市（1981年）では、街づくり協議会と提案の実現について協定を結ぶことにより、その実現に「努める義務」が発生する、というものであった．また、世田谷区（旧条例：1982年）では、事業的対応をとるための手続きを位置づけていた．これら初期のまちづくり条例では、計画の実現に対してこれ以上の明確な措置は示されていなかった[2]．

---

1) 本章は小泉（2011）を発展させて執筆している．
2) 世田谷区新条例（1995）では、提案を受けた区は、必要があれば提案を「尊重」し計画を作成する義務が発生し、作成しない場合には、その旨とその理由を提案者に伝える義務が発生するとしている．区による地区街づくり計画の策定は、一般的な都市計画の手続きに近いもので、公告・縦覧と意見書の提出である．区長は必要があれば、説明会その他地区住民等の意見を反映させるために必要な措置を講ずる、としている．

また，初期のまちづくり条例で着目すべきは，住民が計画策定を行うための各種支援措置がすでに位置づけられていたことだ．コンサルタント派遣，活動助成などが，条例の支援規定に基づいて行われていた．さらに，世田谷新条例（1995 年）では，「街づくり支援団体」が行うまちづくり活動支援に対して，区長が助成できるとし，さらに区民の街づくり活動を支援するために信託，基金に出資助成することができる（第 26 条）としている．平たくいえば，まちづくりセンター（現トラストまちづくり）やまちづくり基金（世田谷まちづくりファンド）に助成，出資できることが条例上明記されているのである．この規定は練馬区などに引き継がれた．

　こうした内容は，その後 1990 年代に入って策定される，掛川市，豊中市，真鶴町の条例においても，各自治体独自に発展させながら引き継がれている．特に，豊中市では，住民地区まちづくり支援の段階を発意段階から，組織形成段階，計画策定段階，実現段階と，多段階に仕分け，各段階に応じた活動支援を行うシステマチックな支援制度を確立した．

3.1.2　総合的まちづくり条例の登場

　その後，景観系条例が 1980 年代に広く普及，対していわゆる「まちづくり」条例はしばらく停滞した時期があった．しかし，1990 年代前半に入るとバブルエコノミーが発生，投機的リゾートマンションの立地が著しい地方都市でまちづくり条例の制定が相次いだ（真鶴など）．

　これらに共通した特徴は，空間スケールとして，自治体レベルの土地利用計画・規制をベースにした個別開発協議を位置づけたことにある．特に，真鶴町では，土地利用規制基準，美の基準を策定し開発協議の根拠とし，開発協議・審議手続きも精緻にそして巧妙に組み立てた．周辺住民の意向反映制度や，行政指導の内容に対する事業者・住民からのアピール制度，まちづくり審議会での審議，そして最終的に意思決定としての議会決定を組み合わせ，1 つの制度体系として極めてわかりやすく整理した．

　また，街づくりの総合的な基本方針（都市整備方針）や分野別計画の策定手続きにおける区民参加に関する規定は，「区民等の意見を反映することができるよう必要な措置を講ずる」ことのみが示されている．ちなみに，地区計画の申出制度の手続きはまだ含まれていなかった．

また，真鶴の開発協議の方法は，当時規制の緩かった非線引き白地に対して，事前に明示された土地利用規制基準によって開発協議の幅を狭めるとともに，美の基準（パタンランゲージ）によって敷地や街区レベルでの指導基準を形成するという方式をとっていた．すなわち，個別案件ごとに，指導基準を生成し，それを蓄積することで，一般的な指導基準を形成する「生成的な方式」であった．この点でも画期的であったが，これについては，行政担当者が美の基準に基づいて指導基準を作成することの合理性が必ずしも明確ではなく，住民による討議や専門家による助言などの仕組みを含めて再構築する必要があると思われる（秋田他，2003）．

一方で，建設行為において「特にまちづくりに重大な影響があると認めるとき」には，公聴会で提出される意見をもとに町長が当否の報告書を出し，さらに町民および建設行為者に不服があれば議会で最終的な判断を行うことになっている．

真鶴まちづくり条例は，神戸市，世田谷区のまちづくり条例が位置づけていた住民発意の地区まちづくりシステムも有しており，さらにまちづくり計画（マスタープランに相当）の策定手続きを明記し，かつ議会決定とした．このように，真鶴まちづくりの条例は自治体レベルの計画策定手続き，土地利用規制基準と開発協議手続き，地区まちづくり計画に関する住民提案と関連した住民支援措置などを含む，はじめての総合的なまちづくり条例であった．

3.1.3　多様化するまちづくり条例

1990年代後半以降は，諸自治体へまちづくり条例が急速に普及，多様化の様相を示しており，上記の型以外も登場するようになる．既述の通り，豊中市では段階的まちづくり支援を条例で位置づけて，一定の成果を収めている．鎌倉では，真鶴を参照しつつ，地区まちづくりとマスタープランそして開発協議に整合的な計画体系を与えた「総合的まちづくり条例」を制定した．既述の通り地区まちづくりについて精緻な仕組みを持った世田谷新条例も，同様に地区まちづくりとマスタープランといった都市計画の体系を位置づけている，という意味では総合的まちづくり条例といえる内容を備えていた．

さらに，身近な風景の保全・再生を目的とした世田谷区の風景づくり条例や大店立地調整を目的とした京都の土地利用調整条例，市民参加，情報提

供・開示を中心としたニセコのまちづくり条例など，多種多様な「まちづくり条例」が登場する．

さらに2000年以降になると，東京圏の西郊自治体で「標準化」する勢いで急速に普及・増加している．このなかで，三鷹市は，法定の高度地区とまちづくり条例による協議を連携させ，協議に実効性を持たせている点がユニークである．その際，地域環境に配慮する必要があり，この規定を通じて住民の意向を反映しうる仕組みとした．この方式は，練馬区など他自治体に発展しつつ引き継がれている．また，国分寺などは，手続き違反に対して刑事罰を科すなど，より強い法的強制力をもった条例も登場するようになった．

近年では，計画策定については，都市計画法17条の2の条例委任規定に基づいて，計画決定の手続きをより詳細に，かつ市民の意向を反映するかたちで充実している自治体が少なくない（練馬区など）．また，都市マスタープランについては議会の議決による最終決定を盛り込んだ自治体もある（真鶴町の他に日野市など）．同時に，提案制度についても，実質2/3の同意要件を緩和した「別の提案制度」をまちづくり条例に盛り込んでいる場合もある．併せて，提案を行う市民への支援を条例によって規定している自治体もある（豊島区地区計画申し出制度，練馬区テーマ別まちづくり提案など）．

こうした東京郊外部におけるまちづくり条例の急速な普及の背景には，市町村都市マスタープラン策定過程における活発な市民参加の実践，その成果でもある多くのまちづくりNPOの誕生，そして建築基準法改悪によるマンション紛争の激化などがある．

3.1.4　まちづくり条例の到達点

住民が地区まちづくりの計画案を提案する権限を位置づけたことは時代を先取りした先進的なものであった．また，都市計画法における地区計画の策定では地権者主義が明示されたのに対して，世田谷区街づくり条例の地区街づくり計画の提案では，地区街づくり協議会以外に地区住民等も可とされた．地区住民等には地権者に加えて「地区住民（地区内に住所を有するもの）」も含まれ，対象を広げている．逆に，こうした規定以外には提案に際してなんら具体的な条件は無い．

また，住民が提案を行うにあたり必要な育成・支援手段を用意したことも

画期的な発想であったと言える．世田谷区の新条例（1995年制定）では，区民による自発的な街づくり活動に対する支援をセンターが行うことを定めている．こうした方式は，同様にまちづくりセンターを立ち上げた練馬区にも継承されているが，当時は極めて先駆的な内容であったといえる．ただし，計画の提案や公定に関する手続きについては，詳細を規定していないか，都市計画法の計画決定手続きと大きな差はないものであった．その後，都市計画法の改正によって決定手続きが条例委任されると，その内容を含め都市計画の決定における参加手続を強化する自治体も登場した．また法定の提案制度を補完するテーマ別提案制度など独自に創設する自治体も登場した．

また，多くのまちづくり条例が，開発協議手続きにおいて，地域住民への情報開示や要望把握（説明会開催等）を，さらに住民から提出された要望への対応を自治体に説明することなどを義務づけている．これらは，開発に際して，住民と事業者場合によっては行政との対話を制度として保証したものといえる．

特に，真鶴まちづくり条例の開発協議では，はじめて意思決定の手続きを精緻に組み立て，また，その運用では美のリクエスト方式という生成法的な方式を先駆的に取り入れている[3]．その後，罰則規定の強化や専門組織の関わりのバリエーションが増えるなどの発展が見られている．また，また三鷹市では，特別用途地区や高度地区指定によってダウンゾーニングを行い，その特例許可にまちづくり条例と環境配慮指針を組み合わせた協議手続きをもって行う方式を，全国で初めて取り入れた．都市計画法や建築基準法に基づく制限と条例を連携させて協議の実効性を高めようとする事例は，その後練馬区でも取り入れられるなど徐々に広がりつつある．

---

[3] 極めて先駆的な試みであったが，この方式は美しい街並みをつくりだすために十分には機能していなかったことが明らかになっている．

64　第3章　提案権の導入と計画形成支援の構築

3.2　首都圏における計画提案関連制度の導入・運用の状況

　以下では2009年11月中旬に東京大学都市工学科都市計画研究室が，首都圏（1都3県）の基礎自治体に対して行ったアンケート調査の結果の一部を紹介する．アンケートは全212自治体に配布し有効回答196（回答率92％）を得ている．

3.2.1　住民組織支援制度の導入実態（図3.1(a)～図3.1(e)）
　首都圏全体での普及状況を見ると，まちづくり条例等によるまちづくり協議会などの住民組織への支援制度を持っている自治体は61あり，今後の導入を現在検討している自治体は24ある．約1/3の自治体で導入されており，さらに今後導入を検討している自治体を含めると4割強になる．都道府県別に見ると東京都，神奈川県に多く埼玉県，千葉県と続く．ただし，千葉県は，現在検討中の自治体が10と最も多い点が注目される．

3.2.2　まちづくり協議会の設立状況（図3.2(a)，図3.2(b)）
　まちづくり条例では，3.1.1項で述べたように行政が住民組織を「まちづくり協議会」として認定ないし登録するシステムを有したものが多い．
　このようなシステムを有した自治体は首都圏全体で（2009年11月当時）49あり，そのうち協議会をすでに認定ないし登録した自治体数は31と，制度を有している自治体の過半数となっている．
　内訳は，東京都が10，神奈川県が10，埼玉県が8，千葉県が3となっており，条例の普及状況ではやや遅れを取っている埼玉県だが，運用実績では東京都，神奈川県と大差ないことがわかる．さらに，設立の内容を「認定」と「登録」に分けて見てみると，東京都では「認定」よりも「登録」件数が多いことがわかる．また，認定または登録制度を保有する1自治体当たりの平均適用（認定および登録）件数は概ね2件前後で，神奈川県では3件を大

---

4) 既述の真鶴の条例における，「特にまちづくりに重大な影響があると認める」建設行為に関連した意向調整手続きは1つの方法として参考になるだろう．

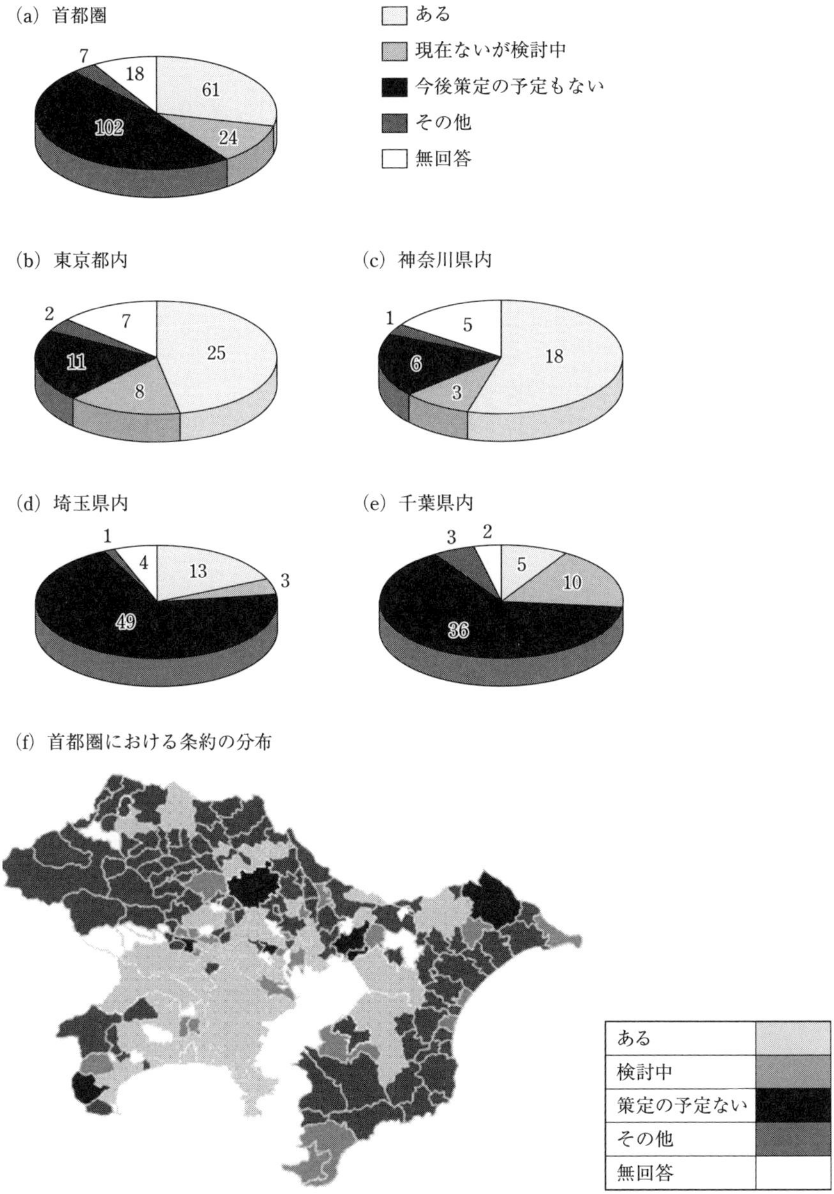
(a) 首都圏
ある
現在ないが検討中
今後策定の予定もない
その他
無回答
61
24
102
7
18
(b) 東京都内
25
8
11
2
7
(c) 神奈川県内
18
3
6
1
5
(d) 埼玉県内
13
3
49
1
4
(e) 千葉県内
5
10
36
3
2
(f) 首都圏における条約の分布
ある
検討中
策定の予定ない
その他
無回答

図 3.1　各基礎自治体におけるまちづくり条例の有無（(a)〜(e)）と条例の分布 (f)

66　第 3 章　提案権の導入と計画形成支援の構築

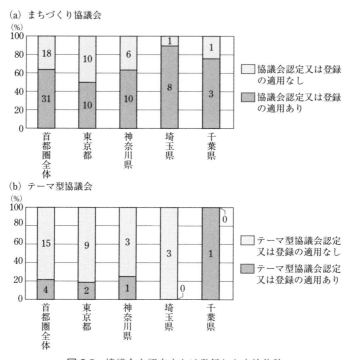

図 3.2　協議会を認定または登録した自治体数

きく超えているが，全体的にまだまだ少ないと言える．

なお，テーマ型協議会については，これを認定ないし登録するシステムを有した自治体が首都圏全体で（2009 年 11 月当時）19 あるものの，そのうち適用した自治体はまだ 4 に過ぎない．

3.2.3　まちづくり協議会の認定基準（図 3.3(a)，図 3.3(b)）

まちづくり協議会の認定基準については，今回の調査に対する回答では，図 3.3(a) に見る通り，ほとんどの基礎自治体が「条例」もしくは「要綱又は規則」によって定めているとしている．つまり，ほとんどの基礎自治体が基準を条例ないし要綱または施行規則として公開していることになるが，具体的に個々の条例や要綱，施行規則を見てみても，その内容は必ずしも具体的には明示されていなかった．

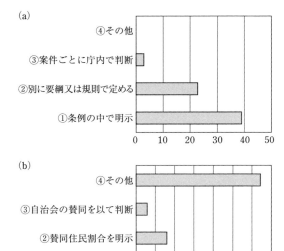

図 3.3 基準の位置づけタイプ別自治体数 (a) と基準における賛同条件タイプ別自治体数 (b)

とくに賛同者の割合については，図 3.3(b) に見るように，基準として明示している自治体は少なく，圧倒的に「その他」が多い．このことから，認定基準にあたっては実際のところ，行政の裁量部分が大きいことがわかる．

3.2.4 住民組織支援制度の運用状況
(a) まちづくり協議会の前段組織への支援実態

　公共政策における住民参加の場の領域を「情報交流の場（フォーラム）」，「意思形成の場（アリーナ）」，「異議申立の場（コート）」の3つに分けた場合，とくに「情報交流の場」のうち会議形式で行うものを「自由討議の場」と言い表すことがある．ここでは自由闊達な十分な対話機会が確保されており，参加者の考え方や意見の変化が期待できる．したがって「自由討議の場」は，相互に学習し，共通点や争点を見出す場であり，「意思形成の場（アリーナ）」の前段において合意形成を支援する重要な機能を担うものとして位置づけられる（小泉，2006）．まちづくり条例の仕組みの中にも「意思形成の場」として「まちづくり協議会」を，「自由討議の場」としてその前段組織（たとえば「まちづくり準備会」等）を設計している場合がある．

表3.1 まちづくり協議会の認定および登録実績

	①認定数	②登録数	③認定または登録制度保有自治体数	(①+②)／③
東京都	19	21	20	2
神奈川県	46	14	16	3.8
埼玉県	22	0	9	2.4
千葉県	6	4	4	2.5
首都圏全体	93	39	49	2.7

　当該アンケートでは，この「前段組織」に着目し，さらにまちづくり条例の中で位置づけているものを「まちづくり準備会」，それ以外を「助走期組織」と呼び，その支援実態について尋ねている．

　その結果，まず半数以上の自治体が，前段組織への支援制度を「今後も策定の予定はない」と答えており（図3.4(a) 参照），支援制度を「有している」と「現在ないが検討中」を合わせても4割に満たないことがわかった．ただし，図3.4(b) に見るように支援を必要と考えているのは6割を超えていることから，仕組みづくりが追い付いていない実態を表していると言える．

(b) 支援内容

　まちづくり協議会への支援内容として最も多いのは「組織への専門家派遣」であり，まちづくり協議会への支援制度を有する自治体の8割近くが行っている．次に多いのは「助成」であり，約7割が行っている．

　まちづくり準備会への支援内容として最も多いのは，やはり「組織への専門家派遣」であるが，次に多いのは「行政職員による相談，講座」である．

　助走期組織への支援内容として最も多いのは「行政職員による相談，講座」であり，次に多いのが「組織への専門家派遣」となっている．

　同じ前段組織であっても，条例で位置づけられているまちづくり準備会へは専門家派遣が主体的に行われているのに対して，条例で位置づけられていない助走期組織へは行政職員による相談が主体であるという違いが出ている．

(c) 協議会に至る前段での支援の悩み

　上述の通り，まちづくり協議会になれば助成といった財政出動が7割の自治体で行われており，その認定にあたっては行政の裁量に負う部分が大きい．

　では，認定に際して行政は前段組織の何を評価しているのであろうか．そ

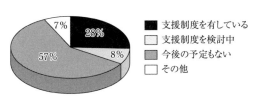

図 3.4(a) 首都圏における前段組織への支援制度の実態

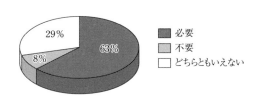

図 3.4(b) 前段組織への支援は必要か（首都圏全体）

れを探るために，同調査では表 3.2(a) に掲げるような選択肢を用意し，複数回答方式で自治体に答えてもらったところ以下のような結果となった[5]．

また，前段組織の支援を向上させるために必要な条件を尋ねたところ，表 3.2(b) に示すような結果となり，なかでも全体の 7 割もの自治体が選んだのが「地元の自治会や商店会，NPO など，関連する地域組織から理解を得ることが重要」であった．

先述の通り，多くの自治体が，「組織が地区住民の民意を本当に反映しているかどうか判断が難しい」と考えているとともに，支援の効率化の条件として地域の多元なコミュニティからの認容をとりつけることが重要だと考えていることがわかる．

---

5) すなわち，同質問紙調査では前段組織の支援に関連し，「行政担当者として次のどれに共感されますか？」という設問があり，それに対して 11 項目の選択肢を以って複数回答させたところ，表 3.2(a) に示すような結果となった．また，「前段組織に対する支援の効率性を向上させるためには特に何が重要とお考えですか？」という設問に対して 8 つの選択肢を最大 3 つまで複数回答してもらったところ，表 3.2(b) のような結果を得た．さらに効率化条件の選択肢（表 3.2(b)）の中で，「行政が支援する前に，その組織の熟度を査定することが重要」と答えた回答者に，その熟度の査定基準を尋ね 8 つの選択肢に順位をつけてもらったところ，表 3.2(c) のような結果となった．

70　第3章　提案権の導入と計画形成支援の構築

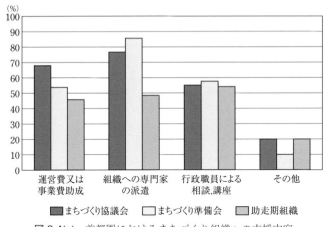

図 3.4(c)　首都圏におけるまちづくり組織への支援内容

表 3.2(a)　協議会に至る前段での支援の悩み

回答自治体数：77

首都圏全体（当該項目に回答した基礎自治体における複数回答の降順結果）		割合
組織が地区住民の民意を本当に反映しているかどうか判断が難しい	43	56%
地区住民が主体的に活動してくれない	35	45%
支援に割ける予算や職員や専門家が足りない	30	39%
まちづくり協議会に進むまでの途中で挫折してしまうことが少なくない	21	27%
結果的に事業に至らなかった活動への支援は行政の費用対効果としての問題が残る	16	21%
支援に当たっての市民参画部局と都市計画部局との役割分担が明確でない	15	19%
長い目で見れば，助走期組織の支援に注力する方が結果として費用対効果が高い	14	18%
行政の計画通りに進んでくれない面がある	13	17%
前段組織の中でも助走期組織への支援が十分にできていない	9	12%
最初の組織化に当たって自治会（町内会）の協力が得られない	2	3%
その他	5	6%

　では，実際にその組織がコミュニティからどれくらい認容されているのかを評価するにはどうしたらよいのか．その1つの答えとなるのが同質問項目の選択肢「行政が支援する前に，その組織の熟度を査定することが重要」（表3.2(b)中，上から5段目）であり，これに回答したのが全体の3割の自治体であった．また，その評価基準で重要視するものとしては，表3.2(c)に示すように，第1位として「構成員が公民的意識を持っているかどうか」で

表 3.2(b) 前段組織支援を効率化する条件

回答自治体数：75

首都圏全体（当該項目に回答した基礎自治体における複数回答の降順結果）		割合
地元の自治会や商店会，NPOなど，関連する地域組織から理解を得ることが重要	52	69%
行政職員がとにかく何でも相談に乗ってあげることが重要	27	36%
関係する庁内の横断的な連携が重要	27	36%
その組織の立場に立ってリードしてくれる専門家を紹介することが重要	24	32%
行政が支援する前に，その組織の熟度を査定することが重要	20	27%
行政担当者が数年間は移動しないことが重要	16	21%
行政職員が日頃から地域を回り「御用聞き」をすることが重要	5	7%
その他	6	8%

表 3.2(c) 熟度の査定基準で重要視するもの

	構成員が公民的意識を持っているかどうか	民主的に会議を進められるかどうか	中心人物のリーダーシップ力	人的資源の量や質	有能なファシリテーターの存在	その組織の企画力	その組織の財政力	その他
1位	8	4	3	1	1	4	0	1
2位	4	6	5	4	1	1	1	0
3位	1	3	5	6	3	2	1	1
4位	2	1	2	5	6	2	2	1
5位	3	3	2	3	7	2	0	1
6位	2	1	3	1	3	6	5	0
7位	2	3	1	2	0	3	9	1

※表内の数値はそれぞれの順位で選んだ回答数の集計値

あり，また第2位としては「民主的に会議を進められるかどうか」であった．

これらのことは，本格的支援を開始する前，つまり前段組織と位置づける期間から組織のモニタリングを十分に行ってから支援すべきだと考えている自治体が少なくないことを意味していると同時に，またそのモニタリングで重視している評価基準が，公民的意識や民主的会議の進め方といった組織の内面的資質についてであることも注目に値する．

3.2.5 住民提案の運用状況

まちづくり条例は，3.1.1項で述べたように行政によって認定または登録

された住民組織（まちづくり協議会等）から首長に地区まちづくり計画（まちづくり構想）を提案でき，さらに行政がそれを公定する仕組みを有したものが多い．

同アンケートから，このような仕組みを有した自治体は首都圏全体で（2009年11月当時）35あることがわかった．3.2.2項で述べたように住民組織を認定する仕組みをもったまちづくり条例を有する自治体が49であることから，そのうち7割の自治体が計画を公定する仕組みを同条例に設計していることになる．

この35の自治体のうち実際に計画を認定または登録した実績のある自治体は13と，4割にも満たない．内訳は東京都が8，神奈川県が2，埼玉県が3となっている．神奈川県では条例が多く普及しており，また協議会を認定ないし登録した自治体数も東京都と同数あるにもかかわらず，計画を公定した経験が少ないことがわかる．

また，まちづくり条例では地区まちづくり計画のみならず，内容的に地区計画に準ずるようなルールを住民組織が提案でき，行政がそれを公定するシステムを有したものもある．

同アンケートから，このようなシステムを有した自治体は首都圏全体で（2009年11月当時）21あることがわかった．住民組織を認定する仕組みをもったまちづくり条例を有する自治体49と比べると，そのうち4割の自治体がルールを公定する仕組みを同条例に設計していることになる．

この21の自治体のうち実際にルールを認定または登録した実績のある自治体は神奈川県に1自治体があるのみで，まだまだ適用実績が少ないことがわかる．

一方，まちづくり条例の中に設計するのではなく，地区計画の提案制度や建築協定や任意協定といった形で公定する自治体もあり，地区計画だけでも世田谷区をはじめ[6]首都圏全体で15の自治体で実績があることから，ルールの公定についてはまちづくり条例の枠組みの外で実際には運用されていることがわかる（表3.3）．

---

6) 東京都の地区計画の適用実績のうち77件は世田谷区である．

3.3 テーマ型まちづくり提案制度の運用状況と今後の展望 73

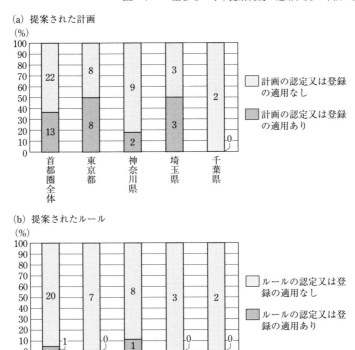

図 3.5 住民からの提案を公定した実績

表 3.3 住民から提案されたルールを条例以外の枠組みで公定した実績

		首都圏全体	東京都	神奈川県	埼玉県	千葉県
地区計画の適用	自治体数	15	6	4	3	2
	件数	105	83	4	11	7
建築協定の適用	自治体数	1	0	0	0	1
	件数	0	0	0	0	3
任意協定の適用	自治体数	3	1	5	2	1
	件数	17	3	11	2	1

表 3.4 協議会および前段組織を公定するしくみを持った自治体（東京都）

東京都	まちづくり協議会	まちづくり準備会	助走期組織
ある	25	12	17
現在ないが検討中	8	9	4
今後策定の予定もない	11	18	19
その他	2	2	2
無回答	7	12	11

3.3 テーマ型まちづくり提案制度の運用状況と今後の展望

3.3.1 テーマ型まちづくり提案制度とは

　既述の通り，近年首都圏を中心に急速に制度化が進められてきたまちづくり条例に基づく市民提案制度の1つとして，地区まちづくり提案制度と併記する形で「テーマ型まちづくり提案制度」（以下，「テーマ型提案制度」）を位置づける基礎自治体が少しずつ登場している．地区計画や地区まちづくりにおける提案制度など，典型的なまちづくり条例における提案制度の主流では，地区を対象とした規制や整備に主眼が置かれており，また提案主体は主に地区の地権者や住民に限定されていた．これに対し，テーマ型提案制度は，緑化などの環境活動や福祉，交通，防災などといった特定テーマについてのまちづくり活動やそれに基づく提案を可能にする仕組みであり，提案対象となる分野や地理的な領域の広さがその特徴である．また，既述の調布市のような一部例外的な運用を行う自治体があるにせよ，原則的にはこれまでの地区まちづくり提案制度では提案対象にならなかった，駅や道路空間などの「公共空間」を対象にした提案権を，地権者ではない市民一般に開放するという画期的な側面をも有した制度であるといえる．

　以下，このように，比較的新しい仕組みとして登場してきたテーマ型提案制度について，首都圏における制度化や運用の状況を紹介し，市民提案制度としての今後の課題と方向性について，考察していきたい．

3.3.2 テーマ型提案制度の制度化状況と規定内容

(a) 首都圏における制度化状況

　既述の東京大学都市計画研究室が実施した調査（2009）をもとに，2010

年度に追加調査を実施し，首都圏におけるテーマ型提案制度を有する自治体数や運用状況の把握を行った．その結果，2002年制度化の神奈川県逗子市を端緒に，2010年11月時点においてその数は12自治体におよび，多くが東京都内の基礎自治体であった（表3.5）．導入自治体が漸進的に増加する傾向が見られる．

(b)「テーマ型まちづくり」の定義

　制度を有する自治体（以下，「対象自治体」）の条文上にある「テーマ型まちづくり」の定義を総合すると以下のようになる．①自然環境保全，交通，景観，福祉，防災等の「特定のテーマ」を対象とする，②市民が主体となって行う，③調査，研究および実践等のまちづくり活動であり，このような活動の成果や提案を自治体に提出することが「テーマ型提案」となる．ただし，国分寺市では都市農地まちづくり計画提案制度，練馬区では施設管理型地区まちづくり計画提案制度が各々単独テーマに特化した制度として，一般的なテーマ型提案制度とは別に存在している．

　多くの自治体において，景観や福祉，防災などの個別分野において，それぞれの分野に特化し策定された関連計画や条例が，規定次第ではソフト・ハード両面におけるまちづくりを柔軟に行うことが可能なものとなっている．一方で，「特定のテーマ」の例示を条文中に示しておらず，市民にとってテーマ型まちづくりの具体的なイメージを持つことが困難であることが予想される自治体も少なくない[7]．

(c) テーマ型提案に関するプロセス規定

　続いて，対象自治体の条文規定のうち，テーマ型提案に関するプロセス規定を整理すると，主に「提案前」のプロセスとして（ⅰ）提案主体の認定規定，（ⅱ）提案主体への支援規定，（ⅲ）提案要件規定，「提案後」のプロセスとして（ⅳ）提案の公定に関する規定と（ⅴ）実現化に関する規定，の5つに大別で

---

[7]「特定のテーマ」の具体的な事例を条例に明記しない自治体は，葛飾区，国分寺市，多摩市，日野市，逗子市，三浦市がある．これらの自治体では，「テーマ型まちづくり（活動）」を条文上で直接的には定義せず，「テーマ型まちづくり計画」を定義するなかで，間接的に言及している点で共通している．たとえば日野市では，テーマ型まちづくり計画を「市民等が，特定の分野に関して，市の良好なまちづくりを目的として策定する計画」と定義している．

76　第3章　提案権の導入と計画形成支援の構築

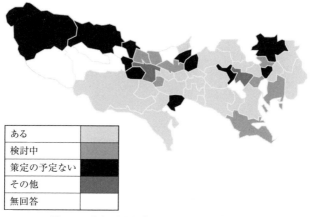

ある	
検討中	
策定の予定ない	
その他	
無回答	

図3.6　まちづくり条例の保有実態（東京都）

表3.5　テーマ型提案制度を有する自治体

自治体名	テーマ型導入年	条例施行年
逗子市	2002年7月	
狛江市	2003年10月	
町田市	2004年4月	
国分寺市	2005年1月	
練馬区	2006年4月	
日野市	10月	同左
小金井市	2007年2月	
葛飾区	4月	
多摩市	6月	
戸田市	2008年4月	
三浦市	2009年4月	
杉並区	10月	2003年4月

きる（図3.7）．以下，それぞれ詳細に見ていく．
（i）提案主体に関する規定

　対象自治体のうち狛江市以外の11自治体では，行政による「テーマ型まちづくり協議会」（以下，「協議会」）としての認定または登録（以下，「協議会認定」）を，テーマ型提案や提案策定過程における支援の前提条件としている．認定要件としては，「構成員が（その自治体に居住する）市民である（多摩・戸田・町田以外，ただし戸田は協議会の支援要件に構成員が市民と

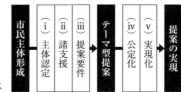

図 3.7　テーマ型提案の一般的プロセス

の規定あり）」「市民の自由な参加を保障している（戸田・町田以外，ただしいずれも支援要件には同様の規定あり）」「規約や役員を定めている（戸田，町田以外はいずれかの規定あり，ただし町田は支援要件に代表者の規定あり）」等，継続的に活動する上で最低限必要な組織体制に関する事項がほとんどであるが，テーマ型提案制度と地区まちづくり提案制度とを明確に区別するために，活動対象区域や活動内容と上位計画との整合性を規定している自治体もある（逗子・杉並・多摩・葛飾）．

(ⅱ) 提案主体への支援規定

　狛江市以外の対象自治体では，条例に基づく支援は認定や登録を受けた協議会（以下，「認定協議会」）に限定される．支援の主な内容は，「活動費・運営費等の経費助成」「まちづくりに関する情報の提供」「専門家や行政担当職員の派遣」等であり，特に予算措置が必要な活動助成や専門家の派遣については，同一主体に対して 2 〜 3 年の支援年数制限が規定される場合が一般的である[8]．

(ⅲ) 提案内容に関連した規定

　提案内容の分野や場所に関連した規定としては，「都市マスタープラン（以下，都市マス）等の上位計画との整合」や「条例の基本原則や理念との整合」がある．後者については基本原則や理念が都市マス等の内容と整合していることから，結果として都市マス等の上位計画との整合も求められることになる．また，提案主体の活動対象を「自治体全域」とし実質的に全市を対象とした提案に限定している自治体（逗子市）[9]，分野・対象を限定して

---

8) 活動助成に関する規定が無いのは戸田・町田・三浦のみ．支援限度年数に関する規定が無いのは多摩市のみで，他は 2 〜 3 年．助成金額は多摩市が 50 万円 / 年，国分寺市が 20 万円 / 年と続くが一般的には 5 〜 10 万円 / 年程度となっている．専門家派遣の利用上限回数は，国分寺で 18 回，逗子が 12 回，葛飾・杉並は 5 回と差が大きい．他の自治体は上限利用回数の規定が無い．

いる自治体（練馬，葛飾，杉並）もある[10]．

　合意要件としては「提案内容に関する一定割合以上の住民合意」「行政との事前協議や市民への公開説明会実施」などがある．前者については，逗子，国分寺（事前合意型），三浦の各市が20歳以上の市内居住者の1/50としている．後者については，国分寺市（提案調整型）では，提案の原案を，行政（市長）による説明会，市民による意見書の提出，提案主体からの見解書，まちづくりの集い，市民会議の意見聴取など一連の手続きを経ることで，提案にすることが可能ではある．また，日野市では，市民に加えて提案区域内の土地所有者等の意向反映を義務づけており，逗子，国分寺の両市では，土地利用制限に関する提案に限り地権者等の意向反映を義務づけている．小金井市では，土地利用制限に関する提案については，土地所有者等の2/3以上の同意を要件にしている．

　また練馬区や国分寺市等では，行政担当部局とは別にまちづくり支援の専門機関設置を条文上に規定している．

(iv) 提案の公定に関する規定

　一部の対象自治体では，テーマ型提案を公告や縦覧などのプロセスを経て，自治体の「計画」として行政（市長）が決定ないしは認定することを定めている（計画決定・認定型：国分寺・日野・多摩）．一方，その他多くの自治体では，受け止めた提案に対する行政としての「見解」を公表する方式をとっている（見解公表型）．後者はさらに，市民や専門家等によって構成される第三者機関への事前諮問を行ったうえで提案の有益性を判断する場合（事前諮問型：逗子・練馬・小金井）と，行政が独自に判断して見解を作成する

---

9) 協議会の認定要件として規定しているわけではないが，テーマ型まちづくり計画を定義するなかで，テーマ型まちづくりを「市全体のテーマにかかわる」ことと規定している．逗子市へのヒアリングによれば，「市内の特定地の土地利用計画を検討することを目的とするテーマ型まちづくり協議会の設立について相談を受けたことがあったが，市全域に関わるまちづくりではないため，要件を満たしていないと判断」し，協議会認定を行わなかった」事例があったとのこと．

10) 練馬区では，分野を建築その他の土地利用にかかる分野としつつ，具体的な対象（テーマ）については，みどりの保全，景観，災害に強いまちづくりなどを例示するにとどめている．葛飾区では分野（テーマ）は例示した上で，建築物，道路，公園等に関わる整備計画としている．また杉並区では，みどりの保全，歩行環境の改善ほか区長が別に定めることになっている．

場合（独自判断型：狛江・町田・葛飾・戸田・三浦・杉並）とに区分できる．
（ⅴ）提案の実現化に関する規定

「計画決定・認定型」の自治体のうち，日野市と国分寺市では，提案の公定後にその実現性を実質的なものに高めるため，「実施計画」の策定に加えて，実施計画の実現や提案の対象となった施設の管理運営等について行政と「協定の締結」を行えるとしている．多摩市では，認定されることで市のまちづくりに関する施策等となり，これに対して開発事業者・市民双方が協力するよう努める旨の規定があり，また都市計画の提案制度も整合する必要が生じる．他の自治体については，提案が有益であることを条件として自治体の計画・施策へ反映するよう努める規定にとどまっている（反映努力型）[11]．

3.3.3 テーマ型提案制度の活用状況

対象自治体において実際に提案まで至った事例を有する自治体は，狛江市と練馬区，戸田市であり，先述した提案に関わるすべてのプロセスを経た事例は，2010年11月時点では，狛江市と練馬区のみに存在している（表3.6）．今回はテーマ型提案のイメージを摑んでもらうために，狛江市を例に，その制度構造と具体的な提案事例を紹介したい．

3.3.4 提案事例の紹介──狛江市
(a) 狛江市のテーマ型提案制度概要

狛江市のテーマ型提案制度は，協議会認定・諸支援・市民提案のプロセスが直列に連なった一般的なそれとは異なり，テーマ型まちづくりを行う市民団体に対しては，条例に基づく第三者機関「まちづくり委員会」の審査のうえ行政が諸支援を行う一方で，支援を受けていない市民団体や個人にもテーマ型提案を行う権利を認めている．また，提案に際しての要件も特に設けていないことから，仮に提案内容が行政の意向とは異なるものでも，原則的には行政が受け止める制度設計であり，実際に対象自治体のなかで最も多い5件のテーマ型提案（そのうち2件は市の支援を受けていない市民団体と個人

---

11) 練馬区では，テーマ型まちづくり協議会となることで，都市計画の案（まちづくり計画）の提案主体となりうる．この制度によりテーマ型提案を実現することが制度上はありうる．

80　第3章　提案権の導入と計画形成支援の構築

表 3.6　テーマ型提案制度の活用事例

自治体名	認定（登録）協議会[*1]	活動テーマ	条例に基づくテーマ型提案事例
狛江市	狛江・まちづくり市民会議	交通	上和泉通りの整備計画（2005）
			八幡通りの小金橋南交差点の改善（2009）
	和泉多摩川緑地都立公園化話し合い会	緑地・防災	防災拠点として位置づけることにより，和泉多摩川緑地の都立公園化の実現に繋げる（2006）
	狛江駅前の違法駐輪を無くすプロジェクト	交通	狛江駅前の違法駐輪問題の解決策（2007）
	航空計器跡地の巨大マンション問題を考える会	都市計画・建築	和泉本町一丁目の準工業地域に関しての都市計画の変更等（2010）[*2]
練馬区	Nerima景観まちづくり会議	景観	歩きたくなる街・Nerimaの景観を考える－練馬区の景観計画策定に関わる提案（2009）
	NPO法人公園づくりと公園育ての会	公園管理	地域住民の合意に基づき，対象施設の公園について，管理および利用のルールを定める提案（2010）[*3]
三浦市	まちづくりのなかで建築物等を考える会	都市計画・建築	高度地区の指定についての提案（2010）[*2]
杉並区	杉並区まちづくり上井草	地区の総合的なまちづくり	－
町田市	玉川学園地区まちづくりの会	地区の総合的なまちづくり	－
	NPO法人境川緑のルネッサンス	緑地・環境保全	－
逗子市	逗子市歩行者と自転車のまちを考える会	交通	－

[*1] 狛江市の場合は，協議会認定を行っていないため「提案を行った主体」として考える．
[*2] 調査を行った2010年11月時点で行政が提案を受け止めた段階であり，見解の公表や計画認定など，行政から正式な返答が行われていない事例．
[*3]「施設管理型地区まちづくり計画提案制度」という別制度での事例であるが，公園のデザインや管理運営等については「テーマ型提案制度」の枠組み内で扱う自治体も多く，ここでは「テーマ型提案」として扱う．

によるもの）がなされている．一方，提案の公定化や実現化のプロセスについては，提案に対する「見解」の公表を市に義務づけていること以外ほとんど具体的な規定を有していない（図 3.8）．

(b) 狛江・まちづくり市民会議の概要

狛江市の提案事例として，テーマ型提案の意義と課題を考える上で示唆的な活動を展開してきた「狛江・まちづくり市民会議」（以下，「まちづくり市

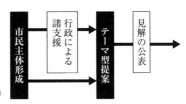

図 3.8　テーマ型提案のプロセス（狛江市）

民会議」）の提案を紹介したい．まちづくり市民会議は，都市マスやまちづくり条例の策定に関わった市民を中心に 2004 年に発足し，「歩きたいまち」をテーマに，狛江市内の交通まちづくり推進を目的に活動している．

　市からの支援は 2004 年から 3 ヵ年条例に基づくテーマ型まちづくり協議会として助成を，2007 年からは市民公益事業である「新しい風補助金」による助成をそれぞれ受け，2005 年に「上和泉通り改善提案」，2009 年に「小金橋南交差点改善提案」の 2 つのテーマ型提案を行っている．

(c) 提案内容と市の対応

　2005 年の提案では，新設される小学校前の通りとして整備を行うこととなっていた「上和泉通り」について，歩行者優先道路として整備されることを目指し，「現計画改善案」と「環境充実案」の 2 つの設計案を提案している．2009 年の提案でも，道路の構造的問題から歩行者の安全が課題となっていた「小金橋南交差点」について意欲的な提案を行っている（図 3.9）．

　これらの提案への市の対応を見てみると，前者では，公表した「見解」において提案内容を高く評価しながらも，実現に向けては消極的な姿勢を示しており，結局ほとんど議論がなされないまま市の原案での整備着手に帰結している．一方，後者に対しては，「見解」で実現に向けた課題や論点を整理し積極的に実現を目指すことを明言，調査時点で，まちづくり市民会議の意見をほぼ全面的に取り入れた市の設計案のもと，最終調整の段階に入っている．行政からは発意されないような公共空間に対する意欲的な提案が，条例のプロセスを経て市民によってなされ，実現化しようとしている画期的な事例だといえる．

　しかし，提案の採用可否決定プロセスが行政内部のみに完結し，提案主体以外の市民をまきこんだ広範な議論も行われていない．これでは，せっかくの市民提案による道路整備が，多くの市民にとって一般的な公共事業と何ら

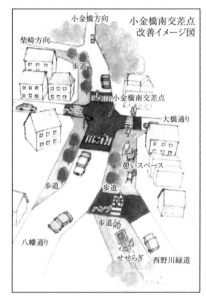

図 3.9　小金橋南交差点改善提案（2009）

変わらないものとなってしまうことが懸念される．提案によるハードの改良が，地域住民を巻き込んだソフトなまちづくりに繋がるよう，その後の道路管理等についても，積極的に市民が関与できる仕組みや，そのための議論の場が用意されることが望まれる．

3.3.5　運用実態から見る課題と今後の方向性

このように，どちらかといえばマンション紛争等に代表されるように規制的側面が強かったこれまでの市民提案諸制度とは異なり，テーマ型提案制度は，より自由な発想による市民提案の可能性を市民に提供している．しかし，狛江市のように制度の活用事例を複数有する自治体は例外的であり，記述した他の提案制度同様，「使われない・使いにくい制度」となってしまっていたり，制度が抱える課題も多い．そこで以下，現行の制度の課題を整理するとともに，今後の方向性を検討しておきたい．

(a) 課題1：提案に対する合意要件のハードル

まずは，提案を行う上でクリアしなければならない合意要件のハードルが

高すぎることが挙げられる．テーマ型提案制度の制度化をはじめて行った逗子市では，テーマ型協議会が市域全域を活動対象とし，かつ，提案要件として市内に住所を有する成人者の1/50以上の同意を得ることを協議会に求めている．このような規定を有する場合，狛江市の事例のように提案対象を市内の特定区域に絞った道路や交差点の改善提案を行う場合でも一律かつハードルの高い同意要件の充足が必要となり，提案そのものが困難となる可能性が高い．実際，調査時点で逗子市では運用実績がなかった．

活動対象は市域全域であっても，実際の提案は特定の区域に限定される場合もあるだろう．またテーマに応じて提案の対象となる区域も変化する．こうしたことを考慮すると，合意要件を一律に課すことは妥当とは言えないだろう．

(b) 課題2：脆弱な支援措置

また，市民社会組織に十分にリソースが行き渡っていない日本の状況を踏まえると，提案をまとめあげることや提案に必要な要件を満たすための活動に各種の支援を行うことが，当面必要と考えられる．実際，制度化を行ったすべての自治体で，何らかの支援措置を講じていたが，必ずしも十分なものとはいい難い．たとえば，同一市民主体への助成金の受給年数については，活動の状況や段階を問わず一律に制限（多くは2～3年間）する場合が多数であり，また金銭的にも少額であった．活動の基盤となる活動助成の打ち切りは，意欲的にまちづくりに取り組む市民主体の成熟を阻害することに繋がるかもしれない．これに対して，狛江市の事例のように，助成年数を超えた後は，別制度に基づき助成を継続するなどの工夫を行うことや，一律に年数制限や金額を設けるのではなく，市民主体の活動実態や状況に応じて，条例に基づく活動助成を柔軟に行えるようにすることなどが必要と考えられる．

一方練馬区では，市民主体のニーズを継続的に把握しつつ，時に提案策定に向けた課題や方向性を共に考えてくれる「まちセン」の存在が，制度について知識がない市民でも気軽にまちづくり相談を行うことを可能としている．提案主体や提案内容の成熟化に向けて，まちづくり条例に基づく支援制度にとどまらない幅広い支援制度や活動助成に熟知した，行政担当部局から離れた専門的な支援機関の存在があることが望ましいだろう．

(c) 課題3：未成熟な公定と実現のプロセスデザイン

　市民提案はあくまで声を発した市民による「一意見」である．このため，提案を契機として，より広範な議論を行い，提案の公共性を確認する過程が，公的施策とするためには必要不可欠となる．このような性質が内在している点に留意して，制度を設計・運用すべきである．

　特に，テーマ型提案では，幅広い提案が行われる可能性がある．このことから，多様な市民や企業，そして行政の他の部局，場合によっては上位主体としての都県や国を含んだ議論の場が必要とされるだろう．

　この問題に対して，国分寺市では，提案の対象や合意要件を高く設定することで提案の公共性をあらかじめ確保・確認し，提案を受けた後は行政が実施計画を策定することや協定の締結などを通じて実現を担保する方法をとっている．提案の実現性を担保する代わりに入口で入念に提案の公共性の確保・確認を行う制度設計となっているわけだが，既述の通り合意要件等のハードルが高く，調査時点では運用実績がなかった．

　一方で，他の多くの自治体では，見解の公表のみを行政の義務として規定し，それ以降の対応については行政の裁量に委ねる方式をとっていた．行政に出した見解に対して市民が再度意見を述べる機会も条例上の規定にはなく，「形だけの応答」のみで検討が終了することもありうる．また，上記のような広範な関連主体による議論や行政内部・関連主体との意向調整が行われる保証はない．

　以上のことから，日本においては，市民がまちづくりのテーマを自由に切り取り提案することを行いやすい条件を整えて，行われた提案の内容について公の場で議論・協議・調整を行うことで，公共性と実現性を確認しまた高めるような仕組みを内在させた制度設計の方が，より適している可能性があり[12]，こうした観点から制度規定・運用の双方を成熟させていく必要があるといえるだろう．

3.4　まちづくり条例の運用で何が課題となっているのか？

　既述の通り，まちづくり条例は全国に急速に広がりつつある．特に東京都市圏では，この10年間で急速に普及した．しかし，条例上の規定を駆使し

て，住民支援や地区まちづくりを実際に実行している自治体は極めて限定されている実態が浮かび上がる．すなわち，形式的な仕組みとしてのまちづくり条例はもちろん必要であるが，それだけでは市民や住民が中心となったまちづくりを推進することはできない，ということなのだ．

では何が課題なのか？　住民組織の代表性に敏感になりすぎている，提案された計画の処理に困ることを危惧している，担い手となる住民・市民が十分にはアクティブではない，等々……個々の自治体によって異なるとも予想される．

また開発協議においては，事前確定的な基準によって協議の「幅」を一定程度限定することが必要である．それとともに，対話の結果をどのように開発・建築計画に反映させるべきかについて，行政単独ではなく，専門家による助言や答申（専門家会議），民主的な意思決定（議会議決など）をもとに，判断する「仕組み」が必要となることは間違いない[13]．

しかし，そうした「仕組み」を用意したとしても，最終的には，何が合理的な計画（要求）であり，同時にどのような意見を尊重することで正統性を獲得したとするのか，実際の現場では，難しい判断を迫られる．景観法に基づく新しい試みを含め，自治体独自の協議制度の成果を改めて検証することが必要な時期にさしかかっていると言えるだろう．

3.5　エリアマネジメントやプレイスメイキングを受け止めるまちづくり条例へ

また，これまでのまちづくり条例は，住民の発意を公共政策の俎上に載せ

---

12) これについては，行政と住民が複数回の「公式」な意見交換手続きを経て，提案の妥当性が明らかになっていくプロセスを条例上規定することなどが考えられる．また，行政と提案主体に加え，専門家や公募市民によって構成される第三者的なまちづくり機関が関与し，客観性を担保した上で提案内容やそれに対する行政見解の妥当性を判断し，提案の妥当性が明らかな場合には実現に向けた課題を整理し，課題の解決に向けた行政と市民の役割分担を明確化させる場を設けるといった方法も検討に値する．

13) 真鶴の条例における，「特にまちづくりに重要な影響があると認める」建設行為に関連した意向調整手続きは1つの方法として参考になるだろう．

ることが主な機能であったと言ってよいだろう．つまり，提案制度は，計画案（地区や公共所有の空間，場合によっては都市全体に対するマスタープランの案）を住民自身が作成することや，開発事業や公共事業に対して住民の意向を反映させる仕組みをつくりあげた．このことは都市計画の公共性の転換の観点からは，極めて重要な意義を持っていたと考えられる．しかし，一方で，あくまで計画制度として念頭に置かれているものは，近代都市計画の仕組み，すわなち計画にもとづいて，規制・事業が実行されるという制度的枠組みであった．

　しかし，近年では，第6章で後述する事例を含めて民間所有の資源の利活用も大きなテーマとなっている．つまり「はじめに」に述べたとおり，政府，私企業，市民社会の3つのセクターの協働・共創的な取り組みで，場所（place）のマネジメントを行うことが求められており，これに対応した現代的なフレームワークが求められている．こうしたフレームワークを与えるという観点からすると，これまでのまちづくり条例では対応できない．

　政府および民間が所有している多様な空間資源と，さまざまな主体の事業や活動，発意や意思を結びつける現代的なコミュニティ・デザイン／まちづくりのフレームワークを与えるまちづくり条例がいま求められている．その最も重要なポイントは，政府および民間が所有している多様な空間資源をコミュニティに共通の資源とすること（コモンズ化）であり，そこにおいて想定される事業や活動を，現代的な公共性にもとづいた意思形成過程を経て創りあげる，多主体共創のプロセスのデザインにあると筆者は考えている．エリアマネジメントやプレイスメイキングの試みに制度的な位置付けを与える条例と言い換えることもできるだろう．

　まちづくり条例は，分権的な発想で，自治体相互が学ぶ過程で進化を遂げてきた．その文脈からすれば，こうした現代的な公共性に対応した，また少子高齢社会に対応した，新しい「まちづくり条例」の制定に挑戦する自治体の登場に，まずは期待したい．

参考文献

秋田典子（2007）「地区レベルの事業と計画の連携の意義及び可能性に関する検討——秦野市景観まちづくり条例に基づく庭先協定と横浜市地域まちづくり推進条例に基づくまち普請事業から」都市計画．別冊，都市計画論文集，42(3), pp.667-672

秋田典子・小泉秀樹・大方潤一郎（2003）「個別協議方式による開発コントロールの実態と課題——真鶴町まちづくり条例の美のリクエスト方式を事例として」都市計画．別冊，都市計画論文集，38(3), pp.199-204

秋田典子・小泉秀樹・大方潤一郎（2004）「地区詳細計画に基づく開発コントロールの実効性の評価——神戸市共生ゾーン条例の里づくり計画を事例として」都市計画．別冊，都市計画論文集，(39), pp.463-468

井上　繁（1991）『まちづくり条例——その機能と役割』ぎょうせい

内海麻利著（2010）『まちづくり条例の実態と理論——都市計画法制の補完から自治の手だてへ』第一法規

姥浦道生（2004）「自治体レベルの大型商業施設の立地コントロールの効果と課題に関する研究——京都市まちづくり条例を事例として」都市計画．別冊，都市計画論文集，(39), pp.73-78

熊谷かな子・野澤千絵・小泉秀樹・大方潤一郎他（2002）「住民提案型地区まちづくり計画による住環境の管理・運営に関する研究——世田谷区まちづくり条例を事例として」都市計画．別冊，都市計画論文集，(37), pp.391-396

小泉秀樹（2006）「コラボラティブ・プランニング」高見沢実 編著『都市計画の理論』学芸出版社

小泉秀樹（2011）「まちづくりと市民参加」大西　隆編著『人口減少時代の都市計画——まちづくりの制度と戦略』（東大まちづくり大学院シリーズ），学芸出版社

小泉秀樹・和多　治（2000）「まちづくり条例に基づく地区レベルの計画提案の意義と課題」都市計画，49(3), pp.59-72

小泉秀樹・大宮　透（2012）「まちづくり条例に基づくテーマ型まちづくり提案制度の意義と課題」都市計画論文集，47(3), pp.511-516

小林重敬編著（1999）『地方分権時代のまちづくり条例』学芸出版社

第 II 部

まちづくりへの協働事業

第 4 章 地域住民自治型まちづくり制度の動向と課題

4.1 戦後日本におけるコミュニティ政策の展開と地域住民自治型まちづくり制度[1)]

4.1.1 戦後GHQによる町内会等の廃止と復活

　1940年9月に，内務省は「部落会町内会等整備要領」を示し，各地方長官に対して町内会等（部落会，町内会とそれらの下部組織として10戸内外の隣保班）の設置を命じた．さらに，1943年には，市制町村制が改正され町内会等は法制度上に位置付けられた．具体的には，市町村長の許可を得た場合には，町内会等は必要な財産を所有できること，また市町村長はその事務の一部を町内会等に援助させることができること，などの規定が盛り込まれた．これらにより，町内会等は，「国策協力の末端行政組織」（横道，2009）としての性格を強く有することになった．

　第二次世界大戦後，そうした町内会等の性格は，連合国軍総司令部（GHQ）により問題視され，制度の廃止を求められた．これを受け，政府は，1947年1月，「部落会町内会等整備要領」を廃止したが，住民の自発的意向に基づいた任意団体の設置は可能としたため，実体としては，従来の町内会等を継承して組織が設立される場合が多く見られた．GHQは，こうした状況を受けて，町内会等や類似組織の設置・運営を実質的にも不可とするように立法措置を求めた．政府は，1947年5月に，「町内会部落会又はその連合会等に関する解散，就職禁止その他の行為の制限に関する政令」を公布・施

---

1) 以下は，横道（2009），https://ja.wikipedia.org/wiki/町内会，コミュニティ政策学会第3プロジェクト研究会（2007），三浦（2007, 2008）などを参考に，また堤（2014）を基に執筆している．

行し，戦前の部落会・町内会・隣保班に類似ないしは継承的団体は，1947年5月31日までにすべて解散することとされた．

サンフランシスコ講和条約の発効後，1952年4月に「ポツダム宣言の受諾に伴い発する命令に関する件の廃止に関する法律」が公布され，さらに同年10月25日にポツダム命令が全廃されたことに伴い，先の政令は効力を無くした．当時の日本政府は，町内会等について，改めて法律上に位置づけることは行わず，また積極的に復活させることを推奨しなかったが，町内会等は多くの地域で復活したという．

4.1.2 コミュニティ問題の社会化——コミュニティ問題小委員会による報告

本格的な経済成長を迎えた1960年代の後半において，健全で民主的なコミュニティを形成することは，社会的な課題となる．序章でも述べた通り，高度成長に伴うさまざまな社会的な歪みの顕在化を背景に，1968年4月には，国民生活審議会にコミュニティ問題小委員会が設置され，翌1969年9月に「コミュニティ——生活の場における人間性の回復」と題する報告を取りまとめている．

この報告の内容をここで再度説明すると，コミュニティ形成のための方策として，コミュニティからの要求（合意性，提案・建設性，応分の負担）を受け入れる回路，公聴制度・広報活動，コミュニティ指向型の「有限責任型」リーダー，コミュニティ施設整備を挙げており，また当面の活動内容として，交通安全，オープンスペースの確保，郊外等の防除，余暇（余暇活動の施設に対する発言等），地域内の交際を示している．

この報告に関する評価については賛否があるが，三浦（2007）が指摘するように，「近隣社会に対する関心の薄れゆえに住民が失いつつあった人間性を回復させるためには生活の場における新たな集団としてのコミュニティを形成する必要がある」という当時の日本のコミュニティ政策の基本理念を提起したこと，本報告を契機として，また提起された「基本理念」を受けて，日本のコミュニティ政策が以降実際に展開したこと，の2点において積極的な評価を与えてよいだろう．

4.1.3 コミュニティ研究会とモデル・コミュニティ事業（1971-1973）

その後，1970年に，自治省（当時）は，「コミュニティ（近隣社会）に関する対策要綱（案）」において，コミュニティ研究会の設置を明記，翌1971年には，同研究会を設置した[2]．あわせて，自治省行政局は，1971年4月「コミュニティ（近隣社会）に関する対策要綱」を定め，モデル・コミュニティ研究会の指導のもと，所謂モデル・コミュニティ事業を実施した．この事業の目的は，小学校区程度の広がりを対象として，「生活環境の整備」と「コミュニティ活動」の推進の2つを達成することであった．この際，コミュニティ計画を市町村と地区住民が協力して策定することとしており，このコミュニティ計画には，生活環境の整備に関する事項として，必要とされる諸種のコミュニティ施設（歩行者専用道などの交通施設，公園・広場・集会所などからなるコミュニティセンターないしはショッピングセンター，公衆便所，ゴミ収集施設などの環境保全施設，文化施設，保健施設，社会福祉施設，スポーツレクリエーション施設，コミュニケーション施設）の整備および既存組織の効率的活用について計画をするものとしている．

また，コミュニティ活動に関する事項としては，諸種のコミュニティ活動を各種のコミュニティ組織が円滑かつ効率的に行われるために必要となるコミュニティ施設の利用の調整指導者の養成またはあっせん，技術的援助，その他必要な事項を定めるものとした．つまり，計画に基づいて，ハード・ソフトの事業が連携して展開される形を曲りなりにも明確に規定している．こうした「近代的コミュニティ再生」の仕組み・制度基盤は，多主体の共創による現代的コミュニティ再生を進める際の基盤としても必須のものであり，それを戦後コミュニティ政策の草創期に実現していたという点，さらに後述する以降のコミュニティ政策では，むしろ失われていったという点を記憶に止めておく必要がある．

1971年度には40地区，1972年度には13地区，1973年度には30地区の合計83地区（都市地域46地区，農村地域37地区）が，モデル・コミュニ

---

[2] 研究会のメンバーは，日笠端（東大教授当時）を座長として，佐藤竺（成蹊大学），松原治郎（東京大学助教授），石田頼房（東京都立大学助教授），伊藤滋（東京大学助教授），倉沢進（東京都立大学助教授），森村道美（東京大学助教授）ら（いずれも肩書きは当時）．

ティ地区として設定された．

　このモデル・コミュニティ事業を経て，その後の日本におけるコミュニティ行政は，コミュニティ計画の策定，コミュニティセンターを中心としたコミュニティ施設の整備，そして住民のコミュニティ施設の自治的運営という定型的なかたちで普及していく．

　その理由として，コミュニティ研究会の座長であった日笠の影響があったことは確かだろう．序章で述べた通り，日笠は自身の博士論文（1959）で，コミュニティ・プランニングの日本への適用の可能性を検討し，その中で，コミュニティの社会的側面の課題の解決について，シビルミニマムとして市民・住民が満足できる環境を空間計画のアプローチから提供することが有効である可能性を指摘していた．その核となる方法が，コミュニティセンターの建設と，そのことを契機とした地域住民による施設の民主的運営であった．これは，アメリカで戦前から戦後にかけて全米レベルの市民運動として活発に行われていたコミュニティセンターの建設とその地域住民による運営をモデルにしたものであった．

　一方で，神戸市の丸山地区など，このモデル・コミュニティ事業を契機として，地域住民が積極的に参加するかたちで「地域運営」を行う事例が一層飛躍したことも確かである．また，丸山地区では，「コミュニティ・ボンド」によりコミュニティセンターの建設資金の一部（総額1億5000万円のうち3000万円）を捻出するなど，現代的なコミュニティ再生手法につながる方式がすでに試みられていたことは特筆に値するだろう（森村，1978）．

4.1.4　自治省コミュニティ推進地区（1983-1989）および　　　コミュニティ活動活性化地区（1990-1994）

　その後，自治省は，1983年に，「コミュニティ推進地区設定要綱」を定め，再度コミュニティ政策を展開する．この推進地区事業では，主に，市街化の進展が進む都市とその周辺地域をコミュニティ政策の必要性が高い地域とし，コミュニティの活性化を図ることを狙った．147地区が指定され，特別交付税による財政措置と情報提供などの支援が5年間にわたり行われた．この要綱の別表で示されているコミュニティ活動の例は，安全安心からレクリエーション，生活環境改善など，多岐にわたるが，モデル・コミュニティ事業とは

異なり，ハードの空間整備事業とは切り離されて行われることになった．一方で，建築協定やコミュニティ計画への行政参加が提示されていることは興味深い．

1980年代後半には，中曽根民活，再開発の促進，バブル経済の発生など都市地域をめぐる環境が大きく変化した．自治省は，バブル崩壊後間もない1990年に，コミュニティ活動活性化事業を開始する．これについては，一定のコミュニティ活動が行われている地域を対象として，「まちづくり」，「文化イベント活動」の企画実施を通じて，コミュニティ活動を活発化し，地区の将来像や地区の生活環境整備に関する事項（コミュニティ施設の改善，新設等）を含むコミュニティ計画が策定されることを狙いとしていた．しかし，ここにおいては，コミュニティ計画にもとづいて活動が行われるという「計画主導」の想定は必ずしもなされておらず，計画と活動の関係は不明確なものであった．また，地区指定については，モデル・コミュニティ地区およびコミュニティ推進地区に指定されていた地区は除くものとされ，コミュニティ推進地区とは異なり，都市部に限定せずに，全国で141地区が指定された．国の支援策は，コミュニティ推進地区と同様に市町村への特別交付税と情報提供であった．

これら施策の効果については，モデル・コミュニティ事業のような事後評価が行われていないが，横道(2009)によれば，前者については，「地区内の各種構成団体の相互連絡が進んだ，あるいは近隣協議会などが結成されたこと，また，地区をあげての活動事業がおこなわれるようになったこと」が，後者については，「行事・運動への取り組みを通じて，住民意識の向上や活動の活性化」などの成果があったとされている．

その後，1993年以降に行われた施策は，特定地区を対象とした支援事業の形は取らず，都道府県や市町村が行うコミュニティリーダー養成事業等として，全国自治体を対象として実施された．

4.1.5 革新自治体による協議会方式の導入

一方で，1970年代から80年代にかけては，「革新自治体」による独自のコミュニティ政策の展開も見られた．革新自治体においてコミュニティ制度がかたちづくられた背景には，自治体が策定する基本構想・基本計画への市

民参加の機運が高まったことがあった．革新自治体では，地区状況に応じた方法で，多様な主体による参加を積極的に進めることで新しいコミュニティを形成していくということを志向している点で，社会理念としてのコミュニティを追求する政府主導の政策とは異なるものであったというが指摘ある（広原，2011）．革新自治体によるコミュニティ制度の具体的事例は，三鷹市「住民協議会」や目黒区「住区住民協議会」，中野区「住区協議会」，武蔵野市「コミュニティ協議会」など東京都内のインナーシティや比較的成熟した住宅自治体に多く見られた．ここで新設された「協議会」には，住民による活動拠点施設の管理運営や「自己充実的な活動」に加えて，「地域代表として行政に意見を述べる役割」（大石田，2009）が求められた．つまり「協議会」は，活動拠点施設の管理運営と同時に，地区レベルの行政計画について，公募市民等を含めた広く多様なメンバーによる議論と意向調整を行い，この結果を行政に提案することで，「コミュニティ」の意向を行政計画に反映していく役割も果たしていた．

4.1.6 市町村合併とコミュニティのあり方

　広原（2011）は，今日のコミュニティの状況は1970，80年代とは決定的に異なると指摘している．20世紀末より「地域再編成と自治体リストラ政策」が進められた結果，「地域格差・階層格差が拡大」し，「地域住民の生活困難と地域社会の崩壊現象が急浮上」した．そして，「地方分権と平成大合併を契機とする地域自治体の政治，経済，社会構造の大変動により，伝統型の「地域共同体」が衰退・消滅に向かう」なかで，地域に応じた新しいコミュニティ[3]のあり方が提起されている．

　たとえば松野や間島（2004）は，1970年代の政策意図である「地域の政策課題を包括的，総合的な視点から住民自ら解決していく基盤形成」と1990年代にかけての特徴である「特定テーマに関わるコミュニティ形成」とを統合したコミュニティのあり方を指摘している．日本都市センターの報

---

3) 広原（2011）は，今日のコミュニティをめぐる問題を70年代の状況と比論して「1「新しい公共」の思想と行動という価値理念の面での追求」「2生活環境施設の統合再編と民営化という管理面での改革」の二極に突出しているとしている．

告書では，この時期区分に基づき提唱される現代のコミュニティとして「自治的コミュニティ」の形成を謳い，住民と自治体が協働関係を構築するしくみとして「近隣政府」が提起されている．また，内閣府国民生活審議会（2005）や総務省「コミュニティ研究会[4]」（2007）「新しいコミュニティのあり方に関する研究会」（2009）など政府審議会からのコミュニティに関する提起が行われている．これらを眺めてみると，今日のコミュニティには，多様な主体を統括，マネジメントしつつ，行政とともに公共サービス提供を負担し，具体の地域課題を解決することが求められていると言えよう．

4.1.7 現代の自治体コミュニティ制度への期待

1970年代の自治体コミュニティ制度は，政府が立案した政策とこれに基づく指導のもとで波及展開されてきた．これに対し，現代の自治体コミュニティ制度は，政府審議会や調査研究機関，学識者や市民社会組織の動向など，さまざまな視点と議論を反映させながら形成されている．コミュニティ制度の大きな動きの1つは，1970年代革新自治体制度の転換である．当該制度によって設立した住民組織は，高齢化等に伴う活動の形骸化や自治会・議会との対立関係に課題があるとの指摘がある．

当該制度を改めて評価し直すことも行われ，協議会制度については，各区各様の状況にある．たとえば，中野区では2005年4月に，中野区自治基本条例を策定し，意見交換会とパブリック・コメント手続を中心とした新たな住民自治と区政参加の仕組みを構築した．このことに伴い，2006年には住区協議会を地域合意形成の場としてきた区の仕組みが改められ，地域センターが担ってきた住区協議会の事務局機能も廃止された．地域センター機能の変更に伴い，区民活動センターを新たに開設し，集会室の管理や住民活動への支援を住民主体の運営委員会に委託することになった．これは，地区，地域，住区という単位での政治的な機構，ないしは事業執行の機構を果たしてきた「協議会」よりも，テーマごとに地域横断的に活動するコミュニティ（NPO（的）団体）を中心として構成される市民社会の形成に，政策の重点

---

4)「コミュニティ研究会」は「新しいコミュニティのあり方に関する研究会」の前身．

を移すことに舵をきったと受け取れる．しかし，こうした大都市インナーシティや住宅自治体においても，空間圏域を対象としたコミュニティ政策は，高齢化社会における地域包括ケアや少子化社会における子育て支援を考えるうえで，再度重要視せざるをえなくなると考えられる．

2つ目は，改編された自治制度における地域自治区や地域協議会を，広域化をもたらした平成の大合併の「補完策」として活用していこうという選択である．当該制度は，地域住民の意見を反映させつつ，一定区域ごとに自治体事務を分掌処理するための制度である．ここで設置される地域協議会の構成は，「地域代表として行政に意見を述べる役割」を有するため「住民の多様な意見が適切に反映される」よう配慮しなければならないという点では，1970年代革新自治体制度と類似の理念のもとに運営されている．

名和田は，これらの動きについて，1970年代革新自治体制度での「協議会」の役割は，公共サービスの提供へと移行・拡大してきたことや，さらに「日本の都市内分権制度設計」の特徴として，本来自治体が果たすべき公共サービスを民間組織，市民社会組織が担うことも想定し，「「協働の活動の要」としての位置づけが与えられている」ことを指摘している（名和田，2004，2009）．

自治体コミュニティ制度の近年の動きとして最後に挙げるのは，こうした公共サービスの担い手として住民組織が実際に事業を展開していくことへの力点移動であり，本章の関心はここにある．とりわけ本章では，平成の大合併を契機に論じられたコミュニティのあり方の影響を受けて，近年創設された自治体独自のコミュニティ制度を，「地域住民自治型まちづくり制度」として捉え直し，着目していく．当該制度には，「住まう」ことを契機として地域社会のさまざまな主体が動的に連携し事業を展開し，地域固有の課題を解決するという期待が寄せられている．

4.2　地域住民自治型まちづくり制度が目指す地域像

本制度は，「住まう」ことを契機とした一定区域における住民主導のまちづくり活動を支援するものである．市域を区割し，各々に新しく設立した地域住民自治組織を通じて，住民の自由な発意に基づいた事業を住民自身が実

施すること，これを資金的に支えることが本制度の基本となる．この根幹にあるのは，さまざまな主体が協議を通じて地域の課題や優先順位を決定し，それらを踏まえつつ，多様な課題を解決するために住民，地縁団体，NPO等が能動的に連帯しながら事業を展開していくという理念的コミュニティ像である．地域の主体がさまざまに発意し自律的・持続的・協調的に活動すること，場合によっては行政との協働を図ることで，生活環境の充実や，地域経済の活性化，社会的絆の強化等多様なテーマに沿ったプロジェクトを育むことが期待されている．

以下，主に自治体担当課を対象とした2008年度アンケート調査[5]の結果をもとに，制度動向および課題について概説する．

4.3 地域住民自治型まちづくり制度の導入動向

4.3.1 制度の導入状況

本制度は，人口規模が15万人未満の地方中小都市において多く導入されており，全国調査にて把握した制度の約7割を占める．また多くは，平成の大合併を契機として新たに創設されたものであった．そのため，自治体の合併動向と同じく，2005年度，2006年度が制度導入のピークを示す．平成の大合併に際し，自治体経営改革の必要性や，地方自治法や合併特例法の改正等において「地域自治組織」の活発な議論が行われたことも，各自治体独自施策としての本制度創設背景となっている．

4.3.2 地方中小都市の抱える課題

地域住民自治型まちづくり制度の導入が進んだ地方中小都市は，人口減少や高齢化，財政縮小を受けて，一般的に少なくとも2つの課題を抱えている．第1に，自治会を中心とする既存組織の機能低下である．本制度導入背景として自治体担当課が認識していた課題でも，特定人物への負担過多や人材不

---

[5] 全国の市および特別区，全806自治体を対象とし，2008年5～7月に実施した．（回収率61.9%）制度を導入していると回答したのは全体の33%であるが，地方自治法をはじめとする国法を根拠とする地域自治区・地域協議会制度等を除いた105件，全体の21%を本章の対象制度とする．

足，地域の事業対応力の格差（46%）が最も多く挙げられていた．本制度では，基本理念・住民自治の実現（58%），地域課題への対応（44%）という目的と並行して，全体の約6割がまちづくりの主体としてのコミュニティの再構築，育成支援を意図している．第2に，行財政の効率的運用の一環としての対地域施策の抜本的改革である．実際に本制度導入には，既存の地縁団体の統廃合や補助金の廃止，あるいは行政事業の廃止や委託を伴うことが少なくない．本制度下の住民事業の一部として，既存事業（住民主体，行政主体の両者を含む）の再編・効率化と関連した事業枠を加える自治体は46%ある．各種地縁団体を対象とした補助金を廃止・統合した自治体は41%ある．

4.4 地域住民自治型まちづくり制度の概要

本制度下では，まず地域住民自治組織を設立することが行われ，年度単位で，地域住民自治組織の年間総事業申請を受け交付金・補助金を交付する．これが本制度に共通する軸である．交付手続きにおいて事業審査・評価が行われることはほとんどない．

4.4.1 地域住民自治組織の要件

概ね小学校区（小学校区56%，自治会連合会対象区19%）ごとに地域住民自治組織が設置される．制度規定上，組織要件等については定性的記述が多いが，運用上は組織の代表性（40%）と民主的運営と意思決定（35%）が重視される．これらについては，組織規約に構成員の選出方法や成員の参加保障，会議や意思決定方法等について明記することと，自治組織の運営を自治会および各種地縁組織が参加のもとに実践することで担保している．

4.4.2 地域住民自治組織に対する交付金・補助金

2007年度の本制度の総予算額の平均は約4000万円，地区平均予算は約220万円であった．交付金・補助金の交付方法には，以下のものがある．予め人口等から地区別の予算額を算定し交付することで，住民自身に予算の運用を一任するもの（18%）．同様に算定した地区予算を住民が実施する総事

業費の上限額とし，実費が交付されるもの（19%）．1事業当たりの交付額や上限額，補助率が定められているもの（22%），加えてこれら3つを組み合わせているものがある．

4.4.3　支援体制

支援体制として多いのは地区担当職員の配置（26%），拠点施設の整備（22%）であり，その半数は地区担当職員が拠点施設に常駐し，まちづくり支援を行うというものである．また講座・教育プログラムの提供（23%）や各地域住民自治組織を束ねる包括組織を設置（30%）することでリーダー研修や情報交換を促すことも行われている．専門家の派遣や招聘費補助，市民活動センターによる支援は各々1割程度にとどまっている．また約3割の自治体では，支援のための仕組みが用意されていない．

4.4.4　地域住民自治型まちづくり制度の効果と課題

本制度導入の効果として，住民の自立性（63%）や住民同士の信頼や連携（55%）が高まったことが挙げられている．しかしこのことが，当該制度におけるコミュニティ域理念のポイントである多様な事業の実現に有効に連結していない．地域住民自治組織の事業内容・財源活用方法は最も多く認識されている課題である（65%）．住民主体事業の実態をみてみると，防犯・防災，環境美化，教育等をテーマとしたソフト事業やイベントが多くを占め，その内容も各自治体間でほとんど差違はない．地区独自の事業はみられないとの回答も約3割あった．

これは弱体化したまちづくりの基盤を克服できていないことに起因しているのではないか．元々地域全体として担い手不足や事業対応力の格差が指摘される状況のなかで，地域住民自治組織の運用上の要件によって確保されるのは，従来から地域活動を支えてきた人材である．新たな担い手を巻き込めない，住民の発意を促せない実態が，事業内容を限定し，また組織運営の非民主性という課題認識（60%）に繋がっているのであろう．地区担当職員をはじめとした現状の支援体制が，これらの課題に的確にアプローチしているか検証し，見直していく必要もある．

一方，住民主体事業と行政施策との整合性（25%）に課題を挙げる自治体

もみられた．空間整備（21％）や特産品開発（13％），福祉サービス（2％）など新たな試みも出始めており，今後も住民の自由で多様な発意と自律的事業を期待している一方で，これらが実現してくると，行政施策との整合性を確保することがより顕著な課題となりうるだろう．

4.5　ケーススタディ：伊賀市

4.5.1　制度規定と行政の運用実態
(a) 制度概要

2004（平成 16）年 11 月，1 市 3 町 2 村が合併し，伊賀市が発足した．同年「伊賀市自治基本条例」が施行され，「住民自治協議会」が位置づけられた．2016 年 3 月現在全 38 地区すべてで組織が設立している．当制度は，補完性の原則に基づき，「地域が自らの責任の下，まちづくりの決定や実行を行う市民主体の自治の形成」を目的に導入された．自治協議会の活動財源として年間総額約 4000 万円の「地域交付金」と「地域活動支援補助金」が用意されている．住民自治協議会は，住民の発意に基づいて「地域まちづくり計画」を策定することが求められ，これを住民および市が共に実現する点が制度上の特徴である．

(b) 財政措置の条件

住民自治協議会の設立と届け出にかかり，その要件として①区域指定，②住民・市民の会員資格の確保，③組織目的，④規約整備，⑤役員や代表者の民主的選出，の 5 点が規定されている．会員の資格については，規約に明記することで保障する．また，まちづくり計画は，住民が取り組む活動方針や内容等を定めた計画として市長へ届け出る．財政措置の条件として事業テーマや内容を限定する規定はなく，計画に位置づけうる事業であれば交付金および補助金双方の対象となる．

制度運用上の特徴は，以下の 3 点である．第 1 は，住民自治協議会の要件として，組織を運営する主要な構成員に自治会以外の人材も登用されること，組織は部会等を設置することで主体的に事業を展開することが重視される点である．これらは組織届け出の際に本庁担当課による対面調査によって確認される．第 2 は，地域まちづくり計画の届け出の際には，担当課が，「住民

ニーズを吸い上げたこと」を具体的に確認する点である．ただし計画策定の手法，ニーズ調査の対象は問わない．第3は，地域まちづくり計画には，3年以上を想定した住民発意の事業について，地域・市・その他の協働の主体別に具体的に記載し提案することが求められることである．

(c) 事業審査・評価

交付金交付の手続き上，住民自治協議会が申請する総事業の年間計画について，各事業が地域まちづくり計画に基づくものであることが確認されるが，それ以外の介入は行われない．

一方補助金交付の手続きでは，第三者組織が事業の審査にあたり，この結果を尊重して市長が最終的な決定を行う．本庁担当課の予備審査段階では，事業主体が確保されていることを確認するとともに，提案事業のプレゼン方法に関する助言を行う．将来的に他の補助金等を獲得しうるよう住民協議会の育成を図るためである．

(d) 支援体制

住民自治協議会を含めた多様な市民活動に対する支援機関として伊賀市市民活動支援センターを位置づけている．正規職員1名，嘱託職員2名，臨時職員2名が業務にあたる．調査時点（2016年）においては，住民自治協議会に対する支援サービスは，各々の広報を収集・配布・公開すること，補助金の情報提供，活動の相談といった中間支援業務を行っている．また各地区の拠点施設である地区市民センターの職員が自治協議会の事務局を担っている．

また，地域福祉の分野では，伊賀市地域福祉計画において住民協議会が福祉を担う主体として位置づけられていることを受け，住民協議会，社会福祉協議会，市を主体とする地域ケアネットワーク会議の設立が進んでいる．未設立の地区もあるが，地域の実情に応じた福祉サービスの創出に向け，社会福祉協議会が住民協議会に対して，地域のアセスメントなどの支援を行っている．

4.5.2　住民自治協議会の実態
(a) 各地区の状況と特徴的戦略

　当市では，住民自治協議会と既存自治会の関係が不明瞭である点が課題とされている．桐ヶ丘地区はこの点が顕在化した事例であり，住民協議会が自治会の十分な合意を得ずに新設されたこと，当地区で唯一の単位自治会が住民協議会と同様の対象区域，活動内容を有していたことを背景に，2年をかけて住民協議会の組織改編が行われている．現在は住民協議会が自治会等各団体の「コーディネート役」を担いつつ，住民協議会と自治会の役割分担を模索している状況である．一方比自岐地区では，地区全域を対象とした事業を自治協議会事業へ移行することで両者の事業範囲の分担を図った．

　上野西部地区は，中心市街地活性化基本計画の対象範囲に含まれており，これに基づく空間整備や商業活性化等の全48事業との棲み分けが図られている．その上で，住民自治協議会の活動内容の1つは，既存事業を所掌し支援することとしている．

　3地区とも各種団体が住民自治協議会の部会に属し，既存事業の継続や補塡，或いは内容の拡大・複合化が意識的に行われている．

(b) 事例1：上野西部地区住民自治協議会
(1) まちづくり計画の策定と内容

　前自治会ブロック長によって計画の素案が作成され，住民自治協議会役員とともに計画案が策定されている．自治会長を中心とした議論の後，最終的なまちづくり計画とされた．中心市街地活性化基本計画の決定以前の作業である．計画内容は抽象的な記述で事業内容が判断し難い場合も多く，主体別の記載はない．たとえば健康・福祉・スポーツ部会の事業には「児童福祉の充実」が記されている．

(2) 事業の具体化と評価

　すべての事業が各部会によって具体化される．事業計画や経過，報告については月1回の広報紙発行とHPにより情報が公開されるが，組織内外を通じて事前・事後の積極的な事業評価は行われない．

　当地区では，地区市民センターが事務局を担ってきた各種団体事業や，活動が停滞した団体の事業が優先的に実現していることがわかった．既存事業を継続，補塡しながら従来の実施団体と部会との連携事業として実現してい

表 4.1　伊賀市（住民自治のしくみ）制度

項目		規定内容	運用実態
人口		100,432 人	
根拠		伊賀市自治基本条例（H16），住民自治協議会に関する規則（H17），伊賀市住民自治協議会の財政支援に関する要綱（H17），伊賀市地域活動支援事業補助金交付要綱（H19），伊賀市地域活動支援事業審査会条例（H19），伊賀市市民活動支援センター設置条例（H21）	
財政処置の条件	地域住民自治組織（住民自治協議会）	・区域の指定 ・区域に住む又は活動する個人，団体，事業者等であれば誰でも会員の資格を有する ・組織目的が良好な地域社会形成に関するもの ・目的・名称・区域・事務所の所在地・構成員の資格・代表者・会議などを明記した規約の整備 ・組織全体の運営にあたる役員や代表者は，地域，性別，年齢，国籍等に配慮し，民主的に選出 ※その他，地方自治法を根拠とする地域自治区地域協議会に準じ諮問事項に関する規定あり	・ヒアリングによる 12 項目の要件確認（左記規定内容に即した要件，その他，組織の自発的設置と重複の有無，意志決定機関の代表性（自治会のみでないこと），会議の公開，事務局への参加，会計の明確化，監査の実施 ・事業目的や分野に応じた実行委員会や部会を設置
	まちづくり計画（地域まちづくり計画）	・自らが取り組む活動方針や内容などを定める ・市は総合計画をはじめとする重要な計画を策定する際には尊重する	・実施機関は 3 年以上 ・概算経費，財源手当の明記 ・主体の明記（地域，市，市と連携） ・届け出が必要で，その際住民ニーズを吸い上げたことを確認
	事業	地域まちづくり計画に基づき推進する事業 【地域活動支援補助金】 地域まちづくり計画を実現するための新規の活動	・まちづくり計画に位置づけ可能な限り，原則自由な事業提案 ・「地域活動支援補助金」活用の場合，既存事業であっても内容の拡充等が必要
交付金交付手続き		・住民自治協議会の設置，届け出（◇） ・地域まちづくり計画の策定，届け出（◇） ・交付金額の算定 ・市長に交付申請（◇） ・市長が内容審査，決定 ・交付金交付（2 回 / 年度の概算払い可能） ・実施報告（◇） ・交付金の確定 【地域活動支援補助金】 ・住民自治協議会の設置，届け出（◇） ・地域まちづくり計画の策定，届け出（◇） ・補助金申請（◇） ・審査会の開催，事業の選好 ・補助金の交付申請 ・市長が補助金交付の審査，決定 ・状況報告，実施報告（◇） ・交付金の確定 ・補助金の交付請求，交付 ◇住民自治協議会	・本庁担当課設立支援，要件確認 ・本庁担当課による計画形式確認 ・本庁担当課による確認 ・支所による経費確認 ・本庁担当課設立支援，要件確認 ・本庁担当課による計画形式確認 ・本庁担当課予備審査（確認・助言） ・公開プレゼンテーション ・第三者組織審査会 ・公開事業報告会
事業審査・評価		市長による決定 【地域活動支援補助金】 第三者機関による事業審査	・本庁担当課による申請事業の計画における位置づけ確認，ネガティブチェック ・事後評価なし ・本庁担当課による申請事業の計画における位置づけ，合意形成過程の確認（事業主体の確保状況） ・10 項目の審査基準（投入資源の適切性を重視） ・事業成果と自己評価を求める
交付額		基準額 40 万円，人口割り額，人件費の合算 【地域活動支援補助金】1 事業当たり上限 50 万円，補助率 9/10	規定に基づき年間総額約 4 千万円交付
支援		【市民活動支援センター】 ①情報収集・提供，②相談および調整，③人材育成・派遣，④調査，研究，⑤財政支援，⑥団体活動評価，⑦その他	【市民活動支援センター】 機能として，左記のほか，場や機材の提供，コミュニティ・ビジネス支援を掲げる． ※実態：住民自治協議会広報誌収集と配布，補助金情報提供にとどまる． 【活動拠点の提供】 地区市民センターの整備，職員が住民自治協議会の事務局を担う

る．一方地区内の NPO を含め多様な団体発意の事業が部会を通じて具体化される場合もみられる．ただし，いずれもまちづくり計画における各事業の位置づけが不明瞭な場合も多く，事業が計画実現手段として評価しきれない．また，まちづくり計画は住民ニーズを的確に反映したものとは言い難く，事業内容の適切性を判断する根拠としては弱い．

(3) 事業内容の特性

当地区では，講座・講演事業や，イベントの事業が中心となっている．前者については上野文化美術保存会主催の上野天神祭講演会等が行われている．後者のうち，特にスポーツ関連事業は既存事業を継続しているものが多い．たとえば先述の「児童福祉の充実」事業として，流しソーメン大会や餅つき大会等のイベントが開催されている．また調査関係事業では，活動がほとんどなされていなかった自治防災会を補填・支援する意味を有する，自主防災調査票の更新や一時立ち寄り所の見直しなどが行われている．

(c) 事例2：桐ケ丘地区住民自治協議会

(1) まちづくり計画の策定と内容

部会において現状の課題整理，まちづくりの目標，具体的事業の検討を行い，その後実施したアンケート調査の結果を加味しながら計画を策定している．計画に記載される事業数も多く，テーマも多様である．計画決定後に住民自治協議会の組織改編が行われている．

(2) 事業の具体化と評価

市補助金制度を活用する場合は役員が，その他の場合は部会が事業を企画し具体化していく．共にまちづくり計画を策定に携わった人材とは異なる．広報紙を毎月発行することで情報を公開している．

当地区の特徴は以下の通りである．第1が，事業の多くが自治会活動との整合を重視し立案され，自治会や老人クラブを中心とした連携事業として実施されることである．まちづくり計画策定時にはこの点は重視されていないが，計画記載内容が多様かつある程度広く解釈可能な記述となっているため，結果的に実施される事業の多くは計画に位置づけうる．したがって各事業が計画実現の手段としては評価しきれず，また計画策定時に把握したニーズが事業の内容や優先順位を左右するものとは言い難い．第2が，個別の事業は，

部会員による半期に一度の評価によって実効性の判断がなされることである．ここでは事業目的に対する評価や，方法の課題，参加者数や認知度の他，イメージアップへの貢献の有無等が指標となっていた．廃止を含めた検討が行われるため，年度ごとに新しい企画が生まれる．第3が，市補助金制度を活用する場合は，自治会等中心的主体以外の団体も含めたネットワーク形成のための事業や，地域課題の顕在化に伴い担い手を新たに確保することを前提とした事業が提案されることである．

(3) 事業内容の特性

最も多くを占めるのはイベント事業である．祭りやスポーツ大会の他，高齢者の遠足などがこれにあたり，自治会活動と対応して実施されるものが多い．次ぐ講座・講演事業では，たとえば野菜づくりがそのテーマとなっている．また，設備・施設等の整備事業には市補助金制度を通して実施された「桐ヶ丘地区景観整備およびまちづくり機能強化事業」がある．実質的には事業をNPO法人まちづくり桐ヶ丘に委託し，有償ボランティアを新たに確保することで空き地や宅地，企業所有地の草刈りや剪定を受注している．

自治会が活動の基本単位となる一方で，住民協議会の特性を活かした動きも出てきている．「桐ヶ丘地域支え合い体制支援システム」では，自治会が集めた見守り希望者や空き地・空き家の状況などのさまざまな情報を，住民協議会がイントラネットを使い，地図上にマッピングした．また，要援護者リストや防災用の居住者名簿の情報も一元的に管理することで，活動の効率化・マニュアル化を図っている．

(d) 事例3：比自岐地区住民自治協議会

(1) まちづくり計画の策定と内容

全戸アンケートで「できたらよいこと・あったらよいこと」を自由に回答してもらい，役員がこのすべての意見を各部会に振り分けている．部会では，この整理結果と既存事業をもとに事業企画を立案し，まちづくり計画を策定している．たとえば，福祉部会の「誰にもやさしい地域づくり」事業の1つである「ボランティアの育成」事業は「NPO団体の設置（一人暮らし世帯への支援など）」と記載されている．また企画交流部会には既存事業である「コスモス祭り」の定着化事業が「近郊住民との交流」事業の1つとなっている．

108　第4章　地域住民自治型まちづくり制度の動向と課題

表4.2　伊賀市住民自治協議会　事例分析地区の概要

	上野西部地区住民自治協議会	桐ヶ丘住民自治協議会	比自岐地区住民自治協議会
地区特性	中心市街地	住宅地	農村部
人口、世帯、高齢化率	人口約3700人、1585世帯、高齢化率34%	人口約5500人、1837世帯、高齢化率10%	人口約620人、189世帯、高齢化率37%
組織構成	運営委員会（部会：総務・広報、人権、教育・文化、スポーツ、防災、防犯、安全、産業振興、町づくり、生活、建設）、事務局（地区センター職員）6実行委員会	幹事会、運営委員会、6部会（教育・文化、スポーツ・健康、防犯・安全、産業振興、生活環境、福祉）、特別児童会、事務局（地区センター職員）	運営委員会、役員会、幹事会、監事、7部会（企画交流、防災、健康スポーツ、教育文化、生活環境、産業振興、福祉）、事務局（地区センター職員）
参加団体	18自治会、その他計25団体（各種地縁団体、NPO法人、TMO等）	1自治会、公民館、老人クラブ、民生児童委員、PTA、商店会、NPO法人まちづくり桐ヶ丘	地区連合会（自治会連合体）、その他計38団体（各種地縁団体、祭り実行委員会、その他任意団体）
財源（年間額）	交付金134万5千円、会費23万1千円（計157万6千円）	交付金182万5千円、会費50万円、補助金135万円（367万5千円）	交付金56万円、委託金24万円、負担金5万円（計85万円）
地区状況・範囲	・組織改編に伴い自治会等の整合性を図る。自治会、各種団体と事業のコーディネート役を担う。		・地区全体を対象とし既存事業を住民自治協議会へ移行し、主に既存事業を基軸に事業を展開
まちづくり計画内容	・市の章向を含む中心市街地活性化計画を重視。これに関連した事業と事業との棲み分け	・基本方針、現状と課題、将来像、事業概要、概算経費、実施主体、実施時期（部会別）	・課題、目標、施策、事業概要、概算経費、実施主体、実施時期（部会別）
事業化のプロセス	役員　計画決定　自治会長　計画作成　部会　事業立案　運営委員会・役員　計画企画　部会　事業企画	役員　計画決定　運営委員会・役員　事業審議　部会　計画企画　部会　事業企画	役員分担員　計画決定　運営委員会・役員　事業審議　部会　計画企画　部会　事業企画
年間事業数	29（まちづくり計画：45事業）	31（まちづくり計画：68事業）	24（まちづくり計画：74事業）
新／既存事業	・既存事業の継続 ・補助金を中心に新規立案 ・健康や教育をテーマに新規立案	・事業評価を受けた既存事業の内容変更を図る ・大きな新規事業、市補助金制度の活用による新規事業	・既存事業に新規企画・内容が可能となり、事業目的の実現
事業内容	・住民自身による事業評価なし、まちづくりに一定の方針をもって事業を選ぶとこができないことが明確化していることから、計画が事業の適切性や優先順位の判断基準として機能している	・各部会による半期一度の事業評価と改善、事業ターゲットの拡大、事業内容の変更を図る、実態を事業の根拠となっていることから、計画が事業実施の手段として評価されといえない	・住民自身による事業評価を行うことで、事業目的に合った事業の実施と新規事業の実施が可能、既存事業が重視され、実現性と計画を活用することで新規事業の優先順位が判断される
地域社会に対して	・NPO主体事業への協力をきっかけに、部会を介して連携、強化	・市補助金制度を活用することで各種団体のネットワーク構築と連携、補助金制度の活用	・市補助金制度を活用することで、新しい主体形成、活動育成

(2) 事業の具体化と評価

事業の企画立案とその具体化は，まちづくり計画に基づき各部会が行う．住民に対しては，事業に関して毎月広報紙を通じた情報提供がなされる．組織内外を通じ，積極的な事業評価は行われない．

まちづくり計画の実現については，既存事業との合同開催や複合化の可能性を重視しつつ判断されていることがわかった．計画上個別に記載されている事項を組み合わせながら事業が実現しており，これに伴い従来の実施主体をはじめ複数団体の連携事業となる場合もある．計画内に実施主体が想定されていない場合の実現度は圧倒的に低い．また市補助金制度への事業提案が，新たな主体を形成・育成することも1つの狙いとして行われていることがわかった．「ボランティアの育成」事業は，担い手を一般住民から公募，組織化し，「高齢者世帯エスコート事業」として実現した．また前年の「農山・漁村物産交流広場「笑みの市」開設」事業は，休校の花壇整備を通じて生まれた女性グループの新たな活動意向とまちづくり計画内容とのマッチングを図ったものである．このグループは現在も「笑みの会」として野菜栽培や特産品開発活動を展開している．

(3) 事業内容の特性

約6割がイベント事業でお祭りやスポーツ大会が多い．ほとんどが既存事業を発展的に継続しており，実施主体も同じ団体が引き継ぐ場合が多い．次ぐ清掃等事業も同様である．「コスモス祭り」は，「異文化交流促進事業」や「農業の振興事業」と複合が図られている．答志町との交流事業の一環で，答志町児童とともにコスモスの播種が行われ，笑みの会が作る野菜や製品が笑みの市にて販売されている．交流事業や農業振興事業の実現は，専門家との連携が背景にある．

4.5.3　運用実態の分析から見えてきた課題

本制度では，まちづくり計画にいかに地域ニーズを的確に反映させるか，およびその実現のための事業をいかに判断し必要な資源を獲得するかが重要なポイントと考えられる．組織構成員の選出方法や計画へニーズを反映させることでプランニングの民主性向上を図り，部会の設置や計画内容の具体性によって事業の実現性確保を狙う仕組みであった．

実態として，部会を通じて既存団体を事業主体として確保することで，従来事業との整合性が意識的に確保され，また桐ヶ丘地区では事業評価が独自の指標で行われており，これらが事業の実現性および合理性獲得に寄与するものと考えられる．新たなニーズへの対応は市補助金を通じて実現しており，この際人的資源を確保することを通じて，各団体間のネットワーク形成や主体形成等地域社会の育成に繋がっていた．ただし，実態として計画策定手続きが広く公開されていない場合や，一般住民のニーズを一定程度反映させた計画であっても各事業の内容や優先順位の判断根拠として十分には機能していない場合もあった．

つまり，個々の協議会ごとに，計画策定，計画—事業間の関係，事業の評価方式が異なっている．こうした実態を踏まえると，協議会相互が，各々の工夫と課題について学びあう機会を設けることで，より民主的で合理的・効率的な運営と事業展開が可能となると考えられる．しかし，市民活動センターによる支援は広報に寄与するのみで広報や一般的な相談にとどまり，事業に必要な専門性は，社会福祉協議会やNPOなどの支援を通じて住民が独自に獲得していた．市民活動センターには，相互学習の場を設けるなど，より積極的に支援を行うことが期待される

その一方で，市の財政悪化により，計画において市が行うこととされた部分の実現が困難になっているとともに，協議会への交付金も減少傾向にあり，計画の実現可能性に影を落としている．

4.6 地域住民自治型まちづくり制度の課題と展望

以下では，アンケートおよびケーススタディを通じて明らかになった当該制度の課題と展望について論じて，本章を閉じることにしたい．

4.6.1 住民によるプランニングは可能か

本制度の目的達成や理念追求には，地域課題に対して合理的な事業をいかに展開していくか，が問われるはずである．多様な主体の意向調整結果が事業の内容や優先順位の判断基準となっていることが重要であり，それにはプランニングの民主性を確保することが必要となる．これを形式的に地縁団体

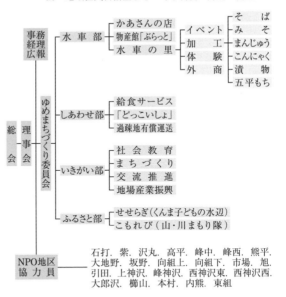

図 4.1 夢未来くんまの組織体制および活動領域
出典：http://kunma.jp/suisha/夢未来くんま /(2016/7/20 閲覧)

の代表者の参加に求める現行制度の仕組みは，明らかに不十分である．さらに本制度には，合理性獲得に重要な，目的達成に向けた事業評価や行政施策との整合という視点も欠如している．

本制度の設計は，住民の自主性を受け止める「柔軟性」に偏向しているのではないかと考えられる．民主的，合理的に事業を組み立て，実現する過程を住民に委ねるのは，あまりに高度な要求である．先述の組織運営や事業内容の課題が，住民によるプランニングプロセスのどこに起因するものなのか，あるいは住民独自の工夫や戦略はなにか，個々の地域住民自治組織の取り組みや支援の実態を丁寧に検証し，制度へ還元していく必要がある．

4.6.2 小規模多機能自治組織への展開可能性

近年，地域住民自治型まちづくり制度にもとづく住民組織（伊賀市の住民自治協議会などの組織）を発展させた組織概念として小規模多機能自治組織ないしはスーパーコミュニティ法人というものが提案されている．伊賀市，名張市，朝来市，雲南市の4市は，2014年2月に「小規模多機能自治組織の法人格取得方策に関する共同研究報告書」を作成している．ここでは，従

来地域住民自治型まちづくり制度が有していたビジョンや課題の共有や交付金の活用を中心とした事業に関する意思形成（意思決定）機能と執行機能のうち，特に執行機能を強化することを提案している．具体的には，財産所有や税制措置（みなし寄付や寄付控除を含む）について機能強化された新しいコミュニティ（自治体内のある圏域とそこに含まれる成員）の法人格が必要としている．

　コミュニティにおいて分野横断的に諸種の事業を展開する際に，個別の事業ごとに法人化を行うと，スケールメリットが失われ事務業務が負担になることや，またみなし寄付金なども行いにくくなるといったデメリットが想定される．伊賀市の事例では，住民自治協議会での意思形成や活動を契機として，新たな任意団体やNPO法人を形成し，場合によっては委託事業するなどの形で「切り出して」事業を実施していた．こうした「切り出し型」事業を究極まで進めると，母組織としての住民自治協議会を運営する事務局機能に必要な人や資金が確保しえなくなる可能性もある．逆に，母組織の運営を重視しすぎると，コミュニティ再生に必要な事業の展開が行いにくくなる，ということも想定される．小規模多機能自治組織法人の提案は，コミュニティとしての法人を創設することで，こうした問題に対応できる可能性を指摘したものである．

　こうした法人のイメージに最も近いものが，浜松市天竜区（旧天竜市）の「夢未来くんま」であろう．調査時点（2016年7月）では，法人格（NPO）有して活動しているが，元々は集落の全世帯が参加した熊地区地域活性化推進協議会からスタートしている．そして，行っている事業は，集落の振興を目的とした収益性が一定程度認められる「ツーリズム・交流・物産」事業（これは水車小屋を活用した道の駅「くんま水車の里」を主な拠点として行われている）から，高齢者や子供向け社会サービス事業（給食サービスや過疎地有償輸送サービスなど生活支援や社会教育・環境事業）まで幅広い．またNPOの構成員には，集落内の各地区からの「協力員（NPO地区協力員）」も位置づけられており，「協議会」的性質を保持している．

　この事例では，積極的な事業展開をNPOという法人形態のもとに行ってきたわけだが，地域住民自治型まちづくり制度に位置づけられて設立される新コミュニティ法人の枠内で，こうした多様な事業展開を，より簡便に，か

表4.3 夢未来くんまの活動経緯

年度	概要
昭和61 (1986) 年	熊地区活性化推進協議会を全戸 (306戸) 加入により設立
62 (1987) 年	ふるさと活性化事業がスタート．農産物加工・販売施設を建設
	「くんま水車の里」グループが女性を中心として誕生 (地場産品づくりを担当
	水車の里 (阿多古川) に間伐材を利用した階段護岸が完成
63 (1988) 年	村おこし「くんま水車の里」竣工式開催
	「かあさんの店」(そばを中心とした食事処) オープン (5月)
	体験交流施設「ふれあいの家」が完成
	「ほたるを観る会」や「ふるさとまつり」など活性化を目指したイベントを開催
平成元 (1989) 年	第28回農林水産祭「むらづくり」部門で農林水産大臣賞を受賞 (11月)
	第28回農林水産祭「むらづくり」部門で天皇杯を受賞 (11月)
2 (1990) 年	遠州鉄道バス停名称変更．「熊車庫」から「くんま水車の里」に
3 (1991) 年	かあさんの店増改築．こんにゃく・惣菜加工施設を建設
4 (1992) 年	「くんま水車の里音頭」を公募により選定 (犬塚朝男氏 作詞作曲)
6 (1994) 年	第1回大寒謝祭開催
7 (1995) 年	「くんま水車の里」道の駅に認定 (4月)
8 (1996) 年	ほたる護岸を整備拡大
10 (1998) 年	「くんま」のシンボルマーク募集 (二俣在住：馬場のり子氏の作品に決定)
	天竜市市政40周年記念式典で「くんま水車の里」が地域振興感謝状を受賞
	NPO化へ本格的な検討開始 (講師：渡辺豊博氏)
11 (1999) 年	「熊平水辺のオートキャンプ場」オープン
	「大栗安の棚田」が全国棚田百選・静岡県棚田十選に認定
	特定非営利活動法人「夢未来くんま」設立総会開催 (3月)
12 (2000) 年	「夢未来くんま」が特定非営利活動法人として県より認証 (6月)．法人登記(7月)
	いきがいデイサービス「どっこいしょ」活動開始 (月1回：10ヵ所)
	独居高齢者へ夕食の配食サービス開始 (月1回)
	水車の里・ほたるの里・熊平水辺の里の3ヵ所を「子どもの水辺」として登録
	特定非営利活動法人夢未来くんま設立記念式典開催 (11月)
13 (2001) 年	物産館「ぶらっと」オープン (10月)
17 (2005) 年	若者の地域づくりインターン事業 (大学生2名：15日間受け入れ)
18 (2006) 年	若者の地域づくりインターン事業 (大学生2名：15日間受け入れ)
19 (2007) 年	浜松市交流居住モデル事業 (浜松市委託)
20 (2008) 年	浜松市交流居住モデル事業 (浜松市委託)
21 (2009) 年	浜松市交流居住モデル事業 (浜松市委託)
22 (2010) 年	三遠南信地域社会雇用創生事業
	インターンシップ事業 (2名受け入れ)
	田舎ぐらし体験ツアー実施
23 (2011) 年	都留文科大学学生インターンシップ (1名受け入れ)
	お試し住宅入居開始
	田舎暮らし体験ツアー実施
	静岡県緊急雇用事業で (1名雇用)
24 (2012) 年	地域再生大賞 (東海北陸ブロック賞受賞)
	AED設置
	遠鉄ストアギフト開始
25 (2013) 年	「美しく品格ある邑づくり」知事顕彰
	水車の里職場見学会開催
	熊中学校卒業生対象「くんまの会」開催
26 (2014) 年	販路開拓支援セミナー、売リます買います個別商談会 (浜松商工会議所)
	遠鉄デパート商談会
	静岡文芸大学生「中間地域活性化サークル」との交流事業
	かあさんの店リニューアルオープン
	創業30周年 (熊地区活性化推進協議会のむらおこし事業から)
27 (2015) 年	道の駅20周年記念 (記念切符発行、横断幕設置)
	国交省シンクタンクみらい「小さな・・・」調査
	熊あっちこっち」のマップ製作
	道の駅看板と「顔出しくうちゃん」新調

出典 http://kunma.jp/suisha/ 夢未来くんま／ (2016/7/20閲覧)

つ段階的に，各コミュニティの現状にあわせて行うことが可能となれば，確かに有効であるかもしれない．また少子高齢社会において求められる民営型の保育・教育サービス，そして介護保険事業や介護予防事業などを，新コミュニティ法人の枠組みで統合的・融合的に行いえれば，確かに人的資源が限られている地方中小自治体のコミュニティでは有効である可能性は高い．

しかし，こうした法人格を活用するには，コミュニティの自治力や意向調整・合意形成能力，事業運営・執行力を高める必要があり，そうしたことを可能とする支援体制・制度の構築が，自治体には強く求められる．この点について，まず現行制度の枠組みで充実させることが，最も求められることといえるかもしれない．

参考文献

新しいコミュニティのあり方に関する研究会（2009）「新しいコミュニティのあり方に関する研究会報告書」，総務省自治行政局
伊賀市・名張市・朝来市・雲南市（2014）「小規模多機能自治組織の法人取得方策に関する共同研究報告書」
一条善治（1995）「コミュニティ行政二〇年の軌跡と課題――三鷹市の政策を事例として」『分権型社会の行政手法』，自治体学会編，良書普及会
大石田久栄（2009）「豹変するコミュニティ――地域政策の新展開」，自治総研2009年1月号，pp.63-81
岡田知弘・石崎誠也編（2006）「地域住民自治組織と住民自治」，自治体研究社
倉沢進（1990）『コミュニティづくり20年の軌跡と課題』都市問題，第81巻第2号
倉沢進（1998）「社会目標としてのコミュニティと今日的問題」，都市問題，第89巻第6号，pp.3-13
小泉秀樹・和多治（2000）「まちづくり条例に基づく地区レベルの計画提案の意義と課題」都市計画論文集 No.49-3, pp.59-72, 日本都市計画学会
小泉秀樹（2007）「コラボラティブ・プランニング」，都市問題研究2007年1月号，pp.86～99
コミュニティ政策学会第3プロジェクト研究会（2007）「特集論考　自治省モデル・コミュニティ施策の検証――コミュニティ政策の到達点と課題」コミュニティ政策学会編『コミュニティ政策〈5〉』東信堂
佐藤滋・早田宰（2005）「地域協働の科学」，成文堂
神野直彦・澤井安勇編（2004）「ソーシャル・ガバナンス　新しい分権・市民社会の構図」，東洋経済新報社
堤可奈子（2014）「地域住民自治型まちづくり制度の課題と可能性」東京大学学位論文
田川絢子・内田奈芳美・佐藤滋（2006）「「地域づくりの場」としての中野区住区協議会の実態に関する研究」，
内閣府国民生活審議会総合企画部会（2005）「コミュニティ再興と市民活動の展開」，内閣

府国民生活局
中川幾郎編（2011）「コミュニティ再生のための地域自治のしくみと実践」，学芸出版社
長野基，杉崎和久（2011）「東京都区市自治体における住区協議会組織の制度設計と運用に関する比較研究」，都市計画論文集，No. 76，pp. 379-388，日本都市計画学会
名和田是彦（2006）「日本型都市内分権の特徴とコミュニティ政策の新たな課題」『コミュニティ政策4』，コミュニティ政策学会編，東信堂
名和田是彦（2009）「コミュニティの自治―自治体内分権と協働の国際比較」
日本都市計画学会都市計画論文集，pp.337～342，日本都市計画学会
日本都市センター（2002）「近隣自治とコミュニティ」，財団法人日本都市センター
野澤康・村木美貴（1998）「既存の地域住民参加システム（住区協議会）と都市計画マスタープラン地域協議組織との関係に関する研究 - 東京都中野区の事例 -」，都市計画論文集 No.33，pp.451-456，日本都市計画学会
広原盛明編（2011）「日本型コミュニティ政策」，晃洋書房
前川総一郎（2004）「アメリカのコミュニティ自治」，南窓社
間島正秀（2004）「新しい「住民組織」――近隣自治政府の設計」『ソーシャル・ガバナンス新しい分権・市民社会の構図』神野直彦，澤井安勇編著，pp.159-182，東洋経済新報社
松浦健治郎・藪崎奏菜・浦山益郎（2008）「まちづくり事業体としてのコミュニティ組織の実行性に関する研究――三重県名張市の地域づくり委員会を事例として」都市計画論文集，No.43-3，pp.511-516，日本都市計画学会
三浦哲司（2007）「日本のコミュニティ政策の萌芽」同志社政策科学研究 9(2)，145-160，
三浦哲司（2008）「自治省コミュニティ研究会の活動とその成果」同志社政策科学研究 10(1)，151-166
山崎丈夫編（2006）「地域コミュニティ論改訂版」，自治体研究社
山崎仁朗・谷口功・牧田実（2007）「自治省モデルコミュニティ地区の事例検討」『コミュニティ政策5』，コミュニティ政策学会編，東信堂
山田晴義・新川達郎編（2005）「コミュニティ再生と地方自治体再編」，財団法人東北開発研究センター監修，ぎょうせい
山田晴義（2006）「コミュニティの自立と経営」，財団法人東北開発研究センター監修，ぎょうせい
山田晴義（2007）「地域コミュニティの支援戦略」，財団法人東北開発研究センター監修，ぎょうせい
横道清孝（2009）「日本における最近のコミュニティ政策」『アップ・ツー・デートな自治関係の動きに関する資料』No.5，財団法人自治体国際化協会，政策研究大学院大学比較地方自治研究センター
吉原直樹（1997）「転換期」のコミュニティ政策」」『現代都市と地域形成』，蓮見音彦・矢沢澄子・似田貝香門編，pp.104-115，東京大学出版会

第5章 住民・NPOと行政の連携
——協働のまちづくり事業制度

5.1 「協働」の定義を見直す

5.1.1 望ましい「協働」モデルと実態の乖離

　2000年代に流行した「協働」も，最近では正面から論じられることが無くなった．地方自治に関する学術誌などでは，必ず特集が組まれていた．「協働」については，その理想的なあり方を論じる研究が多くなされた．それらの研究では「新しい公共」，「ガバナンス」というキーワードなども盛んに挙げられ，行政と協働することで，社会のさまざまな問題がさまざまに解決につながるため積極的に取り組む必要があるとするある種の運動論的議論であった．

　一方，「協働」の実態を分析した研究は，理想的なあり方との乖離を指摘するものが多かった．たとえば今瀬（2006）は全国的に「協働」が行き詰まっていることを指摘していた．協働のまちづくり事業を実施する前は目新しさもあって行政も市民社会組織も期待が高いが，実際に実施してみると目に見える具体的な成果が問われ，結果的には成果が出ないだけでなくマイナスの成果が生まれ失望感が広がるというものである．このような理論と実態の乖離に対して，その解決策として示されるのは，さらに望ましい協働のあり方の追求であった．具体的な解決策として，行政と市民社会組織のコミュニケーションや合意形成の支援，またイギリスの仕組みを参考にした協定書の締結などの研究があった．

5.1.2 「協働」の概念のどこに着目するか

　従来の「協働」に関する既往研究は，いかに行政と市民社会組織を望まし

い主体間の関係に近づけていくかという視点で論じられている．本章は「協働」の定義を改めて検討し，上記着眼点についてその妥当性を考えてみたい．まず一般的なタイプの「協働」の定義として東京都（2000）の定義を取り上げた[1]．東京都の定義では，主体同士の相互尊重，主体間の対等性などを条件に，資源を出し合い，共通する社会目的の実現に向けて事業を行うことが要点となっている．この定義の問題は，行政と市民社会組織の行動原理等の違いを反映していないことである．前者は選挙によって正当性を確保しており，後者は自由な市民の集まりである．

　この主体間の違いに着目した定義として，中井（2004）が挙げられる[2]．都市計画における「協働」の事例として，都市計画の提案制度を挙げたものである．まず都市計画分野においては，公権力による私権制限という側面が明確であるため，「対等性」というキーワードを用いない．中井は，行政と住民との「協働」について，「市民によるまちづくり提案という発意を，公的計画に転化する」という視点を示している．公共セクターとしての行政と私的な団体である市民社会組織という，まったく異なる論理で活動する両者をいかにして相互調整するか，どうしたら市民社会組織の提案を公的なものに転化できるか，これが行政と市民社会組織との限定的な協力関係において重要であることを示している．

5.1.3　行政と市民社会組織の異なる論理の調整

　協働の理念と実態の乖離は，「対等性」を単純な行政と市民社会組織のコミュニケーションによって担保するという視点にとどまっているために生じているのではないか．理念としての「対等性」は理解できるが，実態としては，法律や規則に縛られる行政と自由な市民社会組織との関係性をいかに調

---

1) 東京都：「行政とボランティア・NPOとが相互の存在意識を認識し尊重し合い，相互にもてる資源を出し合い，対等の立場で，共通する社会的目的の実現に向け，社会サービスの供給等の活動をすること．」
2) 中井検裕：「提案制度はいわば住民との協働の必要条件であって，十分条件ではない．十分条件は，提案が都市計画という公的計画に転化されるプロセスの条件であり，それはこのプロセスの中で，行政と住民が対話，協議を繰り返しながら，お互いがその相互作用によって，自らの位置と内容を変化させつつ，やがては都市計画として最も合理的な着地点に提案を収斂させることができるかどうかである．」

整するか，そこが重要である．ある限定的な条件のもと，相互の論理を調整することは極めて難しい．本章では，協働の定義を「対等性」に着目するのではなく，「ある目的を達成するために対話を通して相手の価値観を理解し，お互いの資源を協調させ，課題解決に取り組むこと」とする．行政と市民社会組織が事業遂行を通して，お互い異なる論理をどのように調整したのか，この点に着目することが重要であると考える．

5.1.4　コミュニティケアとフォーマルケアを事例に

このように「協働」を定義したところで，まちづくり事業における協働について，その仕組みづくりの重要性を論じていく．また，なぜまちづくり事業における協働が必要なのか，ある地域で具体的に生じた単身高齢者の見守り活動のケースを取り上げて，本章で論じたいことは何かを明示し，読者の便に供したい．

高齢化率が40％を超えた公営住宅団地に，90歳単身高齢女性が住んでいた．重い身体的・認知的な障害はなく，ただ加齢による老化が進んでおり要介護度は1である．この地域は，行政との協力により単身高齢者を見守るネットワーク事業が進められていた．離れたところに暮らす家族等から連絡があった場合，民生委員が見守り訪問に行くというものである．ある深夜のこと，この単身高齢女性と連絡が取れないと家族から緊急の連絡があった．担当する女性の民生委員は，使命感に駆られ見守りにいかなければならないが，夜中に1人で見守りに行くのは不安である．そこで旦那さんを起こし，訪問に同行してもらった．訪問の結果は，単に受話器が外れていただけで一件落着であった．地域を守る点では重要な仕組みであるが，しかし民生委員にしてみると相当な負担を背負うシステムである．近年民生委員の充足率が低下している理由として，このような過度な業務が挙げられる．

ところで同じ団地では，同じ要介護度の単身高齢者の方が，介護事業者による介護サービスの一環としてテレビ電話を使った見守りシステムを使っていた．家族等から連絡があれば介護事業者がテレビ電話を使い呼びかけ，反応がない場合には訪問するシステムである．この他，地域には地域包括支援センターの保健師らによる見守りもある．つまり，さまざまな見守りが乱立している状態である．受益者からすれば選択肢が増えたことは良いことであ

るが，コミュニティの担い手の負担は増え続けていく．たとえば昼間の見守りは住民が担うが，夜の見守りは介護保険制度を使った私企業による介護サービスとしての見守りとすることはできないか．また行政や私企業はより専門的な技術を必要とする方を，住民が見守るのは親交の延長線上でできる方を，といったように，コミュニティ同士のケアと行政や企業による専門サービスとしてのケアの役割分担はできないものだろうか．その場合，専門的サービスが必要であるという情報は個人情報であるが，行政はこれを私企業や市民社会組織へ提供できるのだろうか．簡単に考えれば，要支援者台帳をつくり，みなが情報を持ち寄って，見守りのスクリーニングを行い，それぞれの責任と技術にあわせて，役割分担していくことが重要であるが，個人情報の問題をいかにしてクリアすればいいのだろうか．

　すなわち，協働のまちづくり事業において，理念的な協定締結による行政と市民社会組織の対等性や平等性を確保するといった論点を超えて，行政・私企業・市民社会組織間で個人情報を持つための責任ある協定とは何か，という議論が重要になっている．本章では人口減少・超高齢社会・財源不足等を抱えるなかで，コミュニティにおける役割分担を通して，公共サービスの質とともに効率性を高める，協働のまちづくり事業とそのための仕組みについて検討する．

5.2　協働のまちづくり事業制度

5.2.1　市民社会組織による公共サービスの提供
(a) 価値多元社会

　国立社会保障・人口問題研究所によれば，2030年には人口の31.8%が高齢者と推計されている．これに伴い地域密着人口の増加が指摘されており，地域社会における高齢者の生活に関するさまざまな要求が増加することが予測できる．しかしながら，もはや行政単独ですべての高齢者が満足するサービスを提供することは不可能になりつつある．たとえば既に医療・介護分野では，NPO法人などの市民社会組織が介護保険事業者としてサービス提供の一翼を担っている．また高齢化の一方では少子化の問題もあり，子育てに関する支援環境充実の重要性も高まっている．市民社会組織が，学童保育所，

ファミリーサポート事業，認可外保育園など，行政単独で担いきれない分野に次々に参入し，事業委託を受け行政に代わってサービスを提供している．さらには，景観問題，観光問題，農業問題，外国人居住問題などさまざまな分野の公共サービスに市民社会組織が参入し，その提供を担っている．行政と市民社会組織との公共サービス提供局面における協働は今後ますます重要になってくる．

(b) 市民社会組織によるコミュニティケアの重要性

市民社会組織が自発的に取り組む小規模かつ多様な地域問題への取り組みも重要になりつつある．たとえば単身居住の高齢者見守り活動，身近な住環境の改善，地域資源を活用した雇用の創出などが挙げられる．行政が公共政策として実施できる範囲は当然限られる．そこで重要なのが行政から誘導されるのではなく，市民社会組織が事業企画を発意し，それをもとに行政が経済的支援や公権力の提供などを通じて地域の課題に取り組む事業である．従来，市民社会組織の活動は，公害反対運動など社会的問題における対抗的なアドボカシー（権利擁護）活動として見なされることが多かった．しかし近年では単身高齢者の見守り，高齢者への配食サービス，近隣公園の管理運営など，地域社会における，小さな，しかし生活者にとっては重要な課題の解決に取り組んでいる．このような活動も，地域社会においてはますます重要な意味を持ってくる．

(c) 市民社会組織によるまちづくり事業

価値多元化が進み，高齢化が進む我が国においては，行政や企業が事業を実施し，市民はそれに対して参加と監視をしていればよいわけではない．市民，とりわけ市民社会組織が，自律的，能動的にまちづくり事業を担い，都市空間・地域社会のガバナンスの一翼を担う必要がある（図5.1）．特に地域社会における課題は利益が出にくく企業には対応できず，また公平性に配慮しなければならない行政では特定地区の小さな課題への対応が遅くなる．今後ますます，市民社会組織が地域社会の中で，主導的に課題解決に取り組む事業（以下，まちづくり事業と呼ぶ）が重要となる．

5.2.2 まちづくり事業とそれを支える社会的な仕組みの整備

本章は，まちづくり事業に対して，行政がさまざまな支援を行うための制

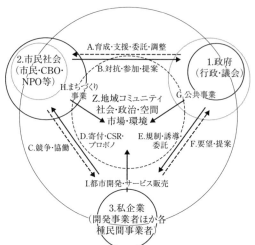

図 5.1　地域社会（都市空間）のガバナンスとまちづくり事業

度について論じる（以下，協働のまちづくり事業制度と呼ぶ）．従来，まちづくり事業への支援は，理解ある職員などにより属人的に取り組まれてきた．本章では，これをいかにして社会的仕組みとして整備していくかを考える．

理解ある職員による属人的な取り組みは，ガイドラインなどがあっても，結局は職員の理解力と能力に左右される部分が大きい．職員の人事異動やまた市長の交代などにより，これまでの蓄積がすべて水泡に帰すといった事例も多くあった．また制度化を求める背景として，特定非営利活動法制定以降，NPO法人などの市民社会組織が多量化，多様化したことも挙げられる．そのため行政との協働を望む市民社会組織が増え競争状況におかれることもあり，より公正な手続きを通して行政と市民社会組織が連携することが求められるようになった．

5.2.3　協働のまちづくり事業制度とは

(a) まちづくり事業

まちづくり事業は，市民社会組織が地域社会の中で，主導的に課題解決に取り組む事業，と定義する．まちづくり事業は，ノン・フィジカルプランの下に位置づけられる場合と，フィジカルプランに位置づけられる場合がある（図 5.2）．

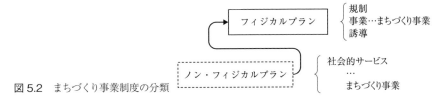

図 5.2 まちづくり事業制度の分類

(b) 協働のまちづくり事業制度

協働のまちづくり事業制度は，まちづくり事業に対して，行政がさまざまな支援を行うための制度，と定義する．

5.2.4 制度の必要性

市民社会組織の発意に基づく取り組みは，固定的，恒久的，普遍的で明確な課題を対象とするものではない．行政，議会，社会全体からみれば一部の私的な組織の取り組みである．しかし市民社会組織の自由かつ能動的な発意の意義は大きい．彼らは能動的に地域の資源や課題を発掘し，それを公の議論の場に引きずり出す．必ずしも社会全体としては認められていないが，特殊な条件の下で必要とされる地域の課題について議論し公共性を発見／再発見していく．そして自らの持つ資源を社会に提供し，地域課題の解決に取り組んでいる．社会全体からみれば一部の私的な組織の取り組みではあるが，積極的にリスクを引き受け，地域社会の抱える課題に自発的に挑戦しようとするものである．市民社会組織が自律的に地域課題に取り組み，持続的に活動を展開していくことは，人口減少，高齢化する日本において必要不可欠である．

5.2.5 全国の動向
(a) 制度導入状況（有効回答 256 自治体）

有効回答数 256 自治体のうち，アド・ホックな資金的支援策である活動助成方式の導入率は 62.5％，事業提案方式の導入率は 37.5％，事業委託方式の導入率は 9.0％ であった．やはり全国的には導入しやすい活動助成方式が主流であることがわかる．なおその他が 13.3％あったが，その内訳は事業実施のない政策提案制度が半数，残りは緑地のアダプト制度や指定管理者制度で

124　第5章　住民・NPOと行政の連携

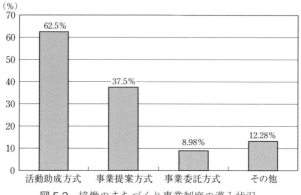

図5.3　協働のまちづくり事業制度の導入状況

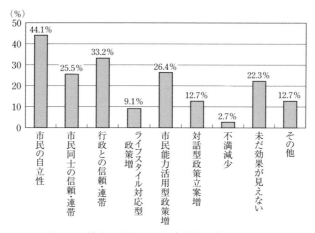

図5.4　協働のまちづくり事業制度導入の成果

ある．

(b) 協働のまちづくり事業制度導入の成果

　協働のまちづくり事業制度を導入した自治体のうち，「未だ効果が見えない」と答えた自治体が22.3%存在する．一方で77.7%の自治体では，一定の成果が現れている．制度導入の成果内訳は，まず市民の自律性が高まってきたと答えた自治体が，44.1%と最も多かった．次いで行政との信頼・連帯性が高まったと答えた自治体が，33.2%であった．そして市民の能力を活用する政策が増えたと答えた自治体が26.4%であった．

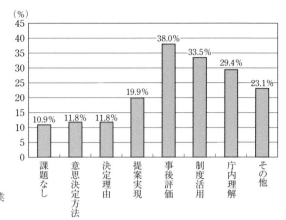

図 5.5 協働のまちづくり事業制度運用の課題

(c) 協働のまちづくり事業制度運用の課題

次に協働のまちづくり事業制度を導入した自治体のうち,「課題はない」と答えた自治体は 10.9% であった.残る約 90% の自治体は何かしら課題を抱えていることがわかった.運用上の課題としては,事後評価に関する課題が 38.0% である.次いで,提案数が増えずに制度が活用されていないと答えた自治体が 33.5% あった.そして,庁内での理解が得られないと答えた自治体が 29.4% であった.

5.3 練馬区まちづくり活動助成制度

5.3.1 練馬区まちづくり活動助成

(a) 練馬区まちづくり条例と「活動助成事業」の位置付け

東京都練馬区は東京 23 区の北西部に位置し,人口約 70 万人の都市である.1998(平成 10)年から,都市計画マスタープラン策定,まちづくり条例制定を市民参加により実施してきた.2006 年 4 月に施行されたまちづくり条例は,住民参加によるまちづくりと開発事業に関する調整を柱とした総合的なまちづくり条例である.本条例の特徴の 1 つとして,まちづくりの支援に関する規定がある(同条例 122 〜 126 条).区民が主体的にまちづくり活動を行うためにはさまざまな資源が必要であることから,2006 年度よりまちづくりセンターが区民の自主的なまちづくり活動に対する「活動助成事業」

を開始した．事業費は(財)練馬区都市整備公社の自主財源によって賄われており，練馬区行政とは中立的な立場で実施されているが，他方で本条例所管課は都市計画課であるため間接的な指導下にある．本事業の目的は，地域においてまちづくりを始めようとしている区民が，主体的に取り組むまちづくり活動やまちづくりに関する調査・学習活動等に対して支援を行うことである．本事業は住民の主体性を最大限に引き出し，まちづくり活動の主体性を育むために，助成の対象範囲をいわゆる計画提案や都市計画等に限定していないのが特徴である．

(b)「活動助成事業」が想定するまちづくり

まず本事業は1年間かけて具体的な事業を実施する活動を支援するものであり，組織支援ではない．2008年度の助成総額は300万円であり，課題解決のための取り組み状況に応じてたまご部門とはばたき部門がある（表5.1参照）．事業のねらいは自由かつ多様なまちづくり事業の支援であるが，各部門の目的には「身近な生活空間の保全・改善・創造のための活動」と，都市計画側からの条件規定もなされている．また活動内容自体は自由であるといっても，はばたき部門は最大30万円/件であることから，活動内容は自ずから調査やイベントなどに限定されると考えられる．

(c) 制度運用の中心となる「センター」

「センター」は同条例124条の「まちづくりを支援する機関の設置」に対応しており，公社内に設置されている．「センター」は，①区民の主体的なまちづくり活動を支援すること，②区民・事業者・行政から独立し連携を図る，中間的な立場から協働型まちづくり事業を実践することを目的としている．建築，土木，造園分野の専門性を有するスタッフを中心に10名で構成されている．

5.3.2 「活動助成事業」のプロセス

(a) 周知・申請時の「センター」との対話

「センター」は，チラシの配布や，区内の掲示板や区報を使い，「活動助成事業」の周知を行っている．その際に本事業を活用した活動イメージを伝えるために，過去の助成団体の活動を紹介したパンフレットの作成や，他自治体の同様の助成事業による活動を紹介する講演会を開催している．

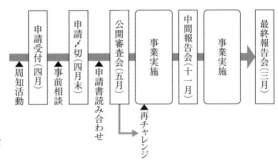

図 5.6　活動助成事業のプロセス

　申請書提出期間の2週間前に事前相談期間を設定している．事前相談では，本事業の趣旨・仕組み，申請方法に関する説明を行い，場合によっては，申請内容に関するアドバイスなども行う．申請予定団体に対しては，できる限り事前相談を受けることを推奨している．また申請書提出は，窓口へ直接持参することを義務付けている．提出時には，「センター」スタッフが，申請書の内容を確認し，書類上の不備を指摘し，内容の不明確な部分についてアドバイスを行い，必要に応じて再提出を勧める．

(b) 審査委員による申請書の読み合わせ

　審査委員は，公開審査会という限られた時間の中で，申請者の発意を的確に受け止めるべく申請書の読み合わせを実施している．審査委員同士，当日の審査会で申請者に確認すべき内容について議論し論点を明確にして，情報を共有する．また審査委員は，練馬区のまちづくり活動の個別の情報までは把握していない．そのため「センター」に対して，申請内容や申請団体に関する情報の補足を求める．特に活動の実現性に関する情報が中心となる．申請団体のこれまでの活動実績，地域との関係，申請内容と行政施策との相反性などの行政との関係，申請者が記述している地域の課題は本当にその地域の課題であるか，などである．

(c) 審査委員会の構成と審査基準

　審査委員会は7名で構成されている．内訳は学識経験者3名，練馬区でまちづくりの経験を有する公募区民2名，区関係部署職員1名，都市整備公社職員1名であり，行政，市民，専門家による多様な視点から対話を通して評価をする仕組みである．

審査基準は事前に公開され，提案者は申請書作成時に考慮できるようになっている．1) 地域課題の解決，2) 地域の多種多様な人たちとの連携，3) 区民らしい新しい発想，4) 実現性，5) 各審査委員が独自に重視する視点である．特に 5) の各審査委員が独自に重視する視点については，上述の通り市民，行政，専門家と，さまざまな角度から提案内容を評価するための工夫である．

5.3.3 対話型審査プロセス
(a) 公開審査会

公開審査会は，5 月下旬の 1 日間で実施される．提案者によるプレゼンテーションと質疑応答，別室審査および金額査定，そして結果発表とコメントで構成されている．2008 年度は，1 団体当たり発表 6 分，質疑 5 分，交代 1 分の計 12 分で行われた．公開審査では，審査委員が各団体の発表を聞き質疑応答を行って，後述する 5 つの審査基準ごとに，5 段階評価（5 点満点）で記入する．審査委員は，最大 25 点のうち 15 点以上獲得した団体に 1 票を投じる．最終的な採否の決定は別室で行われ 7 名の審査委員のうち 4 票以上を獲得した提案が採択される．別室審査終了後，再び公開の場で，結果発表が行われる．結果は客観的な点数で表され，その場で採否が判明する．

(b) 加点方式の審査

審査は，可能な限り採択して資金的支援をするために，単純点数制による多数決ではない．審査委員は，プレゼンテーションを受けて，別室に移り対話型の審査を行う．審査委員はお互いの認識を再確認しながら，いかにしたら採用できるかという観点で審査を行う．審査委員は，他の委員の意見を聞き，別の観点からみた提案の優れた点，問題点について議論する．特に採否のボーダーラインに近い提案について，集中した議論を行う．この議論を踏まえて，自らの採点を見直し新たに 1 票を投じて採否のボーダーにある提案を救済することができる．

(c) 審査員と提案者の対話

審査結果の発表時には，特に不採択となった団体について，なぜ不採択となったのか，どう修正すれば採択できる提案になるのかを具体的にコメントおよびアドバイスする．「センター」は，審査委員により指摘された活動への解決すべき問題点や注意点をまとめ，各団体に後日文書で通知する．また

この指摘に基づき「センター」が各種支援活動を行う．

(d) 再チャレンジ制度

再チャレンジ制度は，不採択となった提案を条件付で採択する仕組みである．対象団体は審査委員から指摘された提案内容の再検討が必要な箇所を解決すると，助成を受けることが可能になる．再チャレンジは，審査会で配分された助成金のうち，残りの金額から拠出される．そのため助成される金額は，申請額よりも減額されたものになる．「センター」は，審査員からの提案内容に対するコメントをまとめて，提案者に活動内容の修正希望を提示する．これを受けて修正が行われると，書面にて審査委員会が確認を行い，問題箇所が解決されていれば追加採択となる．

(e) 中間報告会，最終報告会

中間報告会は毎年 11 月頃，最終報告会は毎年 3 月に実施される．助成を受ける団体はすべて参加し，活動の進捗状況，事業結果，達成した成果，残された課題を公開の場で報告する．審査委員会が成果について確認し事後評価を行う．

5.3.4 運用実態

(a) 3 年間の申請状況とその内容

①申請件数，申請継続率，申請団体の特徴：表 5.1 の通り，3 年間で「たまご部門」は 10 提案，「はばたき部門」は 36 提案あった．申請継続率は，2 年連続で提案した団体が全 26 団体中 8 団体，3 年継続は 6 団体である．また申請団体の特徴は，設立年度の新しさにある．設立 5 年以内に，初回の申請をしている団体は把握できた 24 団体中 20 団体，設立 6 年以上 10 年以内の団体が 2 団体である．

②活動テーマと事業内容：3 年間の実態は，まずすべてが非営利活動を想定した事業であった．具体的な提案内容は，環境保全・改善が一番多く 18 件，次いで施設の維持・管理が 13 件，コミュニティまちづくりが 12 件と多くみられた（表 5.1）．実施事業内容は，広報・情報発信などの PR 活動がもっとも多く 28 件，ついでイベントの実施が 25 件，そして調査・情報収集が 19 件，講座・講習会の開催が 14 件と多くみられた．30 万円/件としてはある程度想定可能な事業内容であるが，計画づくりにとらわれない新しい企画

130　第5章　住民・NPOと行政の連携

表5.1　活動助成事業の運用実態

NO	団体名	設立年	6	7	8	主な活動テーマ	2010年度までの活動状況
1	自然環境ねりまくらぶ	2004	は	は	は	練馬区の自然環境を活かした環境学習と調査	障害者等を巻き込みつつ清掃活動等環境向上イベントなどを実施
2	東京練馬安心アカデミー・ガーディアンズ	2005	た	た	は	まちの落書きをなくす、区民が集まる公園創造計画	落書解消からアート壁画プロジェクトへ展開、防犯活動も実施
3	光が丘まちづくりフォーラム	2003	た	た	た	光が丘地域の課題解決と、住みよいまちづくり	CMコンテストや池の再生事業など、継続的に事業を実施
4	まっぷず	2003	た	た	た	千川上水プロムナード構想の具体化	千川通りの拡幅工事に対してテーマソングを作成と構想を提案〈2006年度でマップを作成して活動終了〉
5	散歩の道しるべっぷくりコムラッド	2005	た	は	は	まちの情報を収集し、共有できるようにマップ化	
6	環境まちづくりNPOエコメッセ練馬運営委員会	2001	は	は	は	地球温暖化対策としての環境学習プログラムづくり	太陽光発電所事業の実施。練馬環境リサイクルフェアへの参加
7	女劇TOKYO23KU	2004	灰	は	は	美しい街並み環境を維持するためのイベントとごみ拾い	
8	石神井公園クラブ	2002	は	は	は	石神井公園周辺地区のまちづくり	公園ガイドマップの作成と広報誌の定期発行など
9	ねりま・ごみフォーラム	2004	は	は	は	ごみ回収・堆肥化を通じた区民参加型の環境まちづくり	生ごみリサイクル活動実施、フードマイレージ啓発プログラム開発
10	東京建築士会練馬支部景観部会	2004	た	は	は	地域資源である食や川と水辺をテーマにした魅力あるまちづくり	テーマは良好な景観形成の仕組み検討
11	石神井川探検隊	2004	は	は	は	石神井川上流の親水化と川と水辺を通じたまちづくり	石神井公園再生フォーラム（No.18）内の事業として発展し「原液祭り」実施
12	白子川源流・水辺の会	2001	は	は	は	白子川源流の水辺環境の保全復活活動	環境調査他、民間の活動助成を獲得し、「原液祭り」の実施
13	中村小学校グリーンキーパーズ	2005	は	は	は	小学校庭の芝生の発生を通じた地域コミュニティの再生	芝生の管理を通じた活動を継続。地域イベントの実施
14	なじみ研究会	2006	は	は	は	「練馬区本都計画」を音するための本作り	都森化300年計画の検討と小冊子の出版
15	練馬チャブリーダーズ	2007	た	た	た	チャブリーダーズの応援と環境学習	練馬チャブリーダー活動、景観、防犯等のセミナーなどを実施
16	春日町駅周辺街づくりの会	1985	は	は	は	春日町地区のまちの記録を音に残す作成	インタビューの記録を基に冊子化作成。支部の活動は継続
17	東京建築士会練馬支部木の香るまち住まいづくり部会	2006	は	は	は	木の香る住まいづくりセミナーの開催	〈2008年度のセミナー活動は終了。支部の活動は継続〉
18	石神井公園再生フォーラム	2007	は	は	は	市民の力を活かした石神井公園の再生・復活	07年法人化、広報誌発行など
19	未来子どもランド	2005	は	は	は	屋外での子育て支援の場を提供	無料で利用できる「子育て広場」活動を2010年度から展開
20	練馬フォルクローレ	2006	は	た	た	フォークダンスを通じた若い男女の健全な出会いづくり	体験教室、外来種駆除
21	セタガヤ学実行委員会	2006	は	は	は	地域の風景「ちがやハマ」を活かした、地域活性化	
22	光が丘地区民組織連絡協議会	1986	は	た	灰	「光が丘CMコンテスト」を契機とした資源・ネットワーク発掘	地域の各住民団体とのネットワーク構築
23	石神井冒険遊びの会	2004	は	は	は	石神井公園八丁目公園における冒険遊び場（プレイパーク）08年法人化	月2回程度プレイパーク活動を継続実施
24	みんなの広場住民協議会	2007	た	は	は	みんなの広場の整備と地区づくり	近隣の市民団体と多方面で連携し、イベント実施
25	ちょっとした森エコプロジェクト	不明	た	た	は	フードマイレージの視点から考える練馬産物野菜を保全	「地区協」としての公園管理活動を継続
26	さしおん音声広報事業	不明	た	た	は	地域に根ざした「歌声サロン」のすすめ方	09年法人化、音楽を連携基礎事業を実施

凡例　は：はばたき部門　た：たまご部門　空欄：提案なし　灰色：再チャレンジで採択となったもの　斜線：不採択のもの　（）：活動が終了
注1：女劇TOKYO23KUは、再チャレンジを辞退した　注2：No.25、26の設立年度は申請書に記入がなく不明　注3：「地区協」は地区まちづくり協議会の略　注4：法人化はNPO法人化の略
（備考：提案書および採択資料をもとに著者作成）

に試行的に取りむ事業，自作した環境学習プログラムを実施しモニタリングを行う実証型の事業，学習会を行いつつ知識を高めながら行う企画開発型の事業など，提案段階では成果が明確ではない実験的な内容の事業もある．

(b) 事前相談

事前相談は「センター」の役割であり，1回当たり1～2時間程度の時間を必要とし，予約制で対応している．まず「センター」より，助成事業の趣旨・仕組みの説明を受ける．そこで，団体は申請を予定している活動と本事業の趣旨あるいは仕組みへの適合可否を確認する．たとえば実績があり，かつ公益性の高い活動であっても，先述した審査基準やスケジュール，助成費目等が合致しなければ，審査対象とならない．その場合は，団体に相応しい他の活動助成制度などを紹介することもある．次に，申請方法等の説明を行い，さらに必要に応じて申請内容等に対するアドバイスを行う．事前相談での「センター」との対話は，団体自らが活動の使命，組織運営等を「振り返る」機会にもなっている．たとえば特定の地区において公園や公共的利用が目指されている空間がある場合には，その場の活用について事前に自治会等へ働き掛けておく工夫や地域の資源を使わせてもらう戦略を一緒に考え，また1年間で実施する内容としては量が多すぎる場合などは組織の使命にあわせて内容を絞ることなどをアドバイスしている．

(c) 採用された事業と不採択となった事業

公開審査会への出席者は市民からは提案団体の関係者，行政からは都市計画課の職員が出席している．担当課以外の職員がほとんどいないことが課題であると「センター」は指摘する．

審査会での評価内容について，提案された内容を特定地区に依拠した活動（13件）とテーマに依拠した活動（9件）とに区別して整理する．まず特定地区に依拠した活動の場合に共通して評価されたのは，活動自体が地区住民を巻き込み，連帯感の醸成を志向していることである（10件）．地区住民を巻き込みつつ，公園や河川など地域の施設の日常的な維持管理を志向していくこと（5件），地区の歴史や資源を掘り起こし記録として残すこと（3件），その地区の課題について検討することを志向すること（2件）が評価されている．いずれも，特定地区の問題であり，かつ地区住民を巻き込むという点で重要な取り組みと評価されている．

テーマに依拠した活動の場合に共通するのは，テーマに関心ある住民とともに学習し検討することを志向している点である（8件）．環境問題や生ごみの回収など，日常生活における日々の行為に働きかけること，関心あるもの同士の相互学習を志向していること．その際，関心のあるもの同士の閉鎖的な取り組みにならぬよう対外的なアプローチを検討していることが共通していた（6件）．いずれも住民同士の生活の場面における相互学習という点は，市民社会組織が得意とする取り組みとして採用されている．ただし，審査委員はこれら活動や学習会が組織内だけの活動にならぬよう活動の公開性について厳しく指摘することが多い．

不採択は，フォークダンスを通した若い男女の健全な出会いづくり，地域の風習である「ちがや馬」づくり，練馬区の緑化を促進するための絵本づくりなどである．いずれにも共通するのが，制度のねらいである空間の整備・保全等に繋がる事業ではなく，文化事業の側面が強い点である．また地域社会との接点や地域社会に貢献するという視点が弱く，純粋に文化事業として進めようとする内容であった．

(d) 再チャレンジ制度とフォローアップ

再チャレンジとなる事例は，事業内容の熟度が低く事業内容が不明確な場合が多い．審査基準に沿って事例を挙げれば，まず活動により解決が期待される地域課題が不明確な場合（地域課題の解決），関係者だけの閉じた活動に見え，活動を公開する工夫が明確ではない場合（地域の多種多様な人達との連携），1年弱の助成期間に実現できるのか不明確な場合（実現性）などである．再チャレンジの対象となった団体は，「センター」スタッフからのアドバイスを受け，この点を解決して再提出を行う．事前相談と同様に，この対話プロセスを通じて，活動内容も一層深まると同時に，提案団体も一旦自分達の活動を振り返る機会となる．また審査会では各団体の事業内容についての強みと弱みを整理しており，弱い部分については，「センター」に対して実際の事業実施にあたり具体的に支援すべきポイントを指示する．これに基づき，「センター」職員は各担当に分かれて，現地に赴きフォローアップをしていく．

(e) 問題の自律的解決と次なる展開へのアドバイス

中間報告会と最終報告会の目的は，単なる事後評価ではない．前者は団体

自らが事業を実施して発生した課題や問題点について報告し，自発的に審査委員と他の団体からアドバイスをもらう機会である．後者は審査委員との対話を通して，次年度も「活動助成」に応募すべきか，行政とのパートナーシップの可能性があるかなどを検討する．同時に，次なる展開のために，活動内容をどのように進めていけばよいかなど，審査委員からアドバイスが行われる．なお提案団体へのアンケート結果によれば，「活動助成事業」を受けて良かったこととして，活動に対するアドバイスを得られたことを挙げる団体が 11 件中 7 件ある．このことにより本事業による年間を通じた活動支援が提案者側からも評価されていることがわかる．

(f)「活動助成」を受けた団体のその後

2011 年の調査時点で，活動が確認できない団体は少数であり，多くの団体が活動を継続している．これらは，テーマや金額等がより相応しい他の助成事業を活用したり，自主財源を確保したりするなどして活動を継続している．また審査委員からのアドバイスを受け止めてコミュニティ・ビジネスとして発展した団体もある．たとえば，ねりま・ゴミフォーラムは，区職員のコーディネートで地元農家と連携し，回収した生ごみで作る堆肥を買い取ってもらっている．さらに行政とのパートナーシップに発展したものとして，東京練馬安心アカデミー・ガーディアンズは，別の地区の公園の落書き消し事業を受託している．また，まっぷすは，千川上水のプロムナード構想の実現に向けて行政と連携している．

まちづくり条例への展開の例も見られた．条例に基づく住民提案型の地区まちづくりとしては，現在 No. 4 東京建築士会練馬支部景観部会が母体となったテーマ（景観）型まちづくり協議会が動いている．No. 24 みんなの広場住民協議会は特定非営利活動法人となり，施設管理型まちづくり協議会に移行した．これまでに住民提案によって 3 件の協議会が設立されているが，そのうち 2 件が本事業からの展開である点は評価できる．しかし都市計画課は本事業ではやはり都市計画以外の提案が多いこと，またまちづくり条例への展開もさらなる成果を期待したいと，課題を指摘している．

5.3.5 成果と課題および制度設計への示唆

(a) 本事業における市民社会組織の育成支援の成果

徹底した育成支援プロセスを経て，延べ46団体による申請があり，そのうち39事業が実施された．事業内容も多様なテーマがあり，広報・情報発信，イベント開催，情報収集・調査事業が行われていた．また実際にまちづくり団体の能力は育成されたのか，という観点については，たび重なる対話を通じて，助成を受けた活動自体を充実させていること，さらに多くの団体が活動を継続させていること，特に住民提案型まちづくり協議会に区内全3件中2件が発展していることからも評価できる．

(b) 市民社会組織の育成支援の成果と課題

以上の成果を生んだ背景には，可能な限り提案を採用し実践機会を与えて，市民社会組織が事業を遂行していく過程でさまざまな工夫により審査委員と「センター」がアドバイスをしつつ育成支援をするという仕組みがある．

①申請書作成段階の成果

まず申請書作成段階では，事前相談の機会を設け可能な限り提案が採用されるよう申請書作成を支援する．過大すぎる事業内容の場合は組織の使命にあわせて事業内容を絞らせ，地元自治会等の利害関係者がいる場合にはどのように連携していくのかといった戦略を一緒に検討している．この「センター」による徹底した申請書作成の支援が，事業内容を明確にして以後の審査およびアドバイスをしやすい状態へ導いている．

②審査段階の成果

審査会に臨む前に，申請書の読み合わせをして，提案内容および提案団体に関する事前情報を整理する．論点を整理することで，審査会で具体的な提案へのアドバイスが可能となる．公開審査会は対話型で行われ不明な部分や課題について提案者と直接議論し提案者の使命を損なわぬようにアドバイスをしていく．審査委員会は市民，行政，専門家により構成され，多様な視点から提案の良いところを評価する加点方式で審査される．また再チャレンジの仕組みが用意され，これにより実際に不採用となる提案は数件に限られる．なお仮に不採用になっても，どこをどのように修正すれば採用されるのか具体的なアドバイスがもらえる．このように対話を通して丁寧に審査をすることで，各提案の問題点が整理でき，審査委員会の指示のもと「センター」が

事業遂行過程においてフォローアップすることを可能としている．
③事業実施段階の成果

事業実施直後から「センター」のフォローアップが行われる．また中間報告会は進捗状況を報告するとともに活動の悩みや課題についてアドバイスをもらう機会となっている．そして最終報告会も事業内容の評価だけでなく，事業が遂行できなかった理由や次なる活動展開へのアドバイスが行われる．このように1年間を通して徹底的に審査委員と「センター」が事業に関わることで，企画力や事業遂行能力を育成支援し，(a)で挙げた通りの成果につながっていると評価できる．
④事業終了後の育成支援の課題

本制度の課題は事業終了後の資金集めや行政との交渉に関する部分である．いままでは行政担当者の計らいにより，公園のトイレの落書き消しや堆肥を引き受ける農家を紹介してもらうなど，次の活動につながった事例もあった．しかしこれは稀な事例であり，市民社会組織の育成支援としては活動助成の先の展開までつながっていない．調査時点では行政による本事業への積極的な関与は見られず，その理由は行政の視点から市民社会組織が実施した活動の意義が理解できないこと，また活動の意義は理解できても，既存政策と照らしてみると積極的な関与のためには，より詳細な情報が必要となることである．この点については，本事業には都市計画課のみの出席となっており，他課の参加はみられない．つまり提案のもつ社会的な新しい意義や成果は結果でしか判断できず，市民活動との連携に対しては消極的にならざるをえない．まずは行政各課に公開審査会や成果報告会への参加を呼び掛けていくことが重要である．また他方では，実現されたまちづくり事業の意義や公共政策との連接の仕方について，行政と市民社会組織が意見交換を行う仕組みを設けていくことも事業終了後の育成支援の仕組みとして重要であると考えられる．

5.3.6 まとめ

活動助成制度は，市民社会組織の自由な発意の支援を公開審査方式で行うという手続き面が評価され全国で導入が進んだ．現在は，実体として市民社会組織の育成支援につながる制度であることが求められている．本研究から

は，市民社会組織の育成支援という観点から成果と課題が明らかになり，公開審査会を経てまちづくり事業に資金提供をするだけでなく，そのまちづくり事業が実際に上手く遂行されるように制度全体を通して育成支援につなげていくことが重要であるとの示唆を得ることができた．

5.4 大和市協働のまちづくり事業制度

5.4.1 市民活動推進条例と「新しい公共」

(a) 協働事業制度

　神奈川県大和市は土屋侯保市長（1995-2007）の時代に，市民活動や行政改革に対して先進的な取り組みを続けてきた．協働型のフィジカルなまちづくりを基本とした1998年の「みんなの街づくり条例」や，本節で扱う2002年の「大和市新しい公共を創造する市民活動推進条例」（2002年），市民自らが徹底したパブリック・インボルブメントを行い作成した2004年の「大和市自治基本条例」，そして2006年の「市民参加条例」等，積極的に住民を巻き込む政策を打ち出し実践してきた．1998年の「みんなの街づくり条例」を契機に，行政と市民が協調的にまちづくりに取り組むための「市民活動と行政の協働のルール」として，市民主導で素案を取りまとめた．これが大和市市民活動推進条例である．本条例の特徴は，まず「市民，市民団体，事業者及び市が協働して創出し，共に担う公共」という「新しい公共」の理念を条例に明記したことであり，その実現手段として，「協働事業」制度を整備したことである．

(b)「協働事業」制度の特徴

　2003年度から運用が開始された「協働事業」は，「市民等，事業者及び市が，お互いの提案に基づいて協力して実施する社会に貢献する事業」と条例の中で定義されている．本章の趣旨に沿って，「協働事業」制度の特徴を列記すると，①市民側に新しい公共サービスの提案権を与えたこと．次に，単に行政が提案を受け，行政の論理で決定するのではなく，②市民と行政が開かれた場と対等な立場で，徹底した対話を通して意思決定を行うこと．さらに徹底した市民と行政の対等性を確保するために，③市民側をサポートする第三者組織を設けたことである．

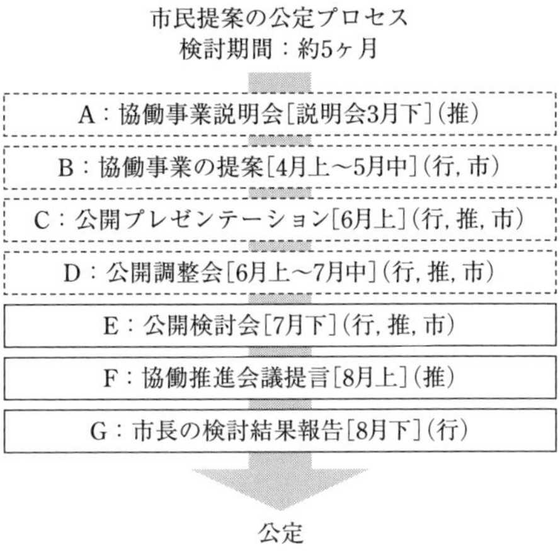

市民提案の公定プロセス
検討期間：約5ヶ月

- A：協働事業説明会[説明会3月下](推)
- B：協働事業の提案[4月上～5月中](行, 市)
- C：公開プレゼンテーション[6月上](行, 推, 市)
- D：公開調整会[6月上～7月中](行, 推, 市)
- E：公開検討会[7月下](行, 推, 市)
- F：協働推進会議提言[8月上](推)
- G：市長の検討結果報告[8月下](行)

公定

図5.7 市民提案型の公定プロセス （カッコ内は制度に関わる主体：行政, 推進会議, 市民）

5.4.2 協働事業制度の仕組み

(a) 提案権の保証

「協働事業」制度では，市民に対し特別な制限を設けることなく自由な事業の提案を募っている．提案者は事前に団体として登録を行う必要があるが，登録条件は「新しい公共」に参加する意思のあること，多様な価値観を認め合うこと，営利を目的としないことの3つであり，当てはまる市民，市民団体，NPO法人，事業者であれば誰でも登録できる．この提案権の保証により，市民自身が「必要だ」と考えるものを，新しい公共サービスとして提案できるようになった．

(b) 市民提案を公定化する対話型プロセス

次に市民提案を公定化するプロセスについては，大きく「提案」と「審査」の2つに分けることができる．「提案」に関する手続きは，図5.7の通りA～Dの4段階ある．公共サービスに対して素人同然の市民による提案を「協働事業」として成立させるために意見交換会や市との具体的な調整を何度も繰り返し，対話を通して提案を育てる工夫になっている．

「審査」に関する手続きは，図5.7の通りE～Gの3段階である．開かれた公開の場での審査である公開検討会(E)，公開検討会での意見をふまえ中立的な立場からの審査を行い，結果を踏まえ市長に対して提言を行う段階(F)，この提言を受けて行政による審査を行い，市長の判断としてその検討

結果を報告する段階(G)を経て，提案された事業が公定される．

　事業の最終的な決定は，市長がE，F段階での意見を最大限尊重して決定する．公定後はさらに担当課と事業内容について詳細に詰め，最後に市と提案者が事業協定を締結することで実際の事業実施が始まる．

(c) 大和市協働推進会議

　大和市協働推進会議（以下，推進会議と呼ぶ）は，条例運用に関する中心的な役割を担う第三者組織である．推進会議は，市民委員11名，団体関係者3名，行政職員2名，有識者2名の18名で構成されている（2005年度）．推進会議の大きな役割は，市と対等・中立な立場において，市民側と行政側に協議や意思決定の際の注意やアドバイスを行うことである．行政の付属機関ではなく，行政と市民の間の徹底した中立性を実質的に確保するべく，市長と協定を締結して運営している．

　提案段階では，「市民の想い」を具体的な事業につなげるべく，市民と行政の間に入りバランスをとってアドバイスを行う．特に行政が従来の「公」の論理で市民提案に変更を迫る場合などには，市民側に結論を急がせず，対等な条件で議論できるようにアドバイスを行う．また審査段階では，行政が既存事業との関係で公定に難色を示した場合には，簡単に不採択にすることなく，少しでも協働の可能性があれば継続審議案件とし，その際の審議の方法や論点を具体的に指摘している．

(d) 事業実現のための資金（協働事業負担金）

　「協働事業」は，行政と市民が協働して実施する新しい公共サービスの提供スタイルであり，通常の市民活動支援とは異なるものである．このため「協働事業」にかかる費用は，「協働事業負担金」と呼ばれ，協働のパートナーに決まった行政担当課の一般予算に計上される．まちづくりや市民活動の補助・助成活動のように別途設置されたファンドや予算額の決まった状態ではなく，1つの新しい公共サービスとなり，担当課ごとに毎年の予算として計上されるのが特徴である．

(e) 提案の評価基準

　提案内容の評価は，「実現性」と「可能性」について行われる．「実現性」「可能性」に関する基準については，「多元的で創造的な協働事業を推進する」という趣旨から，具体的には設定しないことが決められており，各自の

表 5.2　2003〜2005年度協働事業市民提案件数および採択率

		2003	2004	2005	合計
市民提案		26件（9件）	12件（3件）	11件（1件）	49件(13件)
	内NPO	11件	4件（1件）	2件	17件
採択数		9件	3件	2件	14件
	内NPO	7件	1件	0	8件
実質採択率（％）		52.94	33.33	20	38.89

※実質採択率（％）＝（採択数／辞退者数を除く市民提案件数）×100
※05年度より「継続審議」制度を導入（4件が対象となる）

判断に委ねられている．そのため実際の議論の過程では，多種多様な評価の論点が存在する．主に議論されるのは，行政と市民の役割分担，既存事業との整合性，利害関係者への配慮，受益者への配慮，費用対効果，事業の実現性，地域への影響や効果等である．

(f) 協定の締結

以上の通り，市民と行政が対話を通して，双方の差異を認識したのちに合意した事業内容や役割分担は，協定書としてまとめられる．これにより対等性は，理念上のものではなく，相互に履行すべき責務として実体化される．

5.4.3　運用状況

(a) 運用実績，テーマ

大和市では運用開始（2003年）後，3年間に49件の市民提案（うち，途中辞退13件）があり，実際に36件が審査され，そのうち14件が採択されている（表5.2）．市民提案は，ハード事業が少なく，ソフトなサービスが多いことがわかる（表5.3）．3年間を通して多いテーマは，福祉，子育て・教育，環境・リサイクル，地域活性化となっている．

傾向として多様な主体からの提案がみられた．また市民社会組織の自由な発意を基調とするのが事業提案方式であるが，社会問題や地域ニーズへの対応など，公益性のある企画が提案される．大和市の事業提案制度においては，提案主体はNPO法人（17件）だけでなく，任意団体（11件），そして個人提案（7件）もみられた．企画内容を，事業タイプと政策タイプに分類すると，2：1の割合で事業タイプの提案が多い．テーマに関しては，ソフト事

表 5.3 「協働事業」提案のテーマ別割合

テーマ	2003年度 (件)	2004年度 (件)	2005年度 (件)	合計 (件数)	合計 (%)
福祉	6	2	2	10	23.26
子育て・教育	3	4	2	9	20.93
環境・リサイクル	4	2	2	8	18.6
景観	1	0	2	3	6.98
生涯学習	0	2	2	4	9.3
防犯・防災	0	1	0	1	2.33
地域活性化	2	4	1	7	16.28
その他	1	0	0	1	2.33
合計	17	15	11	43	100

備考：テーマの重複あり

表 5.4 市との協働項目（2003～2005年度）

		2003	2004	2005	合計	%
1	情報の提供・共有	5	2	7	14	17.95
2	活動場所の提供	9	4	5	18	23.08
3	広報活動	5	4	8	17	21.79
4	説明会への職員の参加	0	0	1	1	1.28
5	行政機関等との連絡調整	9	4	7	20	25.64
7	その他	4	2	2	8	10.26
	合計（項目に重複あり）	32	16	30	78	100.00

出典：2003～2005協働事業提案書より作成

業が多く，子育て・教育，高齢者・障害者福祉，環境を取り上げたものが多い．提案の背景・理由としては全市的な社会問題の解決を挙げるタイプが多く（31件），特定地区の課題に対応するタイプは少ない（5件）．特に社会問題については，一般的な社会問題として提案したものが22件であるが，提案によっては市内においても具体的な課題として生じていることを提示したものが12件ある．具体的には行政サービスの不備を指摘したもの，企業によるサービスの不備を指摘したもの，地区内の課題などである．

また事業内容の熟度については，コンセプト程度もしくは大枠の内容であるものが多い．大和市の事業提案制度の場合，事業の実施計画レベルまでつくりこんでいる提案は少なく，大枠で書かれた事業がほとんどである（26

表 5.5 「協働事業」採択一覧と協働事業負担金額

(金額単位：万円)

年度		事業名	提案者	年度別負担金額		
				2003	2004	2005
2003	1	青少年自立支援事業	NPO 法人神奈川就職支援センター	6	60.9	105
	2	やまと太陽光発電設備設置プロジェクト	やまとエコデザイン会議	0	39.8	事業終了
	3	地域と学校の連携による大和市立渋谷小学校開放事業	渋谷きんりん未来の会	26	556.7	681.3
	4	渋谷（南部地区）土地区画整理事業における事業用地の景観	NPO 法人ラブスサポートセンター	12.5	0	0
	5	大和市の青少年に関する意識調査事業	共育ちプラザ～まんまの自分	1.3	0	0
	6	生涯学習センターホール，リフォームプロジェクト事業	生涯学習センターリフォームプロジェクト検討		4	事業終了
	7	子育て家庭サポート事業	NPO 法人ワーカーズコレクティブ　チャイルドケア		30	30
	8	移動制約者の外出介助サービス事業	NPO 法人ワーカーズコレクティブ　ケアびーくる		20	20
	9	人工透析患者ならびに身体障碍者，高齢者の通院・外出支援	NPO 法人大和腎友会 CAP ひまわり		20	20
2004	10	悪い大人に負けないための法律講座	神奈川県行政書士会大和・綾瀬支部		0	0
	11	CAP プログラム提供事業	NPO 法人大和腎友会		20	0
	12	いざという時のお隣近所	大和災害ボランティアネットワーク		0	0
2005	13	高齢者の体力づくり支援事業 社会福祉法人敬愛会	社会福祉法人敬愛会			0
	14	市役所関連施設の忘れ物傘の再利用事業	NPO 法人地域家族しんちゃんハウス			
合計（備考：2003 年度，2004 年度は決算額，2005 年度は予算額）				45.8	751.4	856.3

出典：協働事業予算一覧（大和市市民活動課作成）より編者作成

件).またコンセプトレベルの企画もあった(11件).

(b) 市民が行政側に求める資源負担と協働事業負担金

　市民側が提案時に,市に対して具体的に提供して欲しい資源を求める項目を提示する(ただし,資金負担は事業実施に際して当然必要な項目であるため,本項目には含まれない).その項目は,制度上6項目に分けられており,そのうち,行政機関等との連絡調整が一番多い.次に活動場所の提供,情報の提供・公開を求めていることがわかる(表5.4).また3年間の運用では,採択された14件の市民提案への協働事業負担金は,1事業当たり20～30万円前後が多い(表5.5).また資源負担のみで,負担金が0円である場合も多く,潤沢な資金が拠出されるわけではない.

(c) 多種多様な市民発意の公共サービス

　たとえば,2003年の子育て家庭サポート事業は,市内の保育施設や児童ホーム等の開設時間が利用者のニーズと合っていない状況を指摘し,市内における行政サービス時間外の子育て家庭の支援サービスの必要性を訴え,「子育て家庭サポート事業」を提案した事例である.他にも,表5.5に挙げた通り,近隣住民組織による区画整理事業の事業用地の景観整備や行政書士会による子供向けの法律講座など,バラエティに富んだ協働事業が行われている.

(d) 制度と並行した企画立案支援の仕組み

　不採用となった事例であるが「子どもの居場所づくり事業」を例に挙げると,企画立案支援の仕組みをみることができる.まず提案団体は事業コンセプトまでは作成したものの,具体的な事業内容を作成するところまでは至らなかった.また提案した「子育て支援センター」の運営についての経験もあるわけではない.他方,「推進会議」は本事業を大和市にとって必要な事業であるとの認識を持ち,同じく行政も共通の問題意識を持っていることから,一緒に事業内容を決め仕様書を作成することになった.公開調整会では,児童育成課,産業振興課が協力的で,多くの議論を重ねることで事業内容の具体化に取り組んだ.たとえば,地域における子育て支援センターとしては,実際は行政が考えている規模として小さいこと,また空き店舗の活用という点では補助金の利用条件や,そもそも店舗を安く貸してくれる商店街の存在確保が難しいことなどが議論される.提案者と行政が第三者を交えて,具体

的な内容を1つ1つ詰めながら1つの事業を創りだそうとする，とても重要な仕組みであると評価できる．

　もちろん問題もある．まず事業企画を立案するために，上記のような行政からの指摘が事前にわかっていれば提案者側もより具体的な事業が提案できたのではないだろうか．また「推進会議」は市民主導のボランティア組織であって，公共サービスに関する専門的なアドバイスができない．事業が必要であることを訴え，一方的な議論にならないようにファシリテートできても，実際に事業を実現に導くには至らない．

(e) 協定の締結とその内容

　「協働事業」の実施に当たっては，行政と提案者が協定書を締結する．しかし実態として協定書の内容は，問題が発生したときに対処方法や責任の所在など，行政側からの要請について明記してあるのみである．また協定書も共通のフォーマットを利用し，形式的な内容である．双方の役割分担といっても，実際には負担金も少額で，市民社会組織側のボランティアで担う部分が大きい．協定を締結したものの，市民社会組織側からみれば一方的な協定書と見ることもできる．もちろん，この要因は事業内容が明確ではないことにある．どのような事業を，何回，どのくらいの資金や労力で実施するのか．何をアウトプットとし，何を成果と見なすのか．こういった事業内容の熟度が低く仕様書のレベルにまで明確ではないため，コストなどを考えた具体的な役割分担はできない．現状は，形式的な協定を無理やり締結していると言えるだろう．

5.4.4　成果と課題

(a) 大和市の事業提案制度のねらい

　大和市の事業提案制度のねらいは，市民社会組織の自由かつ多様な発意を引き出し，新しいニーズを満たす正規事業を創造することにある．市民社会組織の自由な提案とその実現を条例で保障しており，提案可能なテーマなどに特別な条件はない．また提案主体のレベルや提案内容の熟度は問わない．このため制度と並行した事業企画立案支援の仕組みがある．市民社会組織が発意した企画をもとに，行政と市民社会組織が，「推進会議」という第三者組織を介添え役に，徹底した公開性の下に，徹底的に議論をして，事業をつ

くりこんでいく．大和市の事業提案制度は，こうすることで公共政策としての合理性を確保することができ，受益者やコミュニティのニーズを満たし，同時に行政が実施するよりも効率的なサービス提供が可能になることを想定している．

(b) 採択された事業と達成された成果

採択された事業は，市全体への波及効果があり，特定の地区だけが優遇される事業でなく，かつ一般的な社会問題が市内においても具体的な課題となっていることを示したものである．大和市の事業提案制度では，市内の課題であることを具体的に示せると予算がつく傾向にある．一方特定地区でモデル的に取り組む場合は地区ごとのバランスという観点から採択されにくい．その理由として「市の事業として公平性・平準化などが求められる」というのが行政側の主張である．そして政策提案タイプではなく，具体的な事業を実施するタイプの提案のみが採択されている．なお事業テーマによる採否の傾向には差が見られなかった．

また提案時点での企画内容の熟度は低くてもよく，プロセスの中で事業内容を高めることができれば採択されている．市民社会組織の自由な提案であるため事業内容の熟度が低いことを想定しているためである．このため事業内容が抽象的であれば，正規事業として行政側の意見も取り入れる余地があり，採択につながりやすい．他方で，企画内容の熟度が高いと，具体的な内容のため，行政側との対立点が明確となり，採択につながりにくい．採択に当たってはNPO法人と任意団体による差異はみられなかった．

そして長期的にみると，社会問題への先駆的な取り組みが実現されている．たとえば大和市の事業提案制度で採用された「子育て家庭サポート事業」は，現在では広く普及しているファミリーサポート事業の先駆的事例である．また「移送サービス事業」は，受益者への利便性に応えつつ，ボランティアで取り組む市民社会組織の運営基盤を支えている．このように，市民社会組織による新しい課題の発見と提示が，行政の意向とも合い，政策につながると，新サービスの創設とともに，運営基盤への資金的強化が同時に達成される．

5.4.5 制度設計への示唆
(a) 制度規定における提案の自由度
　本制度は，市民社会組織に対し公共サービス，政策の提案権を条例によって保障している．「協働事業」において市民社会組織は，極めて自由度の高い事業提案を行うことができる．提案主体の条件としては，「協働事業」の理念を理解していること，「協働事業」のすべてのプログラムに参加することであり，テーマによる提案内容の限定はなく，事前登録をすれば基本的に誰でも「協働事業」の提案主体になることができる．また提案の時点で事業内容が明確である必要もない．対話型のプロセスを経て行政と提案者が双方の合意の下に事業内容を決めていく点は評価できる．実際には政策提言や独創性が高い提案というより，日常生活における身近なニーズや課題に取り組もうとする提案であるが，市民社会組織の提案と主体的な取り組みによって，他の自治体に先駆けたサービス創造につながっている．これが，市民社会組織に自由な提案権を与えた成果である．

(b) 予算確保の問題
　制度上，「協働事業」の予算については，負担金として必要な分だけ各課が通常の予算要求の形式で用意することになっている．しかし行政には課ごとに長期計画や予算の自由度に限度がある．行政計画に基づく予算の立案に対して，イレギュラーな予算要求に応えられるだけの資金が確保されていない．必要に応じて拠出するという建前であるが，それを担保する予算がない．特にテーマは，福祉や市民活動などの分野に集中しやすく，提案の多い担当課にしてみれば「協働事業」が増えるだけ負担が増えてしまう．実態として，予算要求がない事業企画は「協働事業」として試行的に実施することになるが，予算を要求する事業の採用は低い．たとえば，事業によっては，行政と提案者がニーズ調査から始めるという事例もあったが，他方でまずは自己資金で実施して再度提案することを促された事例もあった．

(c) 事業の仕様項目作成の難しさ
　大和市の事業提案制度は，提案の自由度が売りであるため，事業内容については提案されてから煮詰めることが可能であった．行政と市民社会組織の対等性が協調され，事業提案方式の場合は協定を締結するというのが当然のように取り組まれているが，事業内容の仕様項目が明確にならない限り，そ

の協定書には実態が伴わない．実際に締結された協定書をみると，具体的な事業内容はほとんど書かれていなかった．

　事業提案方式の場合，初年度の段階では事業内容が明確ではない．とにかく試行的に事業を実施してみるという場合がほとんどである．そうだとすれば，試行期間を設けて事業内容を明確にしてから仕様書を作成し，協定を締結することが望ましいのではないか．事業評価とも関連するが，実験的な段階として，少額の事業を試行的に実施してみる．事業を実施しながら，仕様書をつくりこんでいき，事業内容を明確にし，責任の所在や役割分担を1つ1つ確認していくことが重要である．この手続きがなければ，双方が結んだ対等な協定（契約）という側面が独り歩きし，費用負担がアンバランスであるにもかかわらず，表面的な対等性ばかりが強調されることになる．市民社会組織との，たとえば1年間程度の試行期間を設けて事業を実施しつつ，段階的に協定内容を詰めていくことが重要である．

(d) 提案内容の評価方法

　こうして事業内容が明確になれば，提案の内容も，公共サービスとして採用するにふさわしいかどうか，ようやく議論の俎上に上げることができる．公共サービスの場合，法の一般原則等に基づき各種利害とは無関係な立場の行政職員が立案するのが正規の行政事業である．そのため「協働事業」制度では，公共政策としての合理性の確保が厳しく問われる．その際の論点は大きく2つある．1つは私的な市民社会組織の事業企画に対して，その事業の公共性（社会的有用性や共同性）をいかに確保するかという点であり，もう1つはその事業を市民社会組織が実施することの効率性をいかに見出すかという点である．

　本制度は，主に対話を通した繰り返しの事前評価プロセスによってこの2点を評価しようとしていた．市民社会組織と行政が，第三者組織である協働推進会議を介して，透明性の高いプロセスの下で，徹底的に対話を繰り返し意思形成することで，提案内容が評価できる，と想定されている．確かに，対話型で意思形成を行うという点は高く評価できるが，しかし提案内容の伴わない市民社会組織の自由な提案は，事前評価だけでは評価しきれない．具体的には，まず実際の提案は，コンセプトは決まっていても事業内容が明確になっていない．また事業評価するために評価尺度と基準を決めることから

始める必要がある．さらに受益者やコミュニティのニーズを把握しなければ評価の根拠がない．

結局は事業内容が詳細項目化されていないために，事業実施の効率性や費用対効果を評価することができないのである．

(e) 継続的な協働のまちづくり事業化への仕組み

また「協働事業」によるプロジェクトは正規公共サービス化を念頭に置いた仕組みであり，順調に事業を実施した団体は，3年を目途に正規の事業化を要望することになる．確かに先駆者として取り組んだことは評価されるべきであるが，しかしながら行政としては公共サービスとして実施するには，随意契約ではなくたとえばコンペなど，公正な公共事業の委託手続きに載せて実施すべきと考えられる．

たとえば，試行的な「協働事業」の段階から，正規事業化する際に問題が起こった例として，「子育て家庭サポート事業」がある．これはファミリーサポート事業の先駆的な事業として実施しており，提案者は引き続き自分たちの事業として実施すべく事業費の拡充を行政に求めた．しかし大和市は，これを「協働事業」から行政事業として実施したいと考えた．行政事業となれば，事業費も他市と同程度の金額に拡充されるが，行政からすれば随意契約とはいかず，総合評価プロポーザルを実施する必要がでてくる．場合によっては，他の組織が受託する可能性もでてくる．

また，行政から正規事業化せずに，地域社会活動へと格下げを提案された事業もあった．「移動制約者の外出介助サービス事業」は，道交法の改正や市民社会組織の増加によって，類似サービスを提供する団体が増えてきたためである．それらすべての団体に対して行政が負担金を拠出することは不可能である．行政側は年間1万回の利用を目標に全体（3団体）で40万円を支出している．市民のニーズが高い事業であるため「協働事業」として続けていくことは受益者の利用しやすさという点では重要であるが，今の形で特定の団体とだけ続けていくことが本当に良いか検討の余地がでてきた．行政としては，可能であれば独立して実施して欲しいと指摘している．

この原因は，本制度が「協働事業」を試行的段階と正規事業とに区別し，正規事業に発展させる仕組みを設けていないためである．これまでに指摘した通り，市民提案を「協働事業」化した事業内容のすべては試行的段階のも

のである．試行実験後に，正規事業化するのか，市民事業に戻すのか，正規事業化する際の条件などについて検討する仕組みが必要である．

5.4.6 まとめ

　本制度では市民社会組織の自由な発意を基本として，社会問題や地域ニーズへの対応など，公益性のある企画が提案されている．市民社会組織の発意を活かすという観点は優れた制度である．しかし半年に及ぶプロセスの結果として，採択率も低く，また採択された基準も明確でないことなどから，次第に制度への不満が高まり，本制度は市長交代を受けて大幅な見直しを迫られた．すなわち新しい公共サービスを提案するという観点では優れた仕組みであったが，実際の公共サービスをつくりだすという観点では，それに対応する仕組みが不足していたのである．原因の1つは発意を実際に事業化して，たとえば1年後に評価するといった社会実験的プロセスがないことである．実際に取り組んでみないと具体的な事業内容まで深めることはできない．事業内容が明確でなければ，事業として評価することもできない．本制度では事業企画立案支援の仕組みがあるため，社会実験の仕組みが組み込まれれば，意味ある制度になったと考えられる．もう1つは正規の公共サービス化を図るための，試行段階と事業化段階についても，仕組み化しておくことである．本事業で採用され実現した事業は，長期的にみれば先駆的な取り組みであると考えられる．そのためにも，本節で提示した方法で課題改善が図れれば，多くの成果がでる制度になるだろう．

5.5　制度の実効性を高める仕組み

5.5.1　市民社会組織の自由な発意とその実現
(a) 発意の形成を働きかけること

　練馬区と大和市の事例だけでなく，他の自治体の例をみても，このような制度を始めると市民社会組織の提案数が最初は多いが，だんだんと減少もしくは伸び悩んでいく傾向にある．その原因は，制度導入時にある程度発意の固まった成熟した主体を想定しているが，数年でひと通り支援することになるためである．この問題の解決には，練馬区の活動助成制度でみたケースが

参考になる．それは，市民社会組織が提案する契機として，まちづくりセンター職員が積極的に仕組みを紹介し，場合によっては提案を促している点である．このような仕組みの存在自体を知らず，また自らの活動が制度利用の対象になるかどうか判断できない発想の固まりきらない主体も多数存在する．誰でも提案可能なオープンな制度を設計しても自然に提案数が増えるわけではなく，積極的に情報提供を行い，発意の形成を働きかけることが重要である．

(b) 自由な提案を実現に導く仕組み

2事例とも市民社会組織の自発的かつ自由な提案を受け止める制度である．市民社会組織は，自らのもつ資源を社会に提供し，積極的にリスクを引き受け，行政が把握しきれないニーズに取り組んでいる．このような発意を受け止めたことで，今では当たり前であるが，大和市のファミリーサポート事業のような当時としては画期的な事業を住民発意で実現していた．すなわち市民社会組織は能動的に事業に取り組み，さまざまな成果を生みだしていく．いずれの事例も短期的に成果が出るものではなく，また開始当初は試行錯誤が必要となり，コミュニケーションに時間がかかる．練馬区の活動助成制度と大和市の事業提案制度のように，その労を惜しまず，対話を積み重ねて，市民社会組織の自由な提案を受けることが，確実な将来の成果の第一歩である．

(c) 持続的な活動展開を支える社会的仕組みの整備

このような自由な発意を，具体的なまちづくり事業として進めていくことで，市民社会組織の主体形成が進めば，さらに持続的な活動が展開されていく．しかし練馬区の活動助成制度のようなアドホックな資金提供策のみでは，立ち上げ期を支援することはできても，持続的な活動展開を支えることはできない．他方，現在は行政主導の補助金事業や事業委託が主流であり，市民社会組織の自由な発意を受け止める仕組みは限られている．このような状況において，大和市の事業提案方式の制度は，市民社会組織の自由な発意を引き出し，持続的な活動展開を支える仕組みとして重要であると考えられる．

もちろん協働のまちづくり事業制度だけでなく，まちづくり事業の持続的な活動展開を支える仕組みとして，自治体による総合的な交付金制度の展開も考えられる．さらにまちづくり事業が自由に展開できるように，寄付税制，

NPO支援税制などの税制改正，また地域内での資金循環策，NPOバンクなど，まちづくり事業を支援する社会的環境を整えていくことが必要である．

5.5.2 制度と並行した主体形成のさまざまな仕組み
(a) 実力のある担い手不足ではなく育成の仕組み不足

市民社会組織の実力不足を嘆く風潮もあるが，やはり担い手を育成してこなかったことに大きな問題があるのではないだろうか．学生運動や反対運動の歴史のなかで，行政は市民社会組織に対して不干渉であることが良いとされ，市民社会組織で行政から補助金を受け取る団体は志が低いと評価されるという，合理性なき2項対立論が蔓延している．価値多元社会，超高齢社会，人口減少社会において，サービスの質と効率性を両立させようとする場合，行政，私企業，市民社会組織の役割分担が欠かせないことを再考した制度設計が必要である．またその際，市民社会組織を，使命を持った団体として自律した意思決定のできる，また経済的に自立した，完成された組織として認識するのではなく，これから，ともに育んでいく主体として認識することが重要である．そして新しい地域社会を創造するために，行政セクター並びに私企業セクターは，さまざまなリソースを市民社会の領域に分権していく必要がある．

(b) 制度と並行した主体形成のさまざまな仕組み

そこで有効なのが，協働のまちづくり事業制度であり，制度を運用しながら具体的なプロジェクトを実施し，OJT（オン・ザ・ジョブ・トレーニング）を繰り返しながら主体形成をしていく仕組みの整備である．従来，協働のまちづくり事業制度は，既に発意が固まり自立的な課題解決ができる主体を想定して制度設計がなされてきた．しかし，やはり完全に自立した市民社会組織は少ない．そこで重要となるのが，資金提供だけでなく，事業企画の立案支援であり，そして事業遂行支援である．完成された提案を事前評価の点数だけで評価し不採択としていては，いつまでたっても主体形成にはつながらない．たとえば，大和市の事業提案制度のように可能な限り採用し，事業を遂行させながら拙さを補っていくこと，また行政や第三者組織が企画立案支援を行うことが重要である．企画について試行錯誤し，何が問題であるかを考え，事業を遂行することで，市民社会組織は自ら学習して，必要なスキル

を身につけていくのである．また，そのためには，「まちづくりセンター」や「推進会議」のような中間支援組織の仕組みが重要である．さらに専門家派遣，シードマネーの提供，会議室の提供など，企画立案支援および事業実施の支援を拡充させることも重要である．このような市民社会組織の主体形成は，企画内容の充実や運営能力の向上につながり，それ自体が公共政策としての合理性を高めるための一助となるのである．

5.5.3　制度全体を通じて，公共政策としての合理性を高める仕組みであること
(a) 公共政策としての合理性

　事業内容の評価という点に限定しても，事前評価として公開審査を実施することだけでは事業内容を評価しきれない．市民社会組織の自由な提案が，協働のまちづくり事業としてどのような意義があるのか，提案者にはわかっていても，行政や企業だけでなく，他の使命を持った市民社会組織にさえ理解できないことが多い．特に行政の場合は，議会の承認を経て自治体全体に利益を分配するため，特定の分野の特定のニーズを受け止めることに関して，社会的有用性をただちに理解することが難しい．また地域社会から反対されることもある．実施する事業内容が地域のステークフォルダーの中でどのように理解されているのか，同一の取り組みがないかなどは，審査会だけではわからない．さらに，かりに採択したとしても提案内容は良いが，果たして資金を提供したところで実現可能かどうかもわからないことがある．だからといって，「採択しない」「このような制度を運用すること自体に無理がある」というのでは，いつまでたっても市民社会組織は育たない．育たない以上，地域社会の課題解決に市民社会組織の力を借りることができず，行政が少ない予算でやり続けなければならない．先述の通り，社会実験として実施し，その意義を見出しながら進めていくことが重要である．

(b) 提案できる範囲を制度で規定すること

　その際，工夫が必要なのが，提案に関する制度規定である．提案可能な主体の条件，提案できる事業テーマ，1件当たりの金額，審査基準，審査委員の属性など，すべてが事業評価を合理的に実施できるように評価対象範囲を絞り込む．特に審査基準については，それらを事前に公開することが重要である．これにより提案者自らが説明すべき論点を事前に示すことになる．こ

うすることで限られた公開審査プロセスで合理的な判断を導くために，提案者側からの事業内容に関する多くの情報を提出させることが可能となる．また審査にあたっては審査委員を多様な属性から選ぶことが重要である．事業内容の評価は相対的なものである．そのためにはさまざまな角度から対話を通して事業内容について評価をすることが必要である．

(c) 対話型事後評価システム

このように工夫をしたとしても事前評価だけでは事業内容を評価しきれない場合が多い．そこで重要なのは試行的に事業を実施しつつ，中間報告や事後評価によって実施内容を確認し，特に事後評価によってモニタリングをすることである．さらに事業内容については協定や契約を結び，透明性・公開性の確保と同時に，採択された事業の内容を第三者へ説明することも重要である．このようにさまざまな工夫をし制度全体を通して公共政策としての合理性を発見し，それを高めていく仕組みが重要である．行政側にとって重要な公共政策としての合理性は，これまでの制度のように第三者組織による公開審査のみを行えば確保されるものではない．提案に関する制度規定，事前評価，試行的実施，事後評価，協定など制度全体によって公共政策としての合理性を確保することが重要なのである．

5.6 市民社会の育成に向けて

5.6.1 育成の仕組みづくり

超高齢社会の到来により，団塊の世代が後期高齢者となる 2025 年を 1 つの山場と捉えれば，これからの 10 年は市民社会の育成に全力で取り組む必要があると考えられる．冒頭の高齢者の見守りなど，元気な高齢者が虚弱化した高齢者を支えていくことなくして，行政と企業のサービスだけで実施していくことはほぼ不可能である．しかしながら，公共サービスに近いところで市民社会組織が実力を発揮するには，サービスの企画力や提供力もさることながら，法務，労務，税務等の組織運営についても脆弱であることは否めない．他方で，元気な高齢者が，地域社会に多数存在するのも事実であり，彼らは健康状態が許せば，何かしら地域で働きたい，貢献したいと考えている．また，高齢者のこのような社会参加の促進は，健康づくり・介護予防に

つながることもわかっている．

　超高齢社会のさまざまな課題を解決するのは，高齢者自身によるところが大きいのではないか．高齢者自身がつながり，まずは小さな地域社会活動から始めて，徐々に公共サービスを担うだけの組織化を図ることが望ましい．先述の通り事業の企画立案には，組織としての意思決定の自律性が問われる．経済的にも活動を自立させられるためには，事業遂行能力も養う必要がある．これらはOJTを通し，失敗を繰り返して，身についていくものであるが，しかしそのような実地訓練の場は限られており，地域社会でさまざまな協働のまちづくり事業を起こしていく仕組みづくりが重要である．

5.6.2　対話と社会実験を通して地域資源を増やす

　協働のまちづくり事業制度は，市民社会組織の育成にとって，初動期には最適な仕組みである．一方，本質的には，これまで行政および私企業に流れていたリソースを，どのようにして地域社会に流していくか，その仕組みづくりが重要となる．たとえば地域包括補助金制度といった仕組みも考えられるし，介護保険制度のように民間企業やNPO法人でも，介護保険に参入できるような，公共事業の委託の仕組みなども考えられる．

　このような取り組みを通して市民社会組織を育成することは，21世紀における人と人との新しい関係づくりにも寄与すると考えられる．行政や私企業の提供サービスのみを受け止め，場合によっては監視し，クレームをつけるだけが市民社会ではない．目の前にさまざまな課題に対して，自分でできることであれば積極的に取り組み，それを通して能動的信頼関係を築き，新しいコミュニティを醸成していくことが重要である．

　そのためにも，これからの制度設計には「対話の機会」を増やすことが重要となる．これは合意形成を志向するものではない．あらゆる対話の機会を通じて，お互いの使命，目的，価値観についてまずは共通理解を図ることをねらいとする．ここでは小さくとも重要な論点が整理され，フォーマルな意思決定の場面において重要なアイデアを提供することになる．それを誰がどのように解決するかもまた対話を繰り返し，政治的意思決定につなげていく．もちろん政治的意思決定から仮にもれたとしても，たとえば地元の高齢者による小さな組織が，自らの発意でアイデアを出して果敢に取り組んでいく社

会を理想と考える.

　地域課題に取り組む市民社会組織の数や，地域に流れる資金的資源なども地域資源を計る指標であるが，自らの生活の延長線上でできることには自ら取り組み，能動的に信頼関係を築こうとする人そのものが，ソーシャルキャピタルであると考えられる.

5.6.3　公正な手続きとフレームワークとしての計画

　価値多元社会では，このような市民による自発的な取り組みでさえ，出すぎたことと批判する人もおり，また目的や手段が少しでも異なれば，市民同士で骨肉の争いとなることもある．これらの取り組みは，政治的意思決定の争点になるような大きく目立つ課題ではない．しかしこれはそのような大きな課題（や事件・事故）になる前の小さな火種の段階での介入であり，それゆえ，その意義や効果は理解されにくいことが多い．そこで重要なのが，本章でも繰り返し検討してきた発意に敬意を払い公的に受けとめる公正な手続きである．実体としての社会的意義は数年後に評価されるようなことが多いが，まずは公正な手続きを通して協働のまちづくり事業の対象としていくプロセスが，価値多元社会においては重要ではないか．

　このような公正な手続上で議論される，市民社会組織による多数の発意，審査結果，採否理由，事業成果は，地域社会における重要な規範を形成していくと考えられる．これを地域ごとにまとめていけば，地域社会の新しい価値観の体系づくりにつながる．また，市民社会組織が多数登場し，さまざまな提案が乱立し，ファンドの資金が足りなくなることを心配する方もいる．しかし，それは杞憂である．住民が課題と思い，自分のこととして課題解決に取り組みたいという提案が多数乱立している状態こそ，本来の民主主義の形であり，そのときこそ総合計画等の自治体計画作りのなかで，受け止めればよいのである．10年後に，そのような計画づくりができる時代がくるとすれば，協働のまちづくり事業制度は不要となり，そのときこそ市民社会が育成されたといえるのではないだろうか．

参考文献

井東明彦（2002）「新しい創造する市民活動推進条例」，『月刊自治研』，44(514)，pp.85-91,

自治研中央推進委員会
伊藤雅春（2004）「協働事業提案の現場から」,『季刊まちづくり』, 4号, 学芸出版会
今瀬政司（2006）「NPOと行政の「協働契約書」の開発普及に向けて」,『NPOと行政のパートナーシップは成り立つか──協働を形にする「事業協働契約」を考える』, 東京ボランティア・市民活動センター研究年報2005
後　房雄（2009）『NPOは公共サービスを担えるか』法律文化社
内田奈芳美（2006）「協働型社会に向けた市・区による公募型まちづくり助成制度の発展経緯とその評価」,『日本建築学会計画系論文集』, No.606, pp.115-122, 日本建築学会
卯月盛夫（2006）「市民まちづくり活動資金の支援制度をめぐって」『季刊まちづくり』, 2006年1月号
内海麻利（2004）「解説／大和市条例に「新しい公共」を読む」,『季刊まちづくり』, 4号, 学芸出版社
大石俊輔・内海麻利（2006）「大和市の自治・協働の仕組みにおける市民と行政の役割に関する研究──施策の成立背景とその内容に着目して」, 都市計画論文集, 41(3), 日本都市計画学会
小泉秀樹（2002）「地域発意と都市再生」『都市問題研究』, 第54巻第6号, pp.47-61, 都市問題研究会
後藤　純（2010）「協働のまちづくり事業制度の課題と可能性──市民社会組織の成熟にむけて」, 東京大学学位論文
後藤純・小泉秀樹・大方潤一郎（2007）「プロジェクト型協働のまちづくり制度における意思決定手続き」, 都市計画論文集, 42(3), 日本都市計画学会
後藤純・渡辺俊一・伊藤香織（2007）「市民提案による新しい公共サービスの公定化プロセス」, 都市計画論文集, 42(2), 日本都市計画学会
後藤純・小泉秀樹・大方潤一郎（2011）「市民社会組織の育成支援を目的としたまちづくり活動助成制度の成果と課題──練馬区まちづくり活動助成事業を事例として」, 都市計画論文集, 46(3), 日本都市計画学会（2000）東京都ボランティア・NPOとの協働に関する検討委員会報告
中井検裕（2004）「都市計画における住民との協働」,『住民・コミュニティとの協働』（編集代表　西尾勝／神野直彦）, ぎょうせい
林　泰義（2005）「提案制度と新しい公共──市民と行政の協働を支える基本概念と制度仕組み」,『都市計画』, No.258, pp.46-49, 都市計画学会
林　泰義（2006）「コミュニティのためのファンド・バンク・ビジネス」,『季刊まちづくり』, 2006年1月号
室地隆彦（2007）「練馬区まちづくり条例」,『自治体都市計画の最前線』（柳沢厚ら編著）, 学芸出版社

第6章 住民主体による私有空間を活かしたまちづくり
──地域共生のいえづくり支援事業制度を中心に

6.1 郊外既成住宅市街地における住環境の現在

6.1.1 郊外既成住宅市街地における住環境の課題
(a) 住環境の劣化

　戦後の高度成長期，大都市圏では人口が急増した．この人口を受け止め，都心に通う多くの人々の生活の場を創出するため，郊外に住宅が大量に建設され，市街地は大きく広がっていった．

　このようにして形成された郊外住宅市街地は，今日，開発後数十年を経て，既成市街地となっているが，その住環境は必ずしも良好なものへと成熟しておらず，むしろ劣化している場合が多い．お屋敷等の景観的に重要な建築物の保全，庭付き戸建て住宅地の街並み形成，住宅地至近の緑地保全等，さまざまな課題が生じている．本来，郊外住宅市街地の住環境については，行政が規制・事業を通じて最低限の水準を担保すると同時に，民間開発事業者と住民（在来住民と新規居住者の双方）の自発的な活動によって高い水準の住環境を維持していた地域が限定的ではあれ存在していた．しかし，近年，都市圏域の拡大，地価の高騰，敷地の細分化等により，民間開発事業者と住民による自発的な活動のみでは，高い水準の住環境を維持することが困難になっている．

(b) 新しい住環境ニーズや課題に対する行政の限界

　成熟社会を迎え，郊外既成住宅市街地[1]においても，人口減少や高齢化，ライフスタイルの変化などに伴い，住環境に関するさまざまな新しいニーズや課題が生じている．そして，これまで以上にいかに住環境を維持向上させていくかということが大きな課題となっている．しかし，こうした住環境に

関するさまざまなニーズや課題に対して，行政は対応しきれていない．理由としては，大きく2つ挙げられる．第1に，行政固有の技術的な問題である．住民ニーズが多様化・高度化するなかで，行政がそのすべてについて公共施設の受け皿を用意したり，公共サービスを提供したりして，きめ細かく柔軟に対応することには，行政の公平性・平等性の論理からすると自ずと限界がある．また，さまざまな要素が絡み合った住民ニーズに対応することは，行政の縦割りシステムからすると容易ではない．第2に，財政的な問題である．近年は，自治体財政が逼迫しており，公共サービスの縮小も余儀なくされる事態も発生している．こうしたなかで，住民ニーズの受け皿として，行政主体で新たに土地を入手，建設等をして，公共施設を量，質ともに充実させることは困難である．

6.1.2　郊外既成住宅市街地における住環境の維持向上のための手がかり
(a) 私有の空き空間の増加と活用可能性

2010年，わが国の人口増加率は過去最低となった．全国の市区町村のうち，4分の3で人口が減少しており（総務省，2011），首都圏（8都県）も2015年を境に人口減少の時代に入ることが指摘されている（国土交通省，2015）．全国の世帯数も2019年を境に減少が始まることが予想されている（国立社会保障・人口問題研究所，2013）．また，高齢化も急速に進展しており，2014年時点の高齢化率は26.0％と（内閣府，2015），4人に1人が65歳以上である．さらに世帯規模が縮小しており，単身世帯をはじめ3人以下の世帯が増えている．

このような人口減少や高齢化，世帯数の減少，世帯規模の縮小を背景として，地域のなかに，有効に利用されていない，また空間の特性を活かしきれていないさまざまな私有の「空き」空間が出現している．

---

1) 本章では既成市街地を，問題市街地，良好市街地，郊外既成住宅市街地の3つに分類して捉える．問題市街地とは，面的に問題が顕在化している市街地のことであり，具体的には木造密集市街地等である．良好市街地とは，面的に空間資源が顕在化している市街地のことであり，具体的には歴史的市街地や，民間開発事業者により計画的・一体的に造成された住宅地等である．本章が対象とする郊外既成住宅市街地とは，都心部から通勤圏に位置し，高度経済成長期に形成された住宅市街地のことで，地区全体に目立った課題や資源のない，いわゆる「ふつうのまち」のことを指す．

具体的にはどういうことか．2013年時点で，全国の空き家数は820万戸，空き家率は13.1%にのぼり，一貫して増加傾向にある（総務省，2013）．三大都市圏の空き家率は12.3%にのぼる．また，住宅1戸全体が「空き」ではなくとも，たとえば広い家にお年寄りが1人で住み，空間を持て余しているという状況も近年多く見られる．

空き地等の低・未利用地も多く存在している．2013年時点で，全国の世帯および法人が所有する宅地などのうち，12.3%（約930km^2）が低・未利用地である（国土交通省，2003）．三大都市圏では8%にのぼる世帯では，現住居の敷地以外の宅地などの利用現況のうち，「屋外駐車場」，「資材置場」，「利用していない（空き地・原野など）」，法人では，宅地などの利用現況のうち，「駐車場」，「資材置場」，「空き地」がこれにあたる．また，農業や林業の担い手不足やライフスタイルの変化等により，耕作が放棄された農地や荒れ放題の緑地等も多く存在している．維持管理に伴う精神的・資金的な負担軽減のために，売却して宅地化する，あるいは暫定的に駐車場にしておく所有者も少なくない．

郊外地域では，1990年代以降の都心回帰の傾向を受けて，今後も人口減少，急激な高齢化，世帯規模の縮小が予測されている．そのため，地域の大部分を占める私有空間に「空き」が増えることが予測できる．

確かに空き空間は，管理水準が低い場合，周辺住民に対して防犯やごみの不法投棄，街並みの悪化等の面で不安を与えることになり，住環境の質を低下させる要因となる．しかし，適切に維持管理され，活用されることにより，住環境の質を向上させる地域資源となる可能性があり，空き空間が増加している今日，その方法が求められている．

(b) 自発的に私有空間を地域に開く

高度成長期，郊外住宅地に暮らす多くの住民にとって，働く場（会社）は都心部など自らの住まいとは別のところにあった．そのため特に地域と接点を持たずとも，会社や家族の利益を各々追求することで，ある程度物質的に豊かになり，楽しい生活を送ることができた．しかし，近年，脱成長の時代を迎え，会社や家族という存在が多様化・流動化しているなかで，地域と積極的に接点を持つことの必要性や重要性を感じる住民が増えている．こうした住民による取り組みとして，自発的に自身の所有する空間を地域に開く事

例が生まれている．所有者が利用していないという空き空間ではないが，空間の使い方を融通して子育てサロン等の場としている事例[2]や，敷地内の庭先に地域の人も楽しめるような植栽を施している事例等がある．

(c) 住環境の維持向上を図る担い手としての住民

住民自らの手で，地域社会の住環境に関するさまざまなニーズや課題にきめ細かく対応して，身近な住環境を維持向上させる「まちづくり」が各地で行われている．まちづくりは，1960年代の急速な都市化，近代化がもたらした環境悪化に対する対抗型の住民運動などにまで遡ることができるが，近年は高齢者向けサービスや子育て，歴史文化，防災・防犯，環境問題，地域雇用といった地域社会のさまざまなテーマに対応している．そして，空間に関する物的環境面，生活関連サービスや地域のつながり構築等の非物的環境面という両面から住環境の維持向上に貢献している．こうした取り組みは，郊外既成住宅市街地においても多く見られる．住民は住環境の維持向上を図る主体として，重要な担い手となっている．

以上のように，郊外既成住宅市街地では，住環境の劣化が課題となっており，また成熟社会を迎え新たな住環境ニーズや課題が生じている．しかし，行政が主体となり，行政が所有する施設等を使ってこうしたニーズや課題に対応することは困難になっている．一方，地域のなかに目を向けると，住環境の維持向上に資するさまざまな資源がある．空間資源としては，活用可能なさまざまな私有空間が増えている．人的資源としては，住民が地域の住環境の維持向上を図る主体として期待できる．こうした状況認識のもと，本章では，郊外既成住宅市街地の住環境を維持向上させる取り組みとして，「住民主体による私有空間を活かしたまちづくり」を取り上げる．

6.2節では，住民主体による私有空間を活かしたまちづくりについて，その考え方や視点を提示する．そして，取り組みやそれを支援する仕組みとしての制度はどのようなものがあるのか，概況を整理する．6.3節は，事例として（一財）世田谷トラストまちづくりの「地域共生のいえづくり支援事業制

---

2) 近年，このように自宅などを本来の用途や機能を保ちながら，その一部を限定的に地域に開くことによって近隣の人たち等とのコミュニケーションの場とすることは「住み開き」と呼ばれ，ますますその取り組みが広がってきている．

度」を取り上げ，仕組みと実際の状況について述べる．最後に6.4節で，郊外既成住宅市街地の住環境を維持向上させる取り組みとして，支援制度を通じた住民主体による私有空間を活かしたまちづくりの可能性と課題を述べたい．

6.2　住民主体による私有空間を活かしたまちづくり

6.2.1　私有空間の公共的利用

　住民主体による私有空間を活かしたまちづくりとは，所有は世帯・法人のままで，所有者にかかわらず，住民が共同的に整備・運営をし，その私有空間のもつ機能を住民が利用できるようにする取り組み，を指す．つまり，世帯・法人が所有する私有空間を住民が公共的に利用できるようにすること，である．

　ここでの「公共」的な利用とは，地域の住民を主たる対象とした共同的な利用のことである．つまり，現代的な意味での「公共性」であり，「小さな公共性」と呼ばれるものである．林（2000）の言葉を借りれば，「地域社会での現場での住民発意によって，住民自身のイニシアティブのもとに，地域住民が共同して生み出す」公共性である．従来，都市計画の公共性は，社会的平等性・公正性に基づき，行政が全国一律の基準により決めてきたものであるが，これとは質が異なる．

　私有空間を活用する主体としては，行政，企業，住民[3]の3つのパターンが考えられるが，本章では6.1.2項で述べた通り，住民に着目する．地域社会に立脚した住民が担い手となることで，地域の利用者のニーズや課題をきめ細かく読み取って柔軟に対応できる．また，日常生活のなかでのきめ細かい対応も期待できる．

　空間の分類をする（表6.1）．所有主体でみると，行政が所有する公有空間，居住者集団や会員組織等の集団が所有する共有空間，世帯・法人が所有する私有空間の3つに分けられる．一方，空間の物理的な態様でみると，まず建

---

3) 地域社会・市民社会に立脚した主体のことで，私有空間の所有者も含む．本章では，所有者について特筆する場合のみ，所有者と記載する．

表 6.1 所有主体と物理的な態様による空間の分類

空間の所有 [所有者]	空間の物理的な態様		
	建築空間		非建ぺい空間
	内部空間	外部空間	
公有空間 [行政]	・学校 ・公民館 ・図書館 など	・公共施設内空地 など	・都市公園 ・一般道路 ・河川 など
共有空間 [集団]	・クラブハウス ・集会所 ・コレクティブ住宅の共有スペース など	・外構 など	・駐車場 ・広場 ・区画内道路 ・会員制レクリエーション施設 など
私有空間 [世帯・法人]	・住宅 ・事務所 ・店舗 など	・庭先 ・外構 ・軒下 ・建築物ファサード など	・農地 ・緑地 ・駐車場 ・資材置場 など

築物の有無から，敷地内に建築物がある建築空間と建築物がない非建ぺい空間に分けられる．さらに建築空間は，主としてその建築物の内部を活用する場合と外部を活用する場合がある．

6.2.2 私有空間を活かしたまちづくりを考えるための視点

住民主体による私有空間を活かしたまちづくりにおいて着目すべき重要な点は，次の3点である．

①私有空間を開放するという所有者の発意をいかに誘発するか

このまちづくりは，私有空間の開放があってはじめて成立する．一方で，現代において私有空間は所有者の資産であり，所有者が自由に使用・収益・処分できるものである．郊外既成住宅市街地において，私有空間の開放は所有者の自発性のみに頼っていては起きにくく，こうした取り組みは普及しないため，何らかの働きかけが必要である．そこで，いかに所有者の発意を誘発するかということは重要な論点である．

②私有空間を公共的に利用できる空間としていかに転換するか

私有空間はあくまでも世帯・法人が所有する空間であり，基本的には特定

の所有者が利用する空間である．空間が開放されることは公共的利用の入り口ではあるが，これだけでは不十分である．たとえば，住民にとっては利用しづらかったり，街並みにそぐわない空間が現われたりする恐れがある．また住民にその空間の住環境資源としての価値が伝わらないこともあると考えられる．そこで，いかに地域住民のニーズや課題に合わせてそれに相応しい空間，機能へと転換させ，十分に公共的な利用を実現するかということは重要な論点である．

③私有空間の公共的な利用をいかに持続させるか

こうして私有空間の公共的な利用が始まるが，利用者にとって安定的に利用できることは重要である．特に行政が支援している場合は，一定期間内の持続性が求められる．したがって，いかにその私有空間の公共的利用を持続させるかは重要な論点である．ただし，公有空間とは異なることから，永続性は求められない．

6.2.3 行政による支援の仕組みの重要性

住民主体による私有空間を活かしたまちづくりについて，行政が制度を設けて支援している場合があり，本章ではこうした取り組みに注目したい．その理由は，6.1.1項でも述べた通り，行政主導による対応の限界が明らかになるなかで，住民が共同的な活動を通じて自発的に環境をつくりあげていくことが必要となっており，行政はこうした住民の取り組みをコーディネートする側に回ることが求められているためである．また，住民が実際に取り組みを進めるには，専門的知識の不足といった技術的な課題や資金不足といった財政的な課題などさまざまな課題があり，そうした課題を克服するためにも行政による支援の仕組みは重要である．

従来，住民による共同的な性格をもつ空間づくりは，都市計画の分野では公共政策に馴染みにくい領域として捉えられてきた．路地や長屋等をモデルに中間領域論として研究が展開されてきたが，生活実態の現象の記述にとどまり，現実の住環境政策にはほとんど結びついていない（北原，1999）．しかし今日，公共性を転換させつつある社会にあるなかで，住民による共同的な性格をもつ空間づくりが広がっており，何らかの社会的仕組みを整えるべき時期にきている．

6.2.4 取り組みと支援制度の概況

住民主体による私有空間を活かしたまちづくりに関する取り組みや支援制度としては，どのようなものがあるのだろうか．建築空間（内部空間），建築空間（外部空間），非建ぺい空間という私有空間の分類に沿って概観したい．

(a) 建築空間（内部空間）の活用

(1) 経済成長期には活用事例はわずか

経済成長期，人口増加期には，住宅や店舗といった主に建築物内部を活かした意識的な取り組みは少なく，行政による支援制度もみられない．この時期，郊外では住宅需要は増える一方で，世帯人数も多く，空き家や空き店舗が少なかったこと，父親は会社と自宅の往復が主であり地域社会への関心が薄かったこと，子どもが地域の中にたくさんいたために自然と子どもの居場所が生まれていたこと等がその背景として考えられる．しかしそのようななかでも，1950年代後半より地域に密着して生活せざるをえない子どもたちを対象として，子どもの読書環境の向上を願う母親らの強い意思により，「子ども文庫」という自宅を開放した私設の図書館づくりの取り組みが全国で芽生えていた．

(2) 1990年代以降急増したコミュニティスペースづくり

取り組みが急増するのは1990年代以降である．人口減少，高齢化社会へ突入し，地域への関心が高まったこと，住民ニーズが多様化・高度化し住民活動が盛んになったこと，社会的に孤立した高齢者や親子が増えたこと，空き空間の増加という物的環境の変化等がその背景として考えられる．

農村地域や地方都市では，人口減少，高齢化が著しく空き家・空き店舗問題が深刻化してきた．このことは地域全体の活力低下にも繋がるため，空き空間を活かしたさまざまな取り組みが試行されている．定住促進や福祉的機能の充実を目的とした住宅や福祉施設としての活用，町並み保全と観光振興を目的とした住宅，店舗や資料館等としての活用，賑わい創出を目的とした店舗や地域の交流施設としての活用である．また，全国の社会福祉協議会が推進する「ふれあい・いきいきサロン」といった，高齢者や子育て親子の交流を目的としたサロン活動の場としての活用も多い．このように，従前と同じ住宅，店舗という機能で埋めるだけでなく，地域の資源とニーズに対応し

た非営利の住民活動を受け止める場（以下，コミュニティスペース）として活用する事例が増えている．こうした地域では，市場原理が十分に機能しないことから，行政が空き家情報提供事業を運営する等，積極的に支援の仕組みを設けている場合も多い．

　一方で，郊外既成住宅市街地でも，住民主体による私有空間を活かしたコミュニティスペースづくりの事例は多い．空き家を活かしたり，所有者が自発的に空間を公開したりして，福祉や子育て支援の場づくりをしている事例が多く見られる．しかし，空き家問題も地方都市に比べれば深刻化していないことから，行政による支援の仕組みは十分ではなく，住民の善意や自主性に依存している．まちづくりのソフト面やサロン活動への助成制度はあるが，既に対象となる空間や利用内容等の活用の枠組みがある程度定まっている場合で，なおかつ資金による支援がほとんどである．住環境に関するニーズがますます多様化するなかで，それを受け止めるためのコミュニティスペースづくりについて初期段階から技術的に支援する仕組みが十分ではない．

(3) 多様なコミュニティニーズを受けとめる場づくり

　こうした課題を乗り越える制度として位置づけられるのが，2004年に創設された(一財)世田谷トラストまちづくりにおける「地域共生のいえづくり支援事業制度」である．当制度は，住民主体による住宅などの私有空間を活用したコミュニティスペースづくりを支援するものである．コミュニティスペースとしての具体的な機能については限定していない．開設前から開設後まで継続的に関わり，専門家派遣等による技術的支援を行う仕組みとして先進的である．

(b) 建築空間（外部空間）の活用

(1) 地区単位での街並みづくり

　庭先や建築物ファサード等の，主に建築物の外部を活かしたまちづくりの取り組みと支援制度は，その対象範囲で大きく2つに分けられる．1つは，地区を対象とした取り組みで，街並みづくりに関するものである．単体としての建築物の美しさではなく，建築物等の連なりや要素全体の美しさを重視した空間づくりである．伝統的な建造物が多く残る歴史的市街地では，歴史的街並みの保全を目的とし，「伝統的建造物群保存地区」制度（1975年）等を使って，伝統的建造物以外の建築物（特にそのファサード）を伝統的建造

物や周囲の環境に調和するように新築あるいは改変する「修景」が行われてきた．こうした歴史的街並みの保全や，地域の顔となる街並みづくりを目的とした制度としては，「街なみ環境整備事業」制度（1993年）もある．また，建築協定，地区計画，緑化協定といった制度を活用し，私有地の接道部の緑化・生垣化を通じて街並みづくりを行ってきた地区も多い．ただし，こうした地区単位の取り組みは，地区全体で目指すべき街並み像が明確で，合意形成が比較的容易な場合に多い．

(2) 単独敷地単位での都市内空地の創出と街並みづくり

もう1つは，単独敷地を対象とした取り組みである．まず都心部や商業地で多いのが，「総合設計制度」（1971年）による都市内空地の創出である．これは土地取得等の課題を解決して，高地価な地域で空地を創出する一手法として評価されている．しかし，街並みの連続性を分断すること，利用方法・日数に制限があることや利用手続きの煩雑さ等から利用しにくいことなどが課題として指摘されている．次に郊外既成住宅市街地を含め，多くの自治体で創設されている仕組みが「生垣設置補助制度」である．私有地の接道部の緑化を支援し，生垣化を通じた街並みづくりを推進するもので，1970年代から全国に広まっている．また，1990年代以降，ガーデニングブームとも相まって，個人庭園を一般に公開し，庭主と訪問者との交流を楽しみ，街並みづくりにも貢献するオープンガーデンも広まっている．行政が支援をして，参加している住民同士の交流機会を創出している事例などもある．個別敷地単位を対象とした制度は，地区単位のものと比べると合意形成が不要であるため導入しやすい．しかし，個別敷地を超えて，住民が共同的に取り組み，空間的にも社会的にも地縁的なつながりや広がりをつくるという点に関しては課題がある．

(3) 隣近所三軒からの街並みづくり

こうした課題に対して，新しい方法を提示しているのが，2002年に創設された埼玉県戸田市の「三軒協定」制度である[4]．隣近所3軒以上で街並みに資する協定を締結した場合に，その取り組みに対して補助金等により支援する制度である．合意形成単位としては最小単位であること，庭先の植栽か

---

4) 戸田市をモデルに，神奈川県秦野市などでも導入された．

ら資金助成可能な仕組みとなっていることから、所有者の発意を誘発しやすい．また、個別敷地を超えて、小さな単位ではあるが、隣近所の住民が共同で取り組むことにより、街並みの調和が期待できる．

(c) 非建ぺい空間の活用

(1) 住民の自主活動と自治体独自の事業制度等を通じたオープンスペースづくり

　戦後、急速な都市化によって、身近にあった緑地や里山、農地などの自然が失われ、維持管理の担い手不足のために遊休農地や不法投棄地が増えた．一方で、住民からは、身近に自然とふれあえる場所が欲しい、安全な子どもの遊び場が欲しいという要請が高まった．行政としては高地価のために住民ニーズに対応した量の土地を公有地化し、公園等をつくることは困難な状況だった．

　このようななか、1960 年代、70 年代に、所有者や住民が地域ニーズを反映した農園や公園的空間（以下、オープンスペース）づくりに取り組む事例が出てきた．まず、所有者が自主的に市民農園を開設して住民に貸すという事例が登場した．住民の生活環境への意識の高まりやレクリエーション需要の増大と相まって、市民農園は増えていった．また、空き地等の私有地を子どもの遊び場として活用しようと、全国の複数の都市で「ちびっこ広場設置運動」が展開された．京都市や練馬区などで事業制度が創設され、地方自治体が空き地等を賃貸借して住民に開放し、住民が維持管理するという事例が多く生まれた．さらに、緑地保全と市民の利用に供する公園的空間の確保をねらいとして、首都圏の自治体を中心に契約緑地制度の導入が進んだ．これは、自治体が緑地の所有者と契約を結び、土地を開放してもらう制度である．初めて横浜市で「市民の森」制度（1971 年）として創設された後、練馬区（1975 年）等で導入が進んだ．住民が維持管理をしている事例も多くある．

(2) 1990 年頃より取り組みを支援する法制度の整備進む

　こうした取り組みが増加したことから、1990 年頃より取り組みを支援する法制度が整備された．市民農園については、1989 年に「特定農地貸付に関する農地法等の特例に関する法律」が制定され、条件付きではあるが農地法のうえから貸し付け行為による市民農園の開設が可能となった．1990 年には「市民農園整備促進法」が制定され、農地内に農機具収納施設、休憩施

設，トイレといった附帯施設の設置が可能となった．しかし，これらの市民農園は，レクリエーションの場として農地の区画貸しをする事業であり，利用者の都市農業への理解にはつながっていないこと，また相続税猶予制度を受けるために課せられる「自ら耕作すること」に該当しないという課題があった．そして相続税発生時に納税が困難となり農園を閉鎖しなくてはならないという課題があった．こうした課題を乗り越えるべく，練馬区に1996年に「農業体験農園」が生まれた．これは，農家が自ら耕作を行い，入園者はその一部を体験するという仕組みになっていることから，相続税納税猶予制度が適用される可能性が残されていると指摘されており，農地の持続性に対する効果が期待されている（阪口他, 2003）．また，契約緑地制度についても，相続税への対応が大きな課題となっていた．そこで相続税優遇を可能にする仕組みとして，1995年，都市緑地保全法（2004年の改正で都市緑地法に改称）の改正に伴い，「市民緑地制度」が創設された．

6.3 地域共生のいえづくり支援事業制度を通じた住民主体によるコミュニティスペースづくり

6.3.1 地域共生のいえづくり支援事業制度の概要
(a) 一般財団法人世田谷トラストまちづくりの概要

　東京都世田谷区は，東京23区の西南端に位置し，人口約86万人，面積 $58.08\,\mathrm{km}^2$（2016年1月現在）の自治体である．

　区内には，明治末期以降，玉川電鉄（1907年）を皮切りに，私鉄が次々と敷設された．これら沿線では，住環境の悪化した都心部に代わり，住環境と交通の便の良い郊外住宅地として開発が進み，大正のはじめから急激な勢いで人口が増加した．戦後も右肩上がりで人口は増え続け，区全域に市街化が進み，現在では既成の住宅地が大半を占めている[5]．

　世田谷区では，1980年頃より，都市デザイン室（当時）と街づくり推進課（当時）が中心となり，住民参加のまちづくりに関するさまざまなプロジ

---

5) 現在，区内の土地利用は，約66％が宅地，そのうち約74％を住宅系用途が占めており，住宅系市街地である．

ェクトを実施してきた．こうした取り組みは，住民主体による多様なまちづくりの活動を創出し，活発化させた．そして活発となった住民主体のまちづくりを支援し，住民，行政，企業のパートナーシップによるまちづくりを柔軟に進められるよう，それを牽引するための中間支援組織として，1992年に（財）世田谷区都市整備公社内に，世田谷まちづくりセンターが設立された．2006年には，（財）世田谷区都市整備公社と（財）せたがやトラスト協会が統合して，（財）世田谷トラストまちづくり[6]（以下，財団）が発足し，世田谷まちづくりセンターは当財団に移行した．

財団のまちづくりセンターとしての主な機能としては，まちづくりの普及・啓発，市民まちづくり活動の支援，民間コモンズの創出，参加の現場コーディネート，まちづくり情報の収集・発信がある（西村編，2007，pp.48-50）．

(b) 地域共生のいえづくり支援事業制度の創設経緯

（財）世田谷区都市整備公社（以下本章では，旧財団[7]）は，1997年度から，コレクティブ住宅といった「地域コミュニティ育成に資する住宅[8]」の建設について検討を進めていた．しかし，財政状況の厳しさと不動産事業は営めないという公社事業の限界から財団主体の供給方法は困難と判断し，別の供給方法を模索していた．

こうしたなか，2001年，相続に伴って広大な土地の一部を売却せざるをえなくなった所有者から旧財団に相談があった．この所有者は，江戸時代から続く家の当主で，相続の際，自分が育ち，受け継いだ築150年の古民家と屋敷林がある風景を守り，地域に何らかのかたちで資する場にすることを望んでいた．また，一般的な方法で土地を売却すると，この場所の歴史や特性を考慮することなく更地にされ，マンションかミニ戸建てが建築されてしまうことを懸念していた．

旧財団は，それまでにネットワークを築いてきた専門的知識を持つ複数のNPO法人などに呼びかけアイデアを募りこれを所有者に紹介した．その結

---

[6] 2013年に一般財団法人へ移行した．
[7] 地域共生のいえづくり支援事業制度の運用主体としての役割は，旧財団と財団で変わらない．本章では混乱を避けるため6.1.3項を除き財団という表記に統一する．
[8] 住民によるまちづくりの活動の場等を設けた住宅のことで，本章におけるコミュニティスペースと同義．

170　第6章　住民主体による私有空間を活かしたまちづくり

図6.1　松陰コモンズと欅ハウス配置図（出典：松陰コモンズ，2007）

図6.2　松陰コモンズの外観

　果，所有者はその提案を受け入れ，相続税を支払うために売却せざるをえなかった敷地には，大きな欅の木が保全され，環境共生型コーポラティブハウス「欅ハウス」が実現した．また，隣接して残されていた古民家は，NPO法人コレクティブハウジング社により借り上げられ，運営されるシェアードハウス「松陰コモンズ[9]」として再生・活用が図られた（図6.1，6.2）．2つの建物に挟まれている私道は，境界線の柵などを設けず，緑に囲まれた景観を楽しめるようになっている．

　この事例を契機に，旧財団は，専門家派遣等を通じて私有の建築物の所有者と活動の場を求める住民とのマッチングや，建築物の活用計画作成等の支援をすることにより「地域コミュニティ育成に資する住宅」を供給する施策について検討を始めた．そこで，2000年から世田谷区を中心に私有の建築空間をコミュニティスペースとして活用する等の「住まい・場づくり[10]」の活動を行ってきたNPO法人せたがやオルタナティブハウジングサポート[11]（以下，SAHS）と協力して，2001～2003年度にニーズ把握や事例調査等を行った．これを踏まえ，2004年度にモデル事業として地域共生のいえづくり支援事業制度を創設し，実績が評価されたことから，2006年度に本格的

9）シェアハウスとしての活用は，2010年3月31日をもって終了した．

図 6.3 「地域共生のいえ訪問ツアー」にて地域共生のいえ所有者が成り立ち等を説明する様子(岡さんのいえ TOMO・2010 年 6 月)

な取り組みへと移行させた.

(c) 地域共生のいえづくり支援事業制度の仕組み[12]

　当制度は,地域共生のいえ立ち上げから開設までの「立ち上げ支援」と開設後の「運営支援」に分かれている.
(1)制度全体に関する周知の方法
　当初,財団は主にパンフレットや区報で当制度の周知を行っていた.2005 年度からは「地域共生のいえ訪問ツアー」を年に 2 回程度実施している(図 6.3).

---

10) NPO 法人 SAHS は「住まい・場づくり」を次の 3 点から定義しており,本章のコミュニティスペースづくりと同義である.①個々の住まい等の私的空間を地域と社会へ開放することによって公的空間を再生することにより地域で支え合い,集い合うことができる,人と人とのつながりを媒介する場を創出する試み,②地域に根ざすことを目指して,その場に関わる「所有者,運営者や利用者,地域住民,専門家などの協働」により生み出され,育まれる試み,③市民による新しい生活価値の創造をめざすものであり,自立と共生にもとづくまちづくりへとつながるもの.具体的には私有の建築物を活用したデイサービスセンターや障がい者介助活動グループによる店舗・住居の建設などの支援やコーディネートを行っていた.
11) SAHS の前身である「せたがやコーポラティブサポート集団」は 1996 年度から 3 年間,公益信託世田谷まちづくりファンド(旧財団が委託者)より助成を受けて活動していたことから,旧財団と協力関係にあった.注10)の「住まい・場づくり」に関する活動を行っており,建築設計と住民活動に関する知見を有した専門家がいる.
12) 立ち上げ支援については,2008 年 11 月・2009 年 6 月に実施した財団担当者へのインタビュー調査,運営支援については,2015 年 6 月の財団担当者からのメールでの回答をもとに記述した.

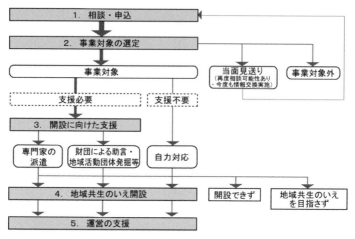

図 6.4 地域共生のいえづくり支援事業制度の運用プロセス

これは所有者の発意の誘発，地域共生のいえの運営等に携わる主体の発掘を意図している．具体的には，参加者を募り，既に開設している地域共生のいえやその他区内における私有空間を活かした事例を見学し，所有者の体験談等を聞く取り組みである．毎回 30 名程度の参加者がある．

(2) 立ち上げ支援

・制度の運用プロセス

　制度の運用プロセスを図 6.4 に示す．

1. 相談・申込

　所有者が財団に相談する．その際，財団は所有者に応募の経緯等について話を聞き，当制度について改めて説明する．財団は現場で対象地を確認しながら，所有者に活用イメージを聞く．当制度の趣旨や条件を理解した上で，所有者は正式に申込をする．

2. 事業対象の選定

　申込があったケースについて，財団が区の関係諸課（都市整備部住宅課，在宅サービス部計画整備担当課，保健福祉部計画調整課，生活文化部市民活動推進課，子ども家庭支援課，高齢施策推進課，障害者地域生活課，生涯現役推進課，介護予防課，社会福祉協議会など）と連絡会を開催し，情報交換や関係諸課の事業との連携可能性，地域ニーズを検討する[13]．そこでの協議

図 6.5　地域共生のいえ憲章

図 6.6　地域共生のいえプレート

と後述する事業対象基準等を踏まえ，当該年度の事業対象を選定する．
3. 開設に向けた支援

　事業対象として選定されたケースについて，所有者自身による対応が可能である場合には，支援不要として所有者の対応に委ねる．一方，支援が必要な場合のうち，2.の連絡会での協議内容等も踏まえて，財団が地域共生のいえとして実現可能性の高いと判断できるものについて，財団が経費を負担して建築および住民活動について知見を有する専門家を派遣する．専門家は所有者と協議をしながら，対象地について，①地域に役立つ活用イメージの検討，②利用者や運営協力者の発掘調査，③建物の建て替えや改修のプランニング，④運営方法やルールの検討，⑤開設や運営に役立つ制度等の調査，⑥開設イベントの企画，⑦開設にあたっての憲章の作成などについての支援を行う．なお，当制度は所有者への直接的な資金助成をしていないが，区の関連諸課の補助事業等と連携することにより必要な資金助成を行うことは可能である．

　また支援が必要ではあるが，実現に当たって課題を抱えている場合には，財団が対象地の活用に向けた助言や住民活動団体発掘等を行う．
4. 地域共生のいえ開設

　財団が後述する認定基準を基に地域共生のいえとして認定し，開設が決ま

---

13) 2008 年度まで開催．

る．そして，財団と所有者が協議をして，地域共生のいえ憲章（図6.5）を作成し，財団が公道に面する部分に地域共生のいえプレートを設置する（図6.6）．地域共生のいえ憲章には，各地域共生のいえについての所有者の思いと開設経緯，財団がこの地域共生のいえを認定したということが明文化されている．

・事業対象基準[14]

　明確な事業対象基準はないが，当制度の紹介パンフレット等には地域共生のいえの「大切なポイント」として「所有者自らの発意や理解」，「地域に開放された形態」，「建物，あるいは建物と一帯になった庭等の活用」，「地域の人びとの絆を育む運営」，「みどりや歴史を大切にしたプランづくり」が挙げられている．また，地域共生のいえの機能については，住民の自由な発想を活かすために明確な基準はないが，たとえば2004年度の当制度の紹介パンフレットには，機能例として「地域活動拠点」，「ワークスペース機能」，「生活を支える支援施設」，「地域のたまり場」という4つが挙げられている．財団はこれらを念頭に置き，連絡会での協議，所有者，対象地，周辺地域に関するさまざまな条件を総合的に判断して選定する．

　なお，当制度は住宅に限ったものではないが，地域共生の「いえ」という名称にある通り，基本的には住宅を想定している．また既存建築物に限定せず，建替えや新築建築物も対象としている．

・開設の認定基準

　上述の通り，財団は住民の柔軟な発想を重視し，地域共生のいえ開設にあたっての明確な基準を設けていないが，次の3点を必要条件としている．①開設イベント等を実施し，所有者が「開設した」と公言できること，②利用主体がおり，その利用の持続性を認められること，③財団と所有者が協議をして地域共生のいえ憲章を作成できること，である．

(3) 運営支援

　運営支援の仕組みは，制度創設当初は無かったが，地域共生のいえ開設後にさまざまな課題が出てきたことから設置された．大きく「広報支援」と

---

[14] 2014年4月に「地域共生のいえづくり支援要網」が制定され，地域共生のいえの定義や支援要件等が定められた．ただし，数値等の一律の基準ではなく，住民の思いや自由な発想を尊重した内容となっている．

「専門家派遣」の2つに分けられる．「広報支援」には以下の4つが位置づけられている．

①情報発信：財団HPや地域共生のいえの取り組みを伝える財団広報誌への掲載．

②広報環境の整備：各地域共生のいえに，室内用・外構部設置用のチラシケースの提供．

③運営協力者の発掘：(1)の「地域共生のいえ訪問ツアー」が相当．

④所有者や運営協力者同士の交流の機会創出：所有者と運営協力者とが集まり意見交換・情報共有する場．「オーナーズプラス会議」と呼ばれ，年1回程度開催．

「専門家派遣」は，財団による個別判断となっており，これまでほとんど実績は無く2回のみ（2015年時点）である．また，各地域共生のいえとは開設後も財団と交流をもっており，そのため特に要請があれば，財団の職員が個別に相談に応じることは可能である．

6.3.2　地域共生のいえづくり支援事業制度の運用実態の概要

当制度が創設されてから5年間（2004〜2008年度）の運用実態概要を示す[15]．

(a) 申請件数

モデル事業であった2004年度は10件，2005年度は14件である．この2年間の実績が評価され，本格的な事業へと移行した．2006年度は9件，2007年度は5件，2008年度は7件となっており，5年間の運用で合計45件の申請があった．

(b) 開設状況

5年間で6件が地域共生のいえとして開設できた．このうち5件は専門家派遣による支援が実施されたもの，1件は自力対応可能と位置づけられたものである．

一方，試行期間中のものと所有者独自に活動を始めたものを除いて，地域

---

15) 財団の事業報告書（2007-2009）と財団担当者へのインタビュー調査（2008年11月・2009年6月）を基に記述した．

共生のいえを開設できなかった事例が 31 件あった．その理由は，主に次の 7 点であった．①所有者の発意として地域貢献の志向がなく収益性を重視していたこと，②家族の理解が得られなかったこと，③経済状況の変化，④建築基準法等の法令違反，⑤周辺住民の理解を得られなかったこと，⑥住民活動団体とのマッチングが成立しなかったこと，⑦空間改修費用を負担できなかったこと，であった．

6.3.3　地域共生のいえの取り組みの実態

2004～2008 年に開設された 6 件の地域共生のいえの概況は表 6.2 の通りである．開設時や現在の取り組みはそれぞれ異なる．本章では 6 件のうち，特徴的な 3 件（岡さんのいえ TOMO，ルツの家，リブロ・ニワース）の実態を紹介したい．前者 2 件は，開設後に少しずつ取り組みを拡大させている事例，リブロ・ニワースはささやかな開放ではあるが地域との連携が深まっている事例である．具体的には，所有者の発意の背景，地域共生のいえとして開設されるまでの経緯，地域共生のいえとしての理念，空間・運営・利用の実態（2015 年時点）について述べる[16]．

(a) 岡さんのいえ TOMO

岡さんのいえ TOMO は，京王線上北沢駅から徒歩 5 分ほどの住宅地のなかに位置する．

(1) 所有者 A 氏の発意の背景

戦後すぐに 2 人の女性（岡さんと I さん）がこの地に移り住み，木造住宅を建てた．2 人は当住宅で英語とピアノの教室を開き，地域の子供たちに教えていた（図 6.7）．岡さんは，現在の所有者の A 氏（40 代，女性，区内在住）の大叔母にあたる．当時，A 氏は地域の子供で賑わう当住宅によく遊びに来ていた．英語・ピアノ教室は続けられていたが，1990 年代後半に I さんが逝去し，2000 年に岡さんが高齢のためグループホームに入居することになると，その後当住宅は住み手不在で手入れがされず，荒れ放題となった．岡さんは生涯独身を貫き，自身の介護をしてくれる A 氏に「あの家は

---

[16] 著者が主に 2009 年 1 月から 3 月，2014 年 2 月から 2015 年 6 月に行った所有者へのインタビュー調査に基づく．岡さんのいえ TOMO については，著者が継続的に関わっており，これを通じた参与観察による．

表 6.2 2004–2008 年に開設された地域共生のいえの概況

名称	建築物概要	建築物用途	地域共生のいえとして開放している面積	建築物建築年	地域共生のいえ開設年	主な取り組み (2015年時点)	地域団体との主な連携 (2015年時点)
COS ちとふな	鉄骨造3階建て	・所有者家族用居住室（3階） ・工務店（1階） ・地域共生のいえ（1・2階）	約150m²	2005年	2005年	・NPO法人のリサイクルショップ・フロマートリートメント店 ・福祉系のNPO法人の事務所（3件） ・多目的室を地域住民の趣味の場（手芸、詩吟など）として場所貸し	・キッズフェスタ開催：地元法人会のイベントと同時開催
茶論 ONE COIN	RC造3階建て＋半地階	・所有者家族用居住室（1階） ・賃貸住宅（13戸） ・地域共生のいえ（半地階部分）	約15m²	1987年	2006年	・ミニデイ ・地域住民の趣味の場（健康麻雀、シアルダンスなど）として場所貸し	・SAN（せたがや地域共生ネットワーク・宮坂・経堂・赤堤）の立ち上げ・参加
岡さんのいえ TOMO	木造2階建て	・地域共生のいえ（1階） ・親族用居住室（2階）	約70m²	1949年	2007年	・親子の交流サロン・食事会 ・駄菓子屋 ・運営スタッフによる趣味の教室（絵画、鉄道など） ・中高生の居場所 ・季節のイベント	・町会のイベントに参加 ・運営スタッフが小学校の授業（総合学習）を担当 ・所有者が小学校の学校運営委員会の委員を務める
リブロ・ニワーズ	木造2階建て	・所有者家族用居住室（1・2階） ・所有者仕事場 兼 地域共生のいえ（1階）※共用	約30m²	2005年	2006年	・読書会	・SAN（せたがや地域共生ネットワーク・宮坂・経堂・赤堤）の立ち上げ・参加
給田サロン かいちゃんの家	RC造4階建て	・所有者家族用居住室（2戸） ・賃貸住宅（15戸） ・地域共生のいえ（1戸）	約54m²	1983年	2007年	（地域共生のいえとしては活動を中止）	
ルツの家	RC造2階建て	・所有者家族用居住室（1階） ・所有者家族用居住室（2階） ・地域共生のいえ（1階）	約74m²	1972年（ルツの家部分）、1993年（建て替え部分）	2008年	・親子の交流サロン（主に0〜3歳） ・子どもの一時預かり事業	・町会・社会福祉協議会等のイベントに参加

178　第6章　住民主体による私有空間を活かしたまちづくり

図6.7　1950年代の岡さんのいえTOMO（所有者Aより提供）

私の子どものようなもの」，「地域の方に使ってもらえれば」という思いを託し，当住宅を遺贈した．

　その後A氏はどうすれば岡さんの遺志を実現できるだろうかと悩んでいたところ，2005年12月，以前からの知り合いであった財団職員から地域共生のいえづくり支援事業制度の話を聞く．A氏は試しにこの制度を利用してみようと，財団に相談・申込をした．

(2) 岡さんのいえTOMO開設までの経緯

　事業対象として選定後，財団は専門家としてSAHSを派遣した．A氏の希望は，岡さんの一時帰宅を実現させること，昔のように人が集まる場にすることだった．2006年1月からSAHSが中心となって住宅自体を使用可能にするための改装工事と耐震補強工事について協議をした．同年6月に工事，7月に住民活動団体などに改修を終えた当住宅を見てもらい，利用方針を探った．その後10月に岡さんの一時帰宅が実現した．岡さんは12月に逝去した．翌年1月から当住宅の周知のため，A氏が中心となって住民活動団体に利用の呼びかけ等を行った．2007年7月にSAHSが計画して開設イベントを実施した．

(3) 岡さんのいえTOMOの理念

　当初の理念は，図6.8に示すものであったが，関わるメンバーが広がることで理念が共有されにくい状況が生まれた．そこで，改めてこの場の理念を確認・共有し今後の活動を展望するために，2013年度に5回のワークショップを開催し，A氏と運営メンバーで議論を重ねた．そしてこの場で岡さ

6.3 地域共生のいえづくり支援事業制度を通じた住民主体によるコミュニティスペースづくり　179

> 　　　　子ども時代によく立ち寄った
> 　　大叔母の懐かしい昭和のいえが空きました．
> 　　　　　思い出の詰まったこの家を
> 　　　取り壊すのはしのびなく，きれいに改装し
> 　　地域のみなさんに使っていただけるように準備しました．
> 　　　たくさんの子どもたちが集っていたこのいえが
> 　　　　　また，かっての賑わいを取り戻し
> 　　　　　　　　生き返るように
> 　　　　　ゆっくりと育てていきたいと思います．

図 6.8　岡さんのいえ TOMO の地域共生のいえ憲章

 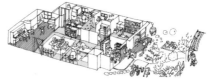

図 6.9　岡さんのいえ TOMO の空間（左は改修前，右は 2015 年の改修後）

んのいえ TOMO として「大切にしたいこと」として，①子どもたちへの教え，②温かさを感じる昭和の家，③集まる楽しむ，④地元とのつながり・外へ開く，⑤迅速な運営・丁寧な広報，⑥社会人のスキルと経験，が挙げられ，理念の共有が図られた．

(4) 岡さんのいえ TOMO の取り組み

① 空間

1949 年築造で，当時の典型的な木造 2 階の戸建て住宅を活用している（図 6.9, 6.10）．SAHS のアドバイスに基づき，当時のあたたかな佇まいを活かした改修工事をしている．具体的には，最低限の耐震補強工事，全室の壁塗り替え，畳入れ替え，襖の張り替え，厨房セット入れ替え，ねずみ侵入防止，照明器具の取り替え等を行った．また，内部には年代物のピアノやミシン，英語の本等が残されている．利用は主に 1 階の続き間が中心で，地域活動の情報紙等も設置されている．外部には岡さんが一時帰宅の際に車椅子で出入りできるように前庭に面して縁台が設置された．こうした改修に伴う費用はすべて A 氏の負担である．

利用されるなかで，運営メンバーらにより外部空間整備も行われた．具体

180　第 6 章　住民主体による私有空間を活かしたまちづくり

図 6.10　岡さんのいえ TOMO の外観　　図 6.11　利用の様子（開いてるデーカフェ）

的には，世田谷トラストまちづくり大学[17]の学生らのアイデアにより，外構に手づくりの黒板型看板が設置された．また，子育て団体が子どもたちを集め，ワークショップを行い，ブロック塀にペイントをした．

　その後，2015 年には，耐震補強とキッチンを使いやすくするために，改修工事を行った．財団や東京都建築士事務所協会世田谷支部などの協力を得て実施し，クラウドファンディングによる資金調達にも挑戦した．今後，岡さんのいえ TOMO としては，「食」を活動の柱の 1 つにしたいという思いがあり，場の利用者が共同で調理しやすい環境を整えた．

②運営

■運営体制：当初は，所有者 A 氏のみで運営していたが，2007 年頃より世田谷トラストまちづくり大学 OB が「見守り隊員」として運営に加わり，その後も地域住民であり元所有者の英語教室の教え子やその友人，地域外に住んでいながらこの場が好きで支援したいというメンバーが加わり，組織化されている．新規加入メンバーがいる一方で，仕事等で忙しくなり関わりが少なくなるメンバーもおり，メンバーは時期に応じて多少入れ替わりがあるが，各人の自主性に委ねられた自由度が高い組織である．見守り隊員は年会費 3000 円であるが，この場を借りる際に一般よりも安く借りられる．運営にあたって，月 1 回の運営会議で情報の共有と活動の検討が行われるほか，コ

17）まちづくりの場で活躍できる人材育成を目的とした講座．2007 年は岡さんのいえ TOMO を取り上げ，それをきっかけに継続して関わっているメンバーがいる．

アメンバーでのコア会議，個別のプロジェクトでプロジェクトチームをつくり検討会議を行っている．また，主たる利用者である子育てサロンのメンバーや，研究や財団のインターン等で関わる大学生も毎年3〜5人程度おり，イベント企画実施等の面で運営協力をしている．

■運営費：収入は，見守り隊員の年会費，場所貸しの利用料金，開設後毎年獲得している助成金，運営主体主催の活動参加費，視察対応費などである．支出は，固定資産税等の税金と水道光熱費，広報費，イベント開催費などである．2012年頃から貸会場の利用が増え，資金面に徐々に余裕がでてきたものの，所有者の負担は大きく，利用を拡大してできるだけ軽減したいという意向がある．

■活動の周知：見守り隊員にはデザインやWebの専門技術を有するメンバーがおり，財団の広報誌への掲載のほか，「岡さんのいえしんぶん」（年1,2回），チラシ（毎月），HP，Facebookを通じて，積極的に広報を行っている．

■地域団体と連携した取り組み：A氏自身は，別地域に住んでおり，もともと当該地域とのつながりは無かったが，岡さんのいえTOMOとして活動を展開し，町会主催のイベントに参加したり，児童館にチラシを置いてもらったり，積極的に地域へ働きかけていくなかで，地域団体と連携が生まれている．たとえば，近隣の児童館のイベント時の子どもたちの宿泊先等として利用されている．また，駄菓子屋を利用した小学生が日記にそれを書いたことをきっかけとして，小学校の先生が来訪，会の活動やメンバーを知ってもらう機会を得た．その後は，会のメンバーが小学校の総合学習の授業で，囲碁や絵画の講師役を務め（2010年より），A氏は学校運営委員会の委員になるなど，小学校とも連携を強めている．

③利用

■運営主体による活動：開設初期から続けている活動として「開いてるデーカフェ」（隔週）がある（図6.11）．誰でも利用できる交流の場であるが，実態としては親子連れが多い．多い日で20組程度の利用がある．その他，近年始まった主なものとして以下が挙げられる．

・駄菓子屋（週1回）：A氏の発案で，実家が駄菓子屋だった見守り隊員が協力して2010年より開始．
・「食飲会議」（月1回）：誰でも参加できる持ち寄りの食事会．運営会議は

活動の報告・検討のみになってしまうため，見守り隊員の交流を深めるため，誰でも気軽に参加できる場としてA氏が発案して開始．
・「サンデークラブ」（週1回）：利用者の増加を狙いに，見守り隊員の発案で，2015年に開始．各自の得意分野を活かして講師役を務めている．水彩画，鉄道，囲碁，手芸のクラブがある．

　その他，近隣の大学などと連携して，中高生の居場所づくりなども行っている．また，不定期でイベントを開催しており，東日本大震災の被災地域との交流イベントなどもしている．

■場所貸し：1000円/時間で場所貸しをし，地域住民の活動の場として利用されている．

(b) ルツの家

　ルツの家は，世田谷線松原駅から徒歩7分，小田急線豪徳寺駅から徒歩12分ほどのところにあり，閑静な住宅街のなかに位置する．

(1) 元所有者B氏の発意の背景

　元所有者のB氏（当時80代，女性）は1960年頃から40年間福祉関係のボランティア活動に従事した．その後も自宅2階をファミリーハウス[18]として開放する活動の経験がある．B氏は区の広報で地域共生のいえ訪問ツアーを知り，2007年9月に参加した．実際の取り組みを見て，「私の家にも提供できる部屋がある」と思い，財団に相談・申込をした．

(2) ルツの家開設までの経緯

　事業対象として選定後，財団は専門家としてSAHSを派遣した．B氏は，当初具体的な活用イメージを持っていなかった．しかし，広い庭を持つ家であること等から，連絡会において子ども課が財団に「おでかけひろば事業」[19]の場として活用できないかと提案した．財団はそれをB氏に伝えると，B氏から賛同を得られた．その後子ども課と財団は，対象物件の立地する地

---

18) 難病の子供の家族が在京時に宿泊する施設．
19) 厚生労働省による「地域子育て支援拠点事業」とは，地域において子育て親子の交流等を促進する子育て支援拠点を設置することにより，地域の子育て支援機能の充実を図り，子育ての不安感等を緩和し，子どもの健やかな育ちを促進することを目的とした事業．「ひろば型」「センター型」「児童館型」がある．「おでかけひろば」とは，「地域子育て支援拠点事業」（ひろば型）を受け，世田谷区で推進している事業．未就学児（主に0～3歳）と保護者を対象としている．

6.3 地域共生のいえづくり支援事業制度を通じた住民主体によるコミュニティスペースづくり　183

> 子育てを取り巻く環境は
> 日に日に難しくなっているようです。
> 身近に子どもと一緒に気軽に立ち寄れるスペースがあれば
> 子育てについての楽しさ，悩み，心配ごとを分かち合い
> お互いに支えあう関係を築くことも可能です。
> この願いを受けて，
> 百余歳の長寿を全うした義父母と過ごした家は
> 若々しく生まれ変わりました。
> おでかけひろば@あみーごの広間から，庭から
> かわいい声がきこえてきます。
> お母さん，お父さんを支える
> やさしく頼もしいスタッフが美味しいコーヒーを入れて待っています。
> 子どもたちは私たちの宝物。
> その宝物を大事に育んでいくために
> この場が地域で育っていくことを願っています。

図 6.12　ルツの家の地域共生のいえ憲章

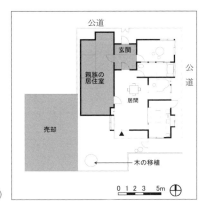

図 6.13　ルツの家の平面図（2015 年現在）

域で子育て支援活動をしている，子育て支援グループ amigo（以下，amigo）に，「おでかけひろば」の活動を当住宅で行うことを提案したところ快諾を得られた．SAHS は，外構工事など子どもの安全性を確保するための建築的な課題についてアドバイスをし，2008 年 7〜8 月に床工事や荷物整理を行い，9 月に amigo の活動が始まり開設に至った．

(3) ルツの家の理念

　B 氏は，地域の子育て中の親や子どもたちに自分の家を役立てたいという思いがあった（図 6.12）．2012 年 3 月に急逝し，現在の所有者である息子に土地・建築物は相続されたが，B 氏が遺言書を遺しており，そこにルツの家の継続について明記されていたため，B 氏亡き後も，ルツの家として場が継

図 6.14 ルツの家の外観

続された．このため元所有者の急逝後数日で，活動が再開された．運営主体である amigo は，地域で子育てする場，ということを大切にしている．

(4) ルツの家の取り組み

① 空間

ルツの家は，RC 造 2 階建て戸建て住宅の 1972 年築部分 1 階の一部と庭を活用している（図 6.13，6.14）．居間が主な活動場所であるが，台所，シャワー，ピアノ等も利用可能である．従前は未使用であった角部屋は子供の昼寝場所等として利用されている．親族の生活空間と開放空間が重なるのは主に台所である．

初期の改修については，内部の床の張り替えと台所の扉で，B 氏負担である．また，SAHS のアドバイスに基づき，外部空間には所有者専用の玄関との区別を図るためルツの家専用の扉を設置し，庭には子供が隣接住宅へ出ないように柵を設置した．この工事費用は amigo により世田谷区の「おでかけひろば事業」における開設準備金が充てられた．

相続による変化は主に外部空間である．相続時に庭の一部が売却され，元の面積の半分以下になり，売却部分には 2 軒の家が新築された．庭は狭くなったが，2 軒の住宅の購入者はこの場の活動を理解しているため，活動が制限されることはない．また，売却された庭の部分に植えられていた木はほとんど伐採されたが，縁起の良い木として B 氏が大切にしていた椰の木は，遺族と amigo がその思いを受け継ぎ，移植されることとなった．

② 運営

■運営体制：運営主体の amigo は，ルツの家開設当時，区から事業を受託

図6.15 ルツの家の利用の様子（出典：amigoウェブサイト）

する際に法人格を求められなかったため，任意団体で活動を続けてきた．しかし，事業が拡大したことで一定の法人化は必要と認識し，2014年5月にNPO法人格を取得した．10人のスタッフと保育士5人であり，活動時は2,3人のスタッフが担当する．また，現在のスタッフのうち半分以上は元利用者である．

■運営費：活動頻度が週3回から5回に増え，後述するように「一時預かり事業」も開始したため，地域子育て支援拠点事業の補助金は増額した．その他，一時預かり事業の利用料等の収入もある．しかし，収入の9割を補助金で賄っているため，amigoとしては継続面で課題があると認識している．支出は，その大部分が人件費である．また，週5日利用となったことで，家賃も当初の7万円/月から9万円/月となったが，当地域の家賃相場と比べて低価格となっている．こうした価格設定も生前のB氏の思いによるところが大きい．

■活動の周知：財団の広報誌，区のおでかけひろばの広報誌掲載のほか，HPやFacebookを使って積極的に広報をしている．

■地域団体と連携した取り組み：町会や社会福祉協議会等の地域団体のイベントに参加をしている．

③利用

■運営主体の活動：区から地域子育て支援拠点事業を受託し，未就学の子と親を対象とした交流の場「おでかけひろば」に取り組んでいる（図6.15）．2014年度からは，子育て環境の充実を進める区から要請があり，週3回から5回に増えた．現在は，徒歩圏からくる親子が多く，1日10組前後，月

に140組の利用がある．また，同様に区から要請があり，2014年度から一時預かり事業を始めた．週3回，2〜4時間で，利用料は2時間1500円である．

(c) リブロ・ニワース

リブロ・ニワースは，小田急線豪徳寺駅から徒歩10分ほど，閑静な住宅地のなかに位置する．

(1) 所有者C氏の発意の背景

所有者のC氏（70代，男性）は研究者として勤めていた大学を退職するにあたって，これまで仕事と趣味で集めた約3万冊の本を活かし，インターネット古本屋を開くことを決意する．C氏は，老朽化した自宅の建て替えを通じてこの思いを実現しようと考えた．また古本屋に加えて，読書会を開催できる空間の設置も望んでいた．2004年1月，C氏夫妻はこうした思いを抱きつつ，SAHSの代表理事I氏に建て替えの相談をし，設計を依頼した．C氏夫妻とI氏は，近所付き合いが長く，地域活動にも共に長い間携わっていることから，既に信頼関係を築いていた．C氏夫妻の思いを聞いたI氏は，地域の住民も参加できる読書会にしてはと，地域共生のいえづくり支援事業制度の活用を提案した．当制度の趣旨に賛同したC氏夫妻は財団に申込をした．

(2) リブロ・ニワース開設までの経緯

財団はこの事例を事業対象とし，既にSAHSが設計者として関わっていたため自力対応可能と位置づけた．2004年6月からSAHSが設計を開始，11月から工事が始まり，2005年6月に竣工した．活動内容については，SAHSがC氏の希望である読書会と関連させて，あるテーマや本について自由に議論する「哲学カフェ」という提案をした．C氏夫妻に受け入れられたため，それに基づき2006年8月に「お試しカフェ」を実施し，開設に至った．

(3) リブロ・ニワースの理念

リブロ・ニワースを運営するにあたって，C氏夫妻の思いは開設当初から変わっていない（図6.16）．本を通じて人と交流する場，知を交流する場，またさまざまな人の人生経験から知恵を学び合う場をつくることである．

(4) リブロ・ニワースの取り組み

①空間

リブロ・ニワースは，木造2階建ての戸建て住宅の一部で，インターネッ

> これまで集めてきた図書の活用にあたり
> インターネットで古本屋を営みながら
> この図書室を地域の人と語り合う場に提供しています。
> 誰か一人がテーマをひとつ用意して
> そのテーマについて好き勝手に語り合う、自由で楽しい雰囲気が身上。
> 知的好奇心も満たされる、ちょっと変わったサロンです。
> インターネットというツールを使うことで
> 地域を超えた「出会い」も実現しつつあり
> 「話し手」の拡がりも楽しみです。
> オーナー手作りの本場仕込みのカレーを用意して
> お待ちしています。

図 6.16　リブロ・ニワースの地域共生のいえ憲章

図 6.17　リブロ・ニワースの平面図および使い方の概要

図 6.18　リブロ・ニワースの外観

図 6.19　リブロ・ニワースの内観

ト古本屋兼図書スペースとなっている部分である（図 6.17, 6.18）．普段はC氏夫妻の仕事空間であり，「哲学カフェ」を開催する際は中心にある大きな机を参加者が囲むことになっている（図 6.19）が，現在は息子さんが始めた古本屋の本で埋め尽くされてしまっている．また玄関へのアプローチに

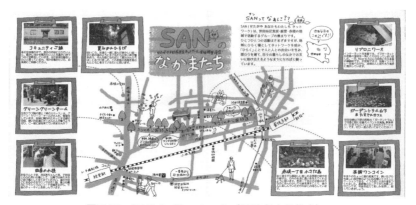

図 6.20　SAN のパンフレット（2012 年 4 月作成）

は，C 氏の「将来，古本を並べたい」という思いと公道からの視認性を高めるためにベンチを配している．さらに外構には，看板が設置された．これは後述する「せたがや地域共生ネットワーク - 宮坂・経堂・赤堤 - 」（通称，SAN）でまちづくりファンドに応募し，得た助成金で設置したものである．
②運営
■運営体制：C 氏夫妻で行っている．
■運営費：「哲学カフェ」では，参加費を 500 円とし，参加者に手料理のカレーを振る舞っていたが，最近は開催が難しくなっているため，地域共生のいえとしての収入はほとんどない．
■活動の周知：財団の広報誌のみである．
■地域団体と連携した取り組み：SAHS の I 氏らとともに，地域のまちづくり活動拠点のネットワーク組織である SAN を立ち上げた．宮坂・経堂・赤堤地域の地域共生のいえ，小さな森[20]，財団のファンドから助成金を得て活動している団体など，「地域にひらく」ことを目的に活動している団体のネットワーク[21]である（図 6.20）．日頃から情報交換・共有と，年に数回のイベントに協力している．1 つ 1 つの取り組みは小さくとも，連携することで

---

20) 財団独自の制度で，私有地内の小規模緑地（50 m^2 以上）を保全するための制度．年に数回，財団に登録する住民ボランティア等が緑地の維持管理をしたり，オープンガーデンを行ったりする．

多様なニーズに応えようとしている．
③利用

　開設当初，C氏夫妻主催で「哲学カフェ」というあるテーマや書籍を元に語り合う会が開かれていたが，ここ最近，C氏自身の体調不良，親の介護などが重なり，なかなか活動できないでいる．しかし，C氏夫妻の思いとしては，開設当時から変わっておらず，SANのイベントなどには積極的に協力を続けている．

6.3.4　地域共生のいえづくり支援事業制度を通じたコミュニティスペースづくりの特徴と意義

　以上の当制度の実態をふまえ，その特徴や意義をまとめたい．

　まず，制度設立当初5年間で45件の申込があったことは特筆すべき点である．住民に信頼のおける相談窓口を設置し，事例見学会などの工夫で住民の発意を誘発している点で当制度の意義は大きい．ただし，そのうち6件のみが開設に至っており，実現にあたっては課題が多いことが指摘できる．

　次に，開設にあたって空間上の工夫や活動のスタートアップ支援などの面で建築・まちづくりの専門家が果たした役割は大きく，こうした専門家を派遣する制度としての意義も大きい．区の関係諸課とも連携し，地域ニーズに合った活用方法を検討している点も特徴である．また，事業対象となる事例の選定や開設の認定において，数値等による一律の基準ではなく，住民の思いや自由な発想を重視し，その実現を技術的に支援している点も特徴である．一方で，基準などが柔軟な分，制度運用には難しさも伴うと考えられる．さらに，所有者への直接的な資金助成の仕組みはないため，開設時に空間整備費用を所有者がすべて負担するなど，所有者の負担が大きい場合もあった．

　開設後の状況は，所有者の思い，場の理念，開放される空間，運営体制，地域ニーズ等によってそれぞれ異なり，多様な活動，集いの場が展開されていた．こうした多様な場をコミュニティスペースとして広く発信している点

---

21) 茶論 ONE COIN，リブロ・ニワースの他，赤堤1丁目小さな森，四季の小径（私道の路地を三世代のふれあいの場として公開），NPO法人世田谷視力障害者福祉協会（2階には地域交流のための多目的室あり）の5団体で立ち上げ，2015年現在は更に参加する団体が増えている．

も当制度の意義と言えるだろう．また，開設後には持続的な運営が課題となるが，活動の幅を広げながら持続的に活動を展開していきたい場合は，所有者のみによる運営では限界があるため運営体制の構築を図ること，また，運営費の獲得や積極的な広報活動にも工夫が必要で，岡さんのいえ TOMO やルツの家でも試行錯誤している実態が読み取れた．さらに空間を借りている場合には，所有者の都合でその場での活動が縮小あるいは継続できなくなることも想定されるが，ルツの家では所有者と住民の配慮や工夫で相続後も活動が広がっていた．制度を通じた運営支援の仕組みも用意されており，財団は住民の良き相談相手になっているものの，開設後の運営は住民の善意と努力によるところが非常に大きくなっており，今後の課題である．

また，1つ1つの地域共生のいえの取り組みはささやかで対象が限定的であっても，地域に開かれた活動をネットワークし，地域の多様なニーズに応えようとしている事例も見られた．

6.4　可能性とこれからの課題

6.4.1　郊外既成住宅市街地における取り組みの普及

郊外既成住宅市街地は，数十年前の開発時においては，人口が多く，開発圧力も高く，成長時代にあって私有空間の活用は難しかった．しかし今日，状況は大きく変わっている．人口減少，高齢化を背景として，空き家，空き地が増加しているだけでなく，ライフスタイルの変化や社会貢献意識の高まり，地域社会と接点を持ちたいという住民の増加から，私有空間の活用可能性が高まっている．

住民主体による私有空間を活かしたまちづくりは，私有空間の開放が前提となる．そこで積極的に私有空間の開放を誘発する仕組みを設けることにより，一部の特殊な例を超えて，広く取り組みを普及させることができると考えられる．

6.4.2　小さな共同的利用を多発的に生み出し，連携させる

開放された私有空間，すなわち建築空間（内部空間），建築空間（外部空間），非建ぺい空間は，住民の整備・運営により，地域ニーズや課題に合わ

せてコミュニティスペース，街並み，オープンスペースへと転換することができる．本章では，コミュニティスペースづくりについて詳しく述べたが，ここで生み出される空間の公共的利用には幅がある．つまり，広く地域住民に向けた利用を図っている場合から，ささやかに地域開放をしている場合まである．従来の公共空間は，広く市民を対象とした一律の整備と運営がされているが，それとは明らかに質が異なる．公共性が転換されつつある社会のなかで，今後は小さな公共性を紡いで豊かな社会をつくりあげていくことが求められる．極めて小さな共同的な利用も，地域での暮らしを楽しく安心できるものにする「小さな公共性」として社会的な価値を認めていくことが重要である．

特に郊外既成住宅市街地は，問題市街地や良好市街地とは異なり，はじめから面的な市街地像を描くことは難しく，そのため地区全体で合意形成を図ることは困難である．こうした市街地こそ，小さくかつ多様な住環境の課題やニーズが多数あり，住民主体により小さな公共性を体現した空間を多発的に生み出し，連携させることで住環境の維持向上を図る可能性がある．

6.4.3　郊外既成住宅市街地の住環境の維持向上を促す新しい仕組み

私有空間は周辺の住環境と切り離せない社会的資産である．これまで，郊外既成住宅市街地は住環境整備事業の必要性は指摘されていながらも，手薄な状況であった．こうした市街地では，私有空間が個別敷地単位で徐々に変わっていくにもかかわらず，それをうまく住環境の維持向上につなげる仕組みがなかった．住環境の古典的な4大空間要素は，住宅，コミュニティスペース，オープンスペース，街路であるが，これらを行政が直接的にかつ公有空間で整備せずとも，本章では個別敷地にある住宅や庭先，緑地といった小さな単位の私有空間を活用し，住民主体で整備・運営することを行政が支援することで，それぞれコミュニティスペース，オープンスペース，街並みという豊かで生き生きとした空間を生み出し，地域のニーズに対応できることを示した．こうした支援制度は，郊外既成住宅市街地において住環境を維持向上させる有力な仕組みとなる可能性がある．

参考文献

石井桃子（1965）『子どもの図書館』岩波書店
井上文（2014）「SANせたがや地域共生ネットワーク」,『東京の住宅地第4版』日本建築学会関東支部住宅問題研究会, pp. 148-149
延藤安弘（2005）「ヒト・コト・モノの共生の場としての〈まちの縁側〉」『季刊まちづくり』6号, pp. 20-23
北原啓司（1999）「スモール・アーバン・スペース」, 佐藤滋編著『まちづくりの科学』鹿島出版会, pp. 209-217
後藤智香子（2015）「住民主体による住宅を活用したコミュニティスペースの継続性に関する研究──世田谷区「地域共生のいえ」を事例として」日本建築学会住宅系研究報告会研究論文集, pp. 113-120
齋藤広子・中城康彦（2004）『コモンでつくる住まい・まち・人〜住環境デザインとマネジメントの鍵』彰国社
松陰コモンズ（2007）『松陰コモンズ　第二章のはじまり』
杉崎和久（2006）「住民による身近な生活空間の維持・創造」, 辻山幸宣編著『新しい自治がつくる地域社会①新しい自治のしくみづくり』pp. 393-409
鈴木智香子（2010）「財団法人世田谷トラストまちづくりにおける「地域共生のいえづくり支援事業」制度の運用実態──所有者発意による民有空間を活用した地域公共施設の整備に関する研究」, 日本建築学会計画系論文集, 第650号, pp. 873-882
阪口知子・大江靖雄（2003）「都市農業としての体験農園の経営的可能性──練馬区農業体験農園を事例として」, 2003年度日本農業経済学会論文集, p.109
世田谷区（2013）『世田谷の土地利用2011』
世田谷区（2006）『世田谷区第二次住宅整備後期方針』
世田谷区都市整備公社まちづくりセンター（2002）『地域貢献型住宅の普及に向けた支援制度検討調査報告書』
世田谷区都市整備公社まちづくりセンター（2003）『高齢者が地域に住み続けられるための地域貢献型住宅支援に関する基礎調査報告書』
世田谷区都市整備公社まちづくりセンター（2004）『平成15年度　地域貢献型住宅支援方策に関する調査報告書──"地域共生のいえづくり"支援事業の概要』
世田谷区都市整備公社まちづくりセンター（2005）『平成16年度「地域共生のいえづくり」支援事業企画運営調査・報告書』
世田谷区都市整備公社まちづくりセンター（2006）『平成17年度地域共生のいえづくり支援モデル事業調査報告書』
世田谷トラストまちづくり(2007)『平成18年度　地域共生のいえづくり支援事業報告書』
世田谷トラストまちづくり（2008）『平成19年度　地域共生のいえづくり支援事業報告書』
世田谷トラストまちづくり（2009）『地域共生のいえづくり支援事業にともなう事務局運営補佐等委託・報告書』
全国社会福祉協議会（2008）『「ふれあい・いきいきサロン」のてびき──住民がつくる地域交流の場』
都市づくりパブリックデザインセンター編（2007）『公共空間の活用と賑わいまちづくりオープンカフェ／朝市／屋台／イベント』学芸出版社
内閣府（2013）『平成25年版高齢社会白書』

鳴海邦碩（2009）『都市の自由空間　街路から広がるまちづくり』学芸出版社
西村幸夫編（2007）『まちづくり学』朝倉書店
日本建築学会編（2004）『まちづくり教科書第2巻町並み保全型まちづくり』丸善株式会社
林泰義（2000）「「新しい公共」概念が開く世界」，林泰義編著『新時代の都市計画第2巻市民社会とまちづくり』ぎょうせい，pp. 2-42
東廉（1991）『緑と人がふれあう市民農園』，家の光協会
WAC編（2007）『コミュニティ・カフェをつくろう』学陽書房

第7章 社会資本のリノベーションによる地域活性化
——少子高齢社会における新しいコミュニティマネジメントに向けて

7.1 本章のねらい

　公民館・児童館などの公共施設，上下水道などのインフラ施設のマネジメントやリノベーションが一種のブームとなっている．その背景として，高度成長期に整備した各種施設が一斉に更新期を迎えつつあり，その更新や維持に莫大な費用がかかるということがある．

　一方で，日本においては，上記の問題にも関連があるが，少子化および高齢化が急速に進展している．そして，急速に深化しつつある少子高齢社会は，上記に加えてさまざまな社会的課題をわれわれに突きつけている．

　社会資本のリノベーションやマネジメントは，こうした多様化するコミュニティ課題の解決と関連づけながら構想され，また実施される必要がある．

　本章では，少子高齢社会の課題解決を志向した新しいコミュニティマネジメントのあり方（理念系）を念頭におきながら，公共施設・インフラ施設を含む社会資本のリノベーションやマネジメントについて再考してみたい．

　以下では，まず，社会資本のうち公共施設を中心にそのマネジメントの全国における実施状況と課題を概説する．ついで社会資本のリノベーションやマネジメントに関連した先進的取り組みについて紹介する．その上で，社会資本のリノベーションを志向した少子高齢社会における新しいコミュニティマネジメントのあり方を展望したい．

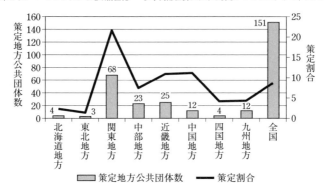

図 7.1 地方別の公共施設マネジメント策定地方公共団体の割合

7.2 公共施設マネジメントの実態

7.2.1 全国の公共施設マネジメントの取り組みの現状
(a) 策定状況の概要

2013年11月31日現在,全国1742市区町村のうち151地方公共団体が,公共施設マネジメントに関連した政策文書を作成していた[1].図7.1は,地域別の傾向を示したものであるが,関東地方,そのなかでも特に1都3県にて取り組みが行われている.これらの地域は,人口に比例して公共施設の総床面積が非常に大きいこと,また比較的早い時期に公共施設が整備されたことにより,老朽化が深刻になっていることから,早急な対策に迫られているためと考えられる.

公共施設マネジメントは,多くの場合,「施設白書⇒基本計画⇒実施計画」の順で行政文書を作成し,実施されている.しかし,実施計画まで策定している地方公共団体は少ない.

基本計画にて明確な原則・基本方針を定めている地方公共団体は78であり,それらの基本計画を対策目標に着目して分類を行うと図7.4となる.

図7.4で示した,「指定管理者制度・PFI等のサービスの見直し」や「長

---

1) 公共施設マネジメントに関する公開されている全国自治体の行政文書をGoogle検索にて把握した.

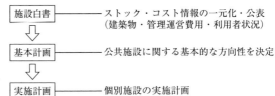

図 7.2 公共施設マネジメントの概要

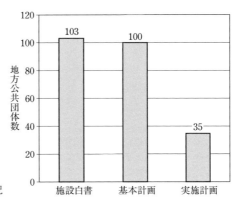

図 7.3 3段階別の計画策定状況

寿命化・耐震化等の建築物の見直し」「財源確保」等の対策目標は，以前より多くの地方公共団体で取り組まれており，これらは施設更新を遅らせたり，維持管理費用を低減させるための対策目標であると言え，地域住民の生活には直接的な影響を与えない対策目標である．これに対して，新たに現れた「保有総量の削減」や「機能・サービス・配置の見直し」といった対策目標は，「公共施設の総量削減」を意味しており，地域住民の生活に大きな影響を与える可能性を有していると言える．

　これは，すべての老朽化した公共施設を維持更新していくことは，今後の人口減少・少子高齢化社会にそぐわず，また財政的にも困難なため，「公共施設の総量削減」という抜本的な対策目標を取らざるをえないためだと考えられる．

　実施計画に記載されている施設を見ると，生涯学習施設，市民施設・集会施設，保健・福祉施設，子育て支援施設といった，市民が日常利用する「コミュニティ施設」が対象となっていることがわかる．

198　社会資本のリノベーションによる地域活性化——少子高齢社会における新しいコミュニティマネジメントに向けて

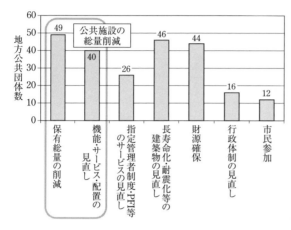

図 7.4　対策目標に着目した基本計画の分類

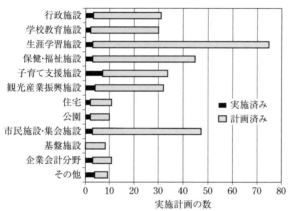

図 7.5　対象施設と実施計画の関係

　これらのコミュニティ施設は，名称や使用目的はそれぞれ異なるが，市民が利用するために公共施設の貸室を提供するという点では，類似した施設機能だといえる．しかしその一方で，根拠法は主に社会教育法と社会福祉法などと異なり，そのため行政の管轄も文部科学省と厚生労働省管轄などと異なっている．すなわち，異なる根拠法のために行政管轄が異なり，また対象サービス層も限定されるため，類似機能を提供する公共施設が重複して存在するという公共施設の問題点が明らかになる．

　次に，「コミュニティ施設」を対象とし，実施計画に記載されている対策手法の分析を行う．結果を表 7.1 に示した．コミュニティ施設を対象とした

表 7.1　コミュニティ施設と対策手法の関係

	保有総量の削減	機能・サービス・配置の見直し	複合化
生涯学習施設	23	5	14
市民施設・集会施設	11	3	11
保健・福祉施設	14	3	7
子育て支援施設	8	3	8
	指定管理者制度・PFI 等のサービスの見直し	長寿命化・耐震化等の建築物の見直し	地域移譲
生涯学習施設	15	14	4
市民施設・集会施設	8	5	9
保健・福祉施設	11	8	2
子育て支援施設	9	4	1

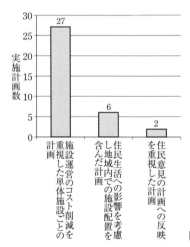

図 7.6　実施計画の視点による分類

対策手法には，図 7.4 で示した基本計画の対策目標と共通している対策手法の他に，「複合化」「地域移譲」という対策手法が記載されていた．「複合化」「地域移譲」という具体的な対策手法が，個別施設の実施計画にて明らかになった理由としては，「公共施設の総量削減」という基本計画における対策目標は，前述のように地域住民の生活に与える影響が大きいため，施設の「機能」に着目し，施設数・総床面積自体の削減は行うが，「機能」に関してはできる限り存続させ，地域住民の生活に与える影響を最小限にとどめるためだと考えられる．

また，実施計画においては，コストに着目し施設運営の効率化のみを目的とした計画が大多数を占めている．住民生活への影響を考慮して検討している例は少なく，住民意見が反映されている計画は更に少ない．つまり，調査時点では，公共施設マネジメントは，建て替え・更新に伴う自治体の財政負担を削減することのみを主眼として行われており，少子高齢社会における住民生活やコミュニティ，そしてそれらのマネジメントのあり方を検討している場合は，以下で述べる先進事例を除いてほとんどない（図7.6）．

7.3 社会資本のリノベーション・マネジメントに関わる先進的取り組み

7.3.1 公共施設マネジメントの先進例

7.2節で記したように，全国的にみれば，公共施設マネジメントは，自治体財政を今後圧迫する建築施設の建て替えや補修費用をいかに抑えるのか，ということを主眼として行われている．しかし，より創造的に新しい地域や施設のあり方を探求している取り組みも散見される（表7.2）．以下では代表的な先進事例について紹介する．

(a) 住民の生活圏域を考慮した施設の統廃合：習志野市

習志野市では，国に先駆けて2006年度より公共施設再生に取り組んできた．2012年5月に公共施設再生計画基本方針，2014年3月に公共施設再生計画を作成している．公共施設再生計画では，小中学校区や都市マスタープランでの地域区分などを参考に，市域を5つに分けた生活圏（概ね1km半径の圏域）を設定し，生活圏ごとに施設の再配置を段階的に進めることを示している．

具体的には，生活圏（約1km）内のコミュニティ施設を，小中学校を中心に複合化し，新たな地域拠点を形成し，また自治会館や小規模な公民館などについては地域移譲することで，複合化施設の補完的な役割を担わせるといった方法をとっている．

先行的に事業を進めている大久保地区では，「老朽化した大久保公民館・市民会館，大久保図書館，勤労会館を更新・再生し，中央公園と一体的に整備，運営することで，周辺のまちづくりと連携した地域の価値を高めるエリアづくりを推進（「習志野市 公共施設再生計画」p. 85）」するとしている．

7.3 社会資本のリノベーション・マネジメントに関わる先進的取り組み　201

表7.2　公共施設マネジメントの先進自治体における取り組み

地方公共団体名	神奈川県秦野市	千葉県習志野市	埼玉県宮代町	愛知県西尾市
市の概要	面積：103.61km² / 人口：169,370人	面積：20.99km² / 人口：165,190人	面積：15.95km² / 人口：33,250人	面積：160.34km² / 人口：169,789人
対象施設	公共施設	公共施設	公共施設	公共施設
背景	老朽化・人口減少・住民のニーズの変化・行政サービスの継続性	老朽化・行政改革・住民のニーズの変化	老朽化・財政問題	市町村合併・老朽化・社会構造の変化・財政健全化
主な経緯	2008年4月　担当組織設置 / 2009年10月「秦野市公共施設白書」策定 / 2009年12月「公共施設再配置計画検討委員会」設置 / 2010年10月「秦野市公共施設の再配置に関する方針『未来につなぐ市民力と職員力のたすき』」策定 / 2011年3月「秦野市公共施設再配置計画第1期基本計画・前期実行プラン」策定 / 2011年4月　前期実行プラン実施 / 2011年6月　公共施設再配置計画推進会議設置 / 2012年4月　シンボル事業4完成 / 2012年10月　シンボル事業2完成 / 2013年5月　施設白書改訂	2005年　検討開始 / 2007年「施設白書作成委員会」設置 / 2008年4月　担当室設置 / 2010年　報告書策定 / 2010年「公共施設の再生計画検討専門協議」設置 / 2012年5月「公共施設再生計画基本方針」策定 / 2013年3月「公共施設再生－データ編－」策定 / 2013年6月　特定地域再生計画事業に選定 / 2013年度末「公共施設再生計画」策定予定	2005年　検討開始 / 2010年「公共施設マネジメント白書」策定 / 2011年「公共施設マネジメント会議」開催 / 2011年11月「公共施設マネジメント計画」策定 / 2013年　第1期計画実施 / 2013年6月　いきがい活動センターの管理運営を移譲	2011年担当チーム設置 / 2012年「西尾市公共施設再配置基本計画」策定・「公共施設白書」公表・公共施設再配置計画検討ワーキンググループ開催 / モデル事業開始 / 2013年3月「公共施設白書」公表 / 先導的官民連携支援事業に認定 2013年度末「公共施設再配置実施計画」策定予定
対策手法から見た事例の特徴	①機能更新の優先順位もとに、総量圧縮の数値目標を定める / ②多機能化した小中学校を拠点とした地域コミュニティの拠点、各地域ごとに具体的に想定 / ③シンボル事業実施 / ④公民連携による施設マネジメントの検討・実施	①実施時期まで言及した計画 / ②機能を重視し、多機能化・複合化を推進し、総量圧縮を行う / ③モデル事業による複合化の検討 / ④地域再生・地域活性化の視点 / ⑤施設の長寿命化	①施設機能のサービス対象範囲によって公共施設を階層に分類 / ②小中学校を地域の中心施設とした地域コミュニティの拠点とする	①機能を重視し複合化を検討し、総量圧縮を行う / ②まちづくりの視点 / ③公共施設マネジメントを実施する際のスキームの充実、サービスプロバイダ方式のPFI活用検討 / ④市民協働
施設配置の特徴	小中学校を複合化の拠点とし、その約1km内の公共施設を複合化	（モデル案）小中学校を複合化の拠点とし、その約1km内の公共施設を複合化	（モデル案）小中学校を再編し、それを核として周囲の公共施設を複合化	（モデル事業）小中学校・行政施設を複合化の拠点とし、その約1km内の公共施設を複合化
地方公共団体名	兵庫県尼崎市	熊本県玉名市	埼玉県さいたま市	埼玉県鶴ヶ島市
市の概要	面積：50.27km² / 人口：448,941人	面積：152.55km² / 人口：69,252人	面積：217.49km² / 人口：1,253,093人	面積：17.73km² / 人口：70,257人
対象施設	地区会館・地区公民館・支所等・その他の事業執行施設	公共施設	全て（インフラ施設も含む）	公共施設
背景	行財政改革	市町村合併・財政の改善	合併・行財政改革	施設の老朽化・財源確保
主な経緯	2008年度以前　施設管理などの見直し / 2009年　施設評価委員会の提言 / 2010年8月「公共施設見直しの方向性」公表 / 2011年11月「尼崎市の公共施設の現状と課題」・「公共施設の最適化に向けた取組について（素案策定の基本的な考え方について）」公表 / 2012年2月　現状と課題の改訂 / 2012年9月「公共施設の最適化に向けた取組について（素案）」策定	2011年8月事業に着手 / 2012年3月「玉名市公共施設マネジメント白書」策定 / 2012年7月「玉名市公共施設適正配置計画検討委員会」設置 / 2013年3月「玉名市公共施設適正配置計画」策定 / 先導的モデル事業の設定	2009年11月担当本部設置 / 2010年6月「公共施設マネジメント会議」設置 2010年10月「公共施設マネジメント方針」策定 / 2011年「さいたま市公共施設マネジメント計画（白書編）（平成23年度）」策定 / 2012年6月「さいたま市公共施設マネジメント計画（方針編・白書編）」さいたま市公共施設マネジメント・ワークショップ開催 大宮区役所庁舎の建て替えと公共施設の再編の検討 / 2013年度末「さいたま市公共施設マネジメント計画・第1次アクションプラン」策定予定	2008年3月「鶴ヶ島市公共施設の保全の考え方」策定 / 2009年「施設修繕情報ボード」策定 / 2011年「公共施設修繕白書」策定 / 2012年「公共施設診断カルテ」策定「鶴ヶ島プロジェクト」実施 / 2013年「鶴ヶ島・未来との対話プロジェクト2013」実施 / 2013年2月　鶴ヶ島市公共施設利用計画書（案）公表
対策手法から見た事例の特徴	①地域振興センターを地域コミュニティの拠点とし、地区公民館の複合化による総量圧縮 / ②保健福祉業務の窓口等の集約・再編・証明コーナーの集約による総量圧縮 / ③施設の長寿命化	①地域自治区ごとの具体的な施設配置計画の検討 / ②総量圧縮（自治区を超えた）複合施設の検討 / ③管理運営の効率化・市民や民間活力の導入 / ④先導的モデル事業の計画	①ハコモノ・インフラについて明確な原則を設けており、総量圧縮や複合化を行う / ②市民との問題意識の共有や討議の開催などにより市民との合意形成を図る / ③公共施設マネジメント計画と、実際のまちづくり（まちづくりマスタープラン）との連携	鶴ヶ島プロジェクトを通し、計画の方向性検討段階から今後の施設の市民参加を図り、市民との議論の中で案を検討していく
施設配置の特徴	旧村をもとにした地区（約2～3km）内の対象施設を複合化	（モデル事業）約1km内の公共施設を複合化	（WS案）小学校を複合化の拠点とし、その約1km内の公共施設を複合化	―

(注)「公共施設」とは、総務省が実施した「公共施設条項調（平成17年）」をもとに、【行政施設，学校教育施設，保健・福祉施設，子育て支援施設，観光産業施設，住宅，公園，市民施設・集会施設，基盤施設（道路を除く），企業会計分野・その他】を対象とする．

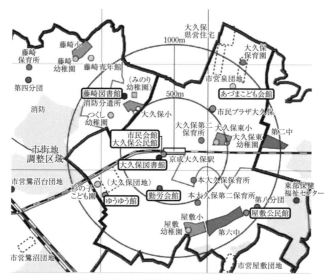

図 7.7　習志野市大久保地区における公共施設再生計画

その際,「周辺 1 km 圏内に立地する,屋敷公民館,生涯学習地区センターゆうゆう館,藤崎図書館,あづまこども会館は,中央公園周辺に機能集約し,生涯学習や市民活動の拠点として,全市利用施設（同）」にすることになっている.併せて,京成大久保駅から中央公園に向けた眺望の障壁となっている,大久保公民館・市民会館の公園内への配置を行うことで,「街中のオアシスとして,中央公園を中心に,このエリアの魅力（同）」を高めることを想定している.

しかしながら,都市計画との関係や公共交通,市街地開発事業等との連携や,施設を再配置することによる周囲への影響に関する検討は不十分であるなど課題がないわけではない.

また習志野市では,インフラ長寿命化基本計画についても,2015 年度秋をめどに策定し,公物全体のマネジメントを一括的に進めることを検討している.

(b) ワークショップによる施設計画への住民意向の反映：鶴ケ島市,氷見市

鶴ヶ島市では,複合化施設の機能やゾーニングについて,市民とワークショップ形式の公開講評会「パブリックミーティング」を東洋大学と協力して開催し,検討した.これは,住民が参加し,多様な選択案から一案を選んで

図7.8 鶴ヶ島パブリックミーティングの様子
出典 https://www.toyo.ac.jp/site/sce/news-6358.html

いく公開型討議プロセスである．そこでの討議結果の行政施策への反映方法等については不確定な面もあるが，公共施設等総合管理計画に反映することを想定して行われている．多くの自治体が公共施設の統廃合や再配置，機能の複合化などについて行政案を先に作成し，事後的に意見を尋ねることが多いのに対して，よりプロアクティブ（事前積極的）に市民の声を反映した施設のリノベーションを志向している点が評価される．

また，氷見市も，公共施設のリノベーションにあたり，ワークショップ方式を取り入れ，市民との積極的対話のもとに行っている好例といえる．空いた学校施設を利用した新庁舎建築では，市民との対話を重視した空間デザインが実現し，できあがった空間で市民と市との対話がうみだす運営上の工夫も行われている．また，道の駅を活用した漁業交流施設「魚々座」では，各所に市民の意見を取り入れ，また市民から3000点に及ぶ漁具民具を寄贈してもらい展示するなど市民と協働で創りあげている．

(c) 地域企業による管理運営を指向したサービスプロバイダ方式のPFI：西尾市

愛知県西尾市では，合併を契機に公共施設の再配置に取り組み始め，企画部企画政策課内に公共施設対策プロジェクトチームを設置し，2012年3月に「西尾市公共施設再配置基本計画」，2014年3月には「西尾市公共施設再配置実施計画」を策定し，これらに並行してモデルプロジェクトを実施し，公共施設の統廃合・用途変更の事業を行ってきた．また実施計画策定後は，関連地区での説明会などを通じて住民と意見交換を行ってきた．これら一連の取り組みについても，先進性を見いだすことができるが，同市の取り組み

において最も特筆すべき点は，地域企業による管理運営を志向したサービスプロバイダ方式のPFI（Private Finance Initiative）を独自に構想し，実施しつつあることにある．

通常のPFIとは異なり，サービスプロバイダ方式のPFIでは，SPC（Specific Purpose Company：特定目的会社）の役割を運営機能のみとし，施設の開発・建設については，運営主体であるSPCが詳細を決め建設企業へ発注する．これにより，施設建設能力ではなく，施設利用への住民意見の反映や運営の持続性など施設運営能力をPFIにおける企業選定の主な基準におくことができる．このことは，地元の中小企業が中心となって参画することを可能にしている．また，西尾市では2014年度に8回にわたる市民ワークショップ「にしお未来まちづくり塾」を開講し，そこでの意見をとりまとめ，PFIの要求水準書に掲載しており，住民・市民のニーズに対応した施設運営を重視した方式として組み立てている点も特徴的である[2]．

7.3.2　地域資源の活用を志向した戦略的プランニングからのアプローチ

公共施設マネジメントに対して，社会資本をより広く捉え地域の資源として位置づけ直すことで，地域の再生を図る，より戦略的で創造的なアプローチも，数少ないが見られるようになってきた．以下紹介する．

(a) リノベーションスクール：空家等人工物ストック活用

空家や公共施設の利活用が問題となっているいくつかの都市で進められている「リノベーションスクール」（http://renovationschool.net）は，まちづくり活動助成やコミュニティ・ビジネス支援の仕組みを，未利用・低利用の不動産アセット（人工物ストック）と結びつけて行っている方式と理解することができる．まちづくり活動助成やコミュニティ・ビジネス支援の仕組みでは，寄付にもとづくファンドによる助成や事業企画に対する融資を機会として，まちづくり活動やコミュニティ・ビジネス提案を受付け，中間支援団体が支援するなかで企画を練り上げる．更に事業実施にあたっても専門的支援を行い，市民・住民団体が地域のさまざまな資源をもとに事業を展開する

---

2) PFI事業を複数施設について一括で長期間としていることについては，さまざまな議論があり，今後の展開を見守りたい．

表7.3 第10回リノベスクール（2016年3月の実施予定）"ユニット"

《事業計画コース・不動産リノベーションユニット》
　リノベーションスクールの代名詞とも言える特定の対象案件に対して再生事業を構想するユニットです．遊休不動産の活用やリノベーションによるまちづくりプロジェクトを考えている方に．

《事業計画コース・エリアビジネスユニット》
　リノベーションという言葉が，いまだに建築的な意味合いで捉えられる印象が強く，「建築が専門ではないから，リノベーションって自分には関係ない」と，受講することに一歩踏み出せなかった方たちも，エリアを再生するプランを，受講生達と共に夢中になって過ごす4日間を体感してみてください．
　みなさんの住んでいるエリアで，新しい一歩を踏み出したいと考えている方には，エリアの活かし方・魅力の見つけ方がみえてくるはずです．
　どんな場所でも活かすことができる「学び」になると信じています．
そして，「じぶんのまちでできること」を進める"きっかけ"にしていただきたいと思っています．

《セルフリノベーションコース》
　「古い建物を，じぶんたちの手でセルフビルドしてみたい！」楽しく，工具の使い方や，実際に身体を動かして，施工の工程を体感したい方にオススメです．もちろん，工具を触ったことないという方も，大丈夫です．
　工具の使い方から，部屋作りのアイディアまで，たくさんのことを学んでください．

《公務員リノベーションコース》
　リノベーションまちづくりなどのまちづくりを，自らの住む地域で実践したいと考えている地方行政職員が対象です．行政職員向けに，自ら考え行動を起こすための実践プログラムを行います．

出典 http://kitakyu.renovationschool.net/news/join10th_school

ことを支援する．
　リノベーションスクールはそのターゲットとして公物（公共建築物，更には公園や街路）なども扱っている．しかし，その本質は，やはり民間所有の不動産物件を活用した，まちづくり事業の展開にあるといえるだろう．公物を対象とした市民や住民，地域の専門家が発意したまちづくり事業については，すでに1990年代からいわゆる，まちづくり活動助成やインフラ施設の利活用による積み重ね，つまり先例があるからだ．しかし，これについてもフロンティアは残されている．札幌市など一部の自治体ではすでに行われているが[3]，収益性のある事業を道路や河川，公園などの公物上で積極的に展開することである．こうした事業が，リノベーションスクールのような参加

---

3) たとえば，まちづくり会社がマネジメントを行っている札幌駅前通地下広場チカホプロジェクトを好例として挙げることができる（http://www.sapporo-chikamichi.jp）．

型の事業企画支援の取り組みをきっかけとして生まれる可能性はあるだろう．なお，小坂鉄道のリノベーションによる地域活性化（近代産業遺構としての鉄道軌道を活用した観光まちづくりも，同種の事業として位置づけられ，今後より積極的な事業展開に期待したい．

北九州市では，すでに5年間継続的に活動をしており，2016年3月には10回目を迎える．中間支援組織である「リノベーションまちづくりセンター」も設立されており，一過性の不動産事業の形成を目的としたイベントではなく，小規模リノベーション事業の持続的展開を通じた都市再生支援プログラムとして発展し，地域に定着しつつある．

第8章で述べる通り，問題の発見や課題・ビジョン共有の側面を一層強化することで，コミュニティの問題解決に協調的に作用するプログラムに発展しうるだろう．

(b) 郊外住宅地の再生：横浜市次世代郊外まちづくり「たまプラーザ地区」

また，第8章で詳述する，横浜市の次世代郊外まちづくり「たまプラーザ地区」での取り組みも，コミュニティの問題解決に向けた社会サービスを，ニーズの発掘からはじめて，人的組織的なストックを資源化し，人工物ストックの資源化と組み合わせ，活動・事業をデザインする新しい試みといえるだろう．横浜市では，たまプラーザ地区以外でも，郊外住宅地の再生を電鉄会社やURと協力した「次世代郊外まちづくり」により進めつつあるが，地域の物的社会的ストックの資源化は，いずれの場合も重要なテーマとなっている．

7.4 社会資本イノベーションを志向したコミュニティマネジメントへの展開

公共施設マネジメントについては，近年自治体の財政的問題への対処として，全国に急速に広がりつつある．そのうち萌芽的試みにおいては，コミュニティに必要とされる機能・サービスを再検討し，重複する施設の統廃合と複合化，地域委譲といったかたちで，総量を削減することが行われていた．また住民への影響を考慮し，小中学校区等の生活圏を単位として施設配置（複合化による集約化や廃止，地域移譲）を行っている「コミュニティ施設計画」の萌芽的事例と呼べるものも見られた．

しかし，多くの場合，住民生活に大きな影響を与えるにもかかわらず，住民参加が不十分な場合が多い．また，住宅地環境の再整備や土地・建築利用に関する制限の見直し，福祉施設や保育所など民営の社会施設の立地誘導，さらには公共交通など，本来ならば自治体所有の施設配置とともに検討すべき事項について，同時に検討を行っている例は極めて少ない（例外として筆者が関わる草加市がある）．

つまり，多くの場合は，コミュニティでの豊かで持続可能な生活の実現に直結する内容となっていないのである．

少子高齢化や人口・世帯減の進む我が国においては，諸種の制約中で持続可能で豊かなコミュニティ（地域社会）をいかにつくりだすか？という，より能動的で未来志向の検討が求められている．そして，そのためには，公共施設の維持管理費削減の観点を包含しつつも，公共交通の再編や空家・空地が急増する住宅地のマネジメント，公共施設を含む地域資源のコミュニティリビングワーク[4]に向けた活用，高齢社会に向けた地域包括ケアの体制づくりなど，より多面的に複合した問題・課題領域と連動しつつ，また市民・住民の積極的な参加をとりつけながら，検討を行うことが必要である．この際，高齢者福祉施設（介護事業施設）など，民間事業者が設置運営している施設もあり，これらの立地調整や他施設との一括的運用なども必要とされている．

つまり持続可能なコミュニティの運営・マネジメントを実現するための1つの手段として，社会資本のイノベーションを位置づけ直す発想が必要とされているのである．

では，どのようにすれば，社会資本のイノベーションを通じて，そのような領域総合的なコミュニティマネジメントを実現することが可能となるのだろうか？

1つは，すでに全国で多く行われつつある公共施設のマネジメント（公共施設総合管理計画）をきっかけとして，他の分野，たとえば都市整備や公共交通，住宅政策，介護保険事業などの福祉事業と，連携的な取り組みを，モデル地区で展開するイメージだろう．習志野市の大久保地区での取り組みを

---

[4] コミュニティそのものをリビングのような生活空間とし，またワークプレイスとして職の場として位置づけ直す，次世代型のまちづくりのあり方．

発展させるイメージである.

　もう1つは，より戦略的なアプローチを当初からとる，横浜市次世代郊外まちづくりやリノベーションスクールなどの方式を，公共施設やインフラのマネジメントを包含したより幅広い地域資源を活用したコミュニティ事業へとつなげていくアプローチであろう．総合計画や都市マスタープラン，立地適正化計画，公共施設総合管理計画，地域福祉計画などを統合的に策定するといったアプローチからコミュニティおける総合的施策へと展開させる方法もあるだろう（草加市）．

　さらに，自治体によっては，氷見市のように，その自治体の象徴的かつ特定な施設・資源のリノベーションからまず始め，当該施設の存在するコミュニティを対象としたより包括的なコミュニティ・マネジメントへと展開させる道筋もあるだろう．

　その他，従来型の都市・市街地整備系事業を契機として，少子高齢社会に向けたコミュニティマネジメントへと展開させていることも考えられる（これについても，密集事業を通じて富山式デイサービスを展開しつつある富山県射水市放生津地区などの先例がある）．

　重要なことは，社会資本を，インフラや公共建築施設などの公物（政府が所有するインフラ・不動産施設）に限らず，民間所有の人工的／自然的空間資源，人的・組織的資源，歴史・文化的資源など，幅広く捉え直すこと．そして，それらの組み合わせや，外部の資源との連結を通じた創造的な事業展開を，地域課題の解決につなげる形で構想すること．そうした方向に向けて展開させていくことにある．

　そのため，必ずどこかの局面で，従来の行政施策の枠組みを超えた，ないしは多部局の連携的な取り組みが必要となる．また，地域企業やNPO，住民組織，金融機関などとの協働的な取り組みも必要になるだろう．そのためのプラットフォームの構築も求められる．

　すなわち，協働・共創的な次世代のまちづくりを可能とする社会的仕組みを構築することが求められることになる．そうした新しい現代的なまちづくりに向けた意欲的取り組みが，全国各地で展開することに期待したい．

参考文献

小泉秀樹（2006）「コラボラティブ・プランニング」『都市計画の理論』第3章第4節，高見沢実編著，学芸出版社 2006

小泉秀樹（2015）「公共施設マネジメントからコミュニティマネジメントへの展開にむけて」アカデミア，no. 112, pp.20-25，市町村アカデミー（http://www.jamp.gr.jp/academia/pdf/112/112_08.pdf）

小島康太朗・三浦聖樹・杉崎和久・小泉秀樹（2002）「市民の自律的まちづくり提案活動を支援する情報提供に関する研究」都市計画論文集 no. 37, pp. 841-846

後藤 純・小泉 秀樹他（2015）「超高齢社会のまちづくりのために――コミュニティ戦略型計画を目指して」雑誌都市計画，vol 64, no. 4

佐々木晶二（2015）「事業のポテンシャルを踏まえた都市・地域再生の新しい視点と課題を考える――「空間計画から事業」でなく「事業から空間計画」へ」http://www.minto.or.jp/print/urbanstudy/pdf/research_16.pdf，（2015年9月15日参照）

志村高史（2011）「新しいハコモノはつくらない！：秦野市における公共施設配置の再配置計画とその実践」月刊自治研 620号

謝秉銓ら（2009）「施設運営管理費と施設の利用実態に着目した公共施設マネジメント手法に関する研究――東京都多摩市をモデルとして」日本建築学会計画系論文集 第74巻第638号

杉崎和久・小泉秀樹・大方潤一郎（2003）「市民参加による計画策定におけるアウトリーチ活動の効果に関する考察――埼玉県深谷市都市マスタープラン策定プロセスを事例として」都市計画論文集 no. 38-3, pp. 835-840

堤可奈子（2013）「地域住民自治型まちづくり制度の課題と可能性」東京大学学位論文

瀬田史彦（2013）「人口減少局面の都市計画マスタープランの総合性についての一考察――公益的施設の統廃合・再編のケーススタディ」日本都市計画学会 都市計画論文集 Vol. 48, No. 3

中川雅之（2012）「特集「都市の老朽化にどう備えるか？――人口減少，高齢化時代のインフラ・公共施設の更新・維持管理」にあたって」日本不動産学会誌 第25巻第4号

永田麻由子他（2014）「地方公共団体における公共施設マネジメントの取組みに関する実態と課題――公共施設の総量削減手法と住民生活に与える影響に着目して」都市計画論文集，vol. 49, no. 3, pp. 663-668

根本祐二（2011）『朽ちるインフラ』日本経済新聞出版社

原科幸彦・小泉秀樹編著（2015）『都市・地域の持続可能性アセスメント 人口減少時代のプランニングシステム』学芸出版社

森村道美（1998）『マスタープランと地区環境整備：都市像の考え方とまちづくりの進め方』学芸出版社

李祥準ら（2012）「IMPROVING THE EFFICIENCY OF PUBLIC FACILITIES MANAGEMENT:ORGANIZATIONAL STRUCTURES AND MANAGEMENT PROCESS IN MUNICIPALITIES」日本建築学会計画系論文集第77巻第673号

第III部
協働を超えて

第8章 協働フレームワークとしてのコミュニティ戦略
――「都市マスタープラン」からの展開

　日本では，少子高齢化社会が進展することに関連して各種の問題が生まれてきている．特に，地域生活圏においては，空地・空家の急増，自治会など従来型自治組織の弱体化，社会的孤立の増大，共働き世帯に不適合な子育て環境，自然の劣化など，さまざまな物的・社会的問題が，相互に関連しながら山積しつつある．

　一方，地球温暖化問題（CO_2をはじめとした温室効果ガスの排出），環境ホルモンの広域的な排出，ヒートアイランド，生物多様性の喪失といった諸種の環境問題への対応も一層重視されるようになってきた．

　こうした諸種の「新しい問題」について，コミュニティにおいて，多様な主体による持続的な取り組みを生み出して解決することが，各地で始まりつつあり，また期待されている．多様で多世代にわたる主体による協働的／共創的な活動を通じて創造的に問題解決をはかるコミュニティを，多世代共創コミュニティと呼ぶことにしよう[1]．この創造的問題解決志向の多世代共創コミュニティの形成は，先のような問題が山積する都市・地域において，重要な課題となっている．

　以下では，多世代共創コミュニティをデザインし，創出する，新しいプランニングのアプローチについて，日本における空間戦略にあたる都市マスタープランの果たしてきた役割と限界を踏まえつつ考えたい．

---

1) ここでいう「多様で多世代にわたる主体」とは，自治会，商店会，NPO，私企業などの多様な立場主体であり，また若年世帯や子育て世帯，そして高齢者までの多様な現代世代，さらには1つの世代を超えた次世代を含む主体である．

8.1 都市マスタープランの導入と「参加」の進展

1992年の都市計画法改正で盛り込まれた都市マスタープランでは，その策定において市民参加を強調した規定が盛り込まれている．また，通達において積極的に市民の意向を反映する旨の指示が行われた（森村，1998）．こうした国による制度構築を受けて，全国各地でさまざまな取り組みが始まった．以下，都市マスタープランの導入が市民参加をいかに進展させたのか，筆者等の関わった事例も紹介しつつ概説する[2]．

8.1.1 市民による都市マスタープランの提案

都市マスタープラン（以下，都市マス）の策定においては，まず東京区部・市部を中心として，市民提案が行われた．この市民提案は，当初インフォーマルな形で行われた（たとえば，杉並区など）．やや遅れて都市マスの策定を行った自治体では，策定プロセスの設計時に市民の検討組織を形成し，そのまま案を策定することを盛り込むようになった（深谷市など）[3]．

自治体区域を対象とした総合的な空間計画である都市マスに対して市民提案が行われたことは，エポックメイキングな出来事であった．後述の通り，それまで日本においては，提案型の市民参加は単一の近隣施設（たとえば近隣公園）か，地域コミュニティといった狭域を対象として行われることがほとんどであった．市民は，自分に身近な（したがって関心を持ちやすい）テーマに対して，利用者や居住者の立場で発言を行い，かつワークショップ等

[2) 本節の一部は小泉（2011）を下敷きにしている．市民参加まちづくりに関心がある読者は併せて参照されたい．
3) 日野市などにおいては，当初市民提案が行われ，続けて行われた市による策定過程では，フルオープンの市民検討委員会が設置され，フォーマルな市民提案にもとづいてマスタープランが策定された．練馬区では，公募区民を中心とした区民懇談会をオープンにした自主懇談会を開催し，区民提案を行った．区は当初，懇談会を区案に対する意見を伺う組織として位置づけており区民提案の作成は想定していなかったが，懇談会メンバーとそれ以外の区民による自主的な活動として区民提案を作成し，最終的には懇談会からの提案として区に提出している．

を通じて専門的なサポートのもとに案を形成していた．

これに対して，市民が自治体区域全域を対象に各種の空間的問題を考慮して，自発的にさまざまな学習や調査を行いながら提案を行うということは，それまでの日本社会の市民（ないしは住民）観を大きく変えるものであったといっても過言ではないだろう．確かに市民提案は，その内容において偏りがあり，総合性に欠けていたかもしれない．しかし，都市マスが現代的意味での公共性や総合性を獲得するためには，各々の立場に立った積極的な提案が多数行われることが重要と考えられ，この観点からは，「特定」の立場からとはいえ行政に対してオルタナティブを提示したことは積極的に評価されるべき出来事であった[4]．そして，市民懇談会などの形式で，市民を計画策定のためのコミュニケーション過程の中心として据えることについて，行政や専門家を納得させることに成功した[5]．

8.1.2 「参加」の理論・実践の進展とコミュニティデザイン

また，都市マスの策定は，市民参加の技法や理論に関しても大きな展開を引き起こした．阪神淡路大震災以前の日本の都市計画関連分野において行われた意味ある参加事例のほとんどは，まちづくりへの参加が主流であった．すなわち，公園などの市民・住民に身近な公共施設のデザインへの参加であったり，コミュニティレベルの住環境の改善への取り組みへの参加であった．

そこで用いられた手法は，主にワークショップであり，理論的にも技法的にも，参加する住民にとってその場での討議をいかに意味あるものにするのか（たとえば，空間計画の専門家ではない住民のハンディをいかに取り払うのか→デザインゲームの開発），または，参加主体間における討議をいかに民主的に行うのか（たとえば，発言権の平等性をいかに確保するのか→付箋

---

4) 単に批判する立場から，積極的に政策提案を行う市民．そうした市民が，それまで極めて市民参加に消極的であった都市計画分野のプラン策定を通じて日本社会に登場してきたことは，市民社会の形成の観点からも記憶に値する．

5) また，この都市マスに対する市民提案は，個々の市民社会組織充実とともに，そのネットワーク形成が大きな意味をもっていた．たとえば東京都内では，東京ランポ（現，まちぽっと）が，都市マスの提案を希望する市民をサポート，支援するとともに，市民主導のまちづくりを指向する市民社会組織間のネットワーク形成にも一役かった．

の枚数指定や旗揚げゲームによる平等性の確保)といったことに主眼がおかれていた．

　一方で，都市マスの策定においては，より広い社会的合意をいかに形成するかが問われる．特に，討議に参加した市民や各種利益団体の代表が，果たして地域社会における意向を投影した議論をしているのか，また代表していると言えるのか？が問題とされた[6]．

　これについていくつかの異なるアプローチが模索された．1つは，自治体区域を分けることで，従来のまちづくり協議会的アプローチを応用することだった（伊勢市）．さらに，当時急速に普及し始めたインターネットによって幅広い市民の意向を集めることが試行された（大和市の都市マス策定が初出事例だろう）．これらの試みは後発の事例に影響を与え，また曲がりなりにも日本においてマスタープランへの市民参加の先鞭をつけた点で高く評価されるべきである．

　しかし，限界もあった．前者は，自治体単位での空間像に関する議論への展開方法に欠けており，後者は，それまでのワークショップ等の討議に参加しない（しにくい）サラリーマン層などの意見を集めたがそれ以上の広がりは見られず，いずれにしても自治体区域を対象として，十分な討議や参加を保証しうるものではなかった．

　こうした問題意識にたって，海外事例とりわけアメリカにおけるマスタープラン策定を対象として，その技法を検証する研究も行われた（小泉他，1997など）．そこでは，ステークホルダーを特定した上で（ステークホルダーアナリシス），討議とアウトリーチを組み合わせ，社会的合意を形成することが試行されていた．同時に，米国では多主体参加型ないしはコラボラティブなマスタープランの策定について，その意味を理論的に探求した研究もすでに行われていた（Innes, 1996; Berry et al., 1993 など）．

　このような方法論を参考にしつつも，日本の現状を加味しつつ包括的市民

---

[6] 阪神淡路大震災の復興事業においては，討議に参加し意思決定に関与するメンバーが地域社会を代表しているのか？　すなわち代表性を獲得しているのかが，極めて重要な論点になった．そこでの議論をきっかけとして，復興に多少なりとも関わった研究者たちは，その後急速に各地で策定されることになった都市マスの計画策定においても代表性の獲得について考慮しはじめた．

参加が行われた我が国初めての事例が深谷市都市マスタープランであろう．

そこでは，100名を超える市民が，各々の関心に基づいてテーマごとのステークホルダー・グループを形成し，各々の観点から見た都市の将来像を検討した．検討にあたってはグループに市職員，コンサルタント，大学研究者が付き，さまざまな専門的情報を協力して提供し，また地域住民や分野の関係者へのアウトリーチ活動を併せて行いつつ，市民の有する地域社会に関する知識に専門的知識を加えたものを，テーマごとの提案としてまとめあげた．その上で，分野間の齟齬を空間的に整理し，その調整を各グループの調整検討委員会のもとに行ったのである．

最終的な市民提案は，市民による深谷市におけるまちづくりを志向した近未来の物語としてまとめられた．市では，この提案をもとに市素案を作成した．そこでは，重要な論点については複数の選択肢を示したうえで，市の全世帯に配布すると同時に，市内の有力な企業や団体についても個別に意見を収集し，それらの意見にもとづいて，最終的に計画を策定している（小島他，2002）．

8.1.3 コミュニティデザインからエリアマネジメント，そして仕組みづくりへの展開

また後述の通り，深谷市のマスタープラン作成では，同時に，包括的な市民参加を契機として，マスタープランの進行を管理し実現につなげる市民社会組織（まちづくりNPO）を立ち上げ，同時に行政内部の組織体制をマスタープラン中心に組み替えることを達成することを目標としていた．

前者については，NPO法人深谷にぎわい工房が立ち上がり，中心市街地の活性化を対象に現在も活動を継続している．マスタープランの作成に参加した市民がまちづくりNPOを形成し，その後のまちづくり活動や，都市マスの実現・見直しに継続的に関わる同様の例は他にも見られるが[7]，市民社会組織の形成そのものを計画策定の目的として策定過程のデザインを行った例は，おそらく日本では初めての試みであったろう．

---

[7] たとえば，調布市ではまちづくりの会が形成された．また横浜市は区プランの策定に関わった市民がその後も継続的に活動し，2010年から行われているマスタープラン見直しに際しては，マスタープランサミットを開催するなど，市民発意の見直しに向けた活動を展開している．

深谷にぎわい工房を中心とした深谷市中心市街地の再生に向けた取り組みにおいて特徴的なことは，同じくNPO法人の深谷シネマ等とともに，酒造会社跡地を利用した「リノベーション事業」を行おうとしていることにある．各種のイベントを通じて地域社会の信頼を勝ち取ることによって事業を実施する下地を築いてきた．NPOを主体としたエリアマネジメントの先例の1つになろうとしている．しかし，市民がみずから事業的な活動を展開するためには，資金確保や不動産の取得・利用等においてさまざまな障害があり，一部の成功例を除けば一般には困難な状況におかれているといってよいだろう[8]（第2章も参照のこと）．

後者については，行政内に，都市マスの実現に関わる各種の担当部局を横断した戦略会議を市長主導で設置し，都市マスの実現に向けて議論を重ねた．将来的にはこの会議を市長直轄の行政部局戦略室とする構想があったが，マスタープラン策定直後に市町村合併の話が持ち上がり，戦略会議の開催は当面棚上げとされ，さらに合併によりマスタープランそのものがお蔵入りとなった．

しかし，練馬区や日野市，国分寺市など東京の西郊部では，マスタープランの策定を契機として，まちづくり条例やまちづくりセンターが導入され，行政組織や関連制度の形成に影響を与えた例もあった．

8.2 都市マスタープランの現在地——都市マスタープランの見直しから見た名古屋市空間戦略の課題

8.2.1 名古屋市都市計画マスタープラン見直しの概要

2009年10月，河村たかし名古屋市長から名古屋市都市計画審議会（以下，審議会）に対して，「名古屋市都市計画マスタープラン」（以下，都市MP）のあり方について諮問があり，同年12月，審議会内に都市MP部会（以下，部会）が設置された．都市計画，景観計画，交通工学，森林利用学，環境政策，マーケティング等を専門とする合計8名の委員（審議会委員2名と専門

---

8) NPO等が事業的活動（社会的事業）を行う環境はまだ英米などと比較して未整備といってよい．詳しくは，小泉（2006）を参照のこと．

委員 6 名）で構成されるこの部会には，次期都市 MP のあり方について調査することが求められた．筆者の村山も専門委員の 1 人として，本調査に参加している．2011 年 3 月までに 7 回の部会が開催され，その後，審議会への答申が行われ，2011 年中に都市 MP は公表された．本節は，2011 年 3 月時点で検討中の都市 MP 案を題材に，名古屋市の空間戦略の課題に関する筆者の個人的見解を示すものである．

2001 年 9 月に策定された旧都市 MP は，2000 年 11 月に策定された「名古屋新世紀計画 2010」（総合計画の基本計画）の都市計画に関わる部分をとりまとめたもので，概ね 20 年の長期的見通しの下，2010 年度を目標として，名古屋市の都市計画に関する基本的な方針を定めている．

今回の都市 MP のあり方に関する調査は，旧都市 MP を見直し，「名古屋新世紀計画 2010」の後継である「名古屋市中期戦略ビジョン」と愛知県の「名古屋都市計画区域マスタープラン」（2010 年 12 月策定）に即して，概ね 20 年の長期的見通しの下，2020 年度を目標とする新しいまちづくりの基本方針を検討するものである．ところで名古屋市では近年，都市 MP の他にも，たとえば「低炭素都市 2050 なごや戦略」，「住生活基本計画」，「歴史まちづくり戦略」等，名古屋市の空間戦略に関わる分野別の戦略や計画が数多く策定されており，都市 MP にはそれらとの整合も求められる．

8.2.2　次期都市 MP 案の特色と構成

新しい都市 MP の目的は，第 1 に，長期的な視点に立って将来の都市像やまちづくりの方向性を示すこと，第 2 に，地域住民・企業・行政などの協働によるまちづくりを進めるガイドラインとなることである．対象区域は，名古屋市全体を基本とするものの，周辺市町や名古屋大都市圏の各都市との交流についても考慮している．また，人口については，今後しばらくは増加が続き，2025 年頃から減少が始まると想定している．

次期都市 MP の特色は，次の 3 つに整理されている．

・長期的な人口減少や高齢化，地球環境問題への対応を考慮した都市構造を目指し，その第一歩となる取り組みを示す．

・戦略的なまちづくりの展開に向けて，まちづくりの戦略と重点的に取り組む地域におけるまちづくりのイメージを示す．

・多様な主体による地域まちづくりの推進に向けて，全体構想と地域別構想の二層構造とし，都市レベルの視点と地域レベルの視点からまちづくりの方向性を示す．

　今回の調査では全体構想のみを検討し，地域別構想は全体構想策定後に随時位置づけることとしている．全体構想案は，①策定にあたって（目的，位置づけ，前提条件，特色等），②長期的視点に立ったまちづくりに向けて（まちのなりたち，現況，時代の潮流等），③めざすべき都市の姿，まちづくりの方針（集約連携型都市構造等），④分野別構想（土地利用，交通，港湾・空港，緑・水，住宅・住環境，防災，景観・歴史，低炭素・エネルギー，供給施設等），⑤戦略的まちづくりの展開（3つの戦略と誘導地域・重点地域，重点地域における取り組みのイメージ等），⑥地域まちづくりの推進（構想づくり，実践のしくみ），⑦評価・見直しの方針（評価指標，PDCA等）という構成となっている．このうち，7回の部会で特に議論となったのは，「集約連携型都市構造の実現」を明確に打ち出す「まちづくりの方針」およびそれに直接的に関連する「分野別構想」の「土地利用」と地域スケールのまちづくりを推進する仕組みを提示する「地域まちづくりの推進」である．「分野別構想」の大部分は既存の分野別戦略・計画からの転載，「戦略的まちづくりの展開」の大部分は既に開始されている取り組みの再整理，「評価・見直しの方針」はほとんど未検討である．

8.2.3　「集約連携型都市構造」の実現へ──空間戦略の骨格の形成

　2001年に策定された旧都市MPの都市空間将来構想は，図8.1の通り，市内を都心域，既成市街地，新市街地，港・臨海域の4つのゾーンに分け，各ゾーンの土地利用の方針を示し，交流拠点および交流軸の形成，自然環境の保全と創出について，概略的な方針を示すものである．基本的に，当時の土地利用の趨勢に合わせた方針であると考えられる．

　その後，都市MP以外の戦略で，名古屋市の将来都市構造が提示されている．公共交通利用と自動車利用の割合を「3対7」から「4対6」にすることを目指す2004年のなごや交通戦略には，地下鉄の駅を中心とする範囲（これを名古屋市では「駅そば」と呼んでいる）を自動車に頼らなくてもよいコンパクトなまちにするため，生活利便施設や公共施設の駅周辺への誘導，

8.2 都市マスタープランの現在地　221

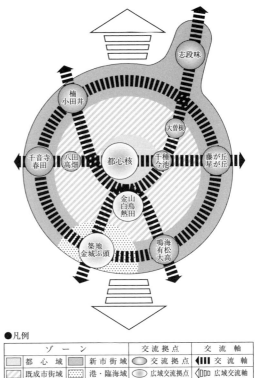

図 8.1　旧都市 MP（2001 年）の都市空間将来構想図

駅そば居住の推進，楽しく歩ける生活道路やちょい乗りシステム等による駅への移動支援などを行う「駅そばルネサンス」のコンセプトがある．そして，2009 年の「低炭素都市 2050 なごや戦略」では，二酸化炭素排出の削減を目標に，図 8.2 の通り，広域的には風の道や水・緑の回廊を保全・創出し，駅そばでは各種都市機能を集約し，駅から離れたところでは空地をまとめる都市構造イメージが提示された．また，2010 年の「生物多様性 2050 なごや戦略」および「水の環復活 2050 なごや戦略」でも，それぞれの観点から，名古屋市における緑と水のネットワークの創出に関する方向性が示された．こうした戦略で提示された内容は，新しい都市 MP に具体的な空間戦略・空間計画を要求するものである．

　こうした交通・環境分野から要求される空間戦略の内容に加え，近年では，

222　第8章　協働フレームワークとしてのコミュニティ戦略

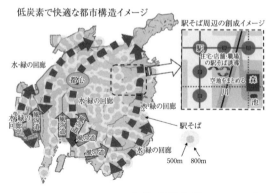

図 8.2　低炭素都市 2050 なごや戦略（2009 年）の将来像

　大地震発生時の土地の液状化，集中豪雨発生時の外水氾濫および内水氾濫への対応といった防災分野から要求される空間戦略の内容もある．2007 年の震災に強いまちづくり方針では，災害危険度判定調査に基づき，広域避難地・避難路の確保および安全な市街地の整備に関する方針が示されているが，洪水・内水ハザードマップや地震マップ（震度・液状化・被害の予測等を含む）を踏まえた空間戦略は未検討である．

　これからの空間戦略は，この他にも，生産年齢人口減少・高齢者激増時代の福祉分野からの要求，新世代交通手段の導入，限られた財源による都市基盤の維持，歴史・景観への関心の高まり，土壌汚染問題への対応，顕在化する格差社会等に対応しなければならない．

　新しい MP 案の「まちづくりの方針」では，図 8.3 に示される「集約連携

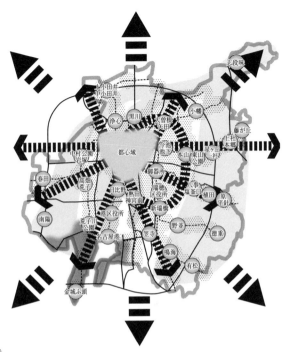

図 8.3 新しい都市 MP 案 (2011 年) の集約連携型都市構造 (検討中)

● 都心域　○ 市街域　● 港・臨海域　　環境軸　　駅そば生活圏
--- 鉄軌道　— 道路(高速道路,国道等)　◀❚❚ 広域交流軸　⇚⇛ 主要な交流軸

型都市構造の実現」を目指すことが強調されている．「集約連携型都市構造」とは，「駅を中心とした歩いて暮らせる圏域に，商業・業務・住宅・サービス・文化等の多様な都市機能が適切に配置されるとともに効果的に連携されており，さらに景観・デザインに配慮された魅力的な空間づくりがなされている，集約型の都市構造」である．そして，土地利用のゾーンとして都心域，市街域，港・臨海域を，環境のゾーンとして環境軸（緑と水の回廊）を，駅を中心とするゾーンとして駅そば生活圏を設定し，各ゾーンのまちづくりの方針を示している．これは，図 8.4 の通り，「分野別構想」の「土地利用」にも反映されている．さらに，人口増加が 2025 年頃まで続くことを前提に，特に駅そば生活圏における居住人口および交流人口の増加を図る一方，将来的な人口減少によって懸念される空地・空家の増加とそれに伴う地

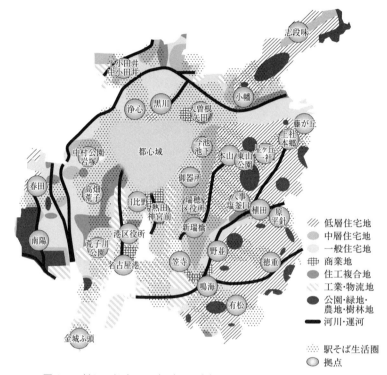

図 8.4　新しい都市 MP 案（2011 年）の土地利用構想図（検討中）

域環境の悪化や都市経営の非効率化については適切な対応策を検討する取り組み方針が示されている．駅そば生活圏では，都市機能の更なる強化と居住機能の充実を図るものとし，そのために，駅そば生活圏内に拠点を設定し，図 8.5 のイメージで，その活性度を高めることとしている．

8.2.4　名古屋市の空間戦略の課題

このように，次期都市 MP 案には，都市を取り巻く新しい課題への対応として「集約連携型都市構造の実現」が盛り込まれた．これは，名古屋市が 2004 年以降に策定した交通・環境分野の戦略の中に，そのもとになる考え方が含まれていたことによるところが大きい．また，振り返れば，第 2 回の部会で事務局が筆者に「都市構造／土地利用のポイント」と題する発表の機

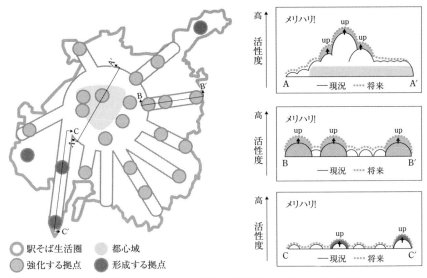

図 8.5 次期都市 MP 案（2011 年）の拠点形成のイメージ（検討中）

会を与えてくれたことも重要であった．詳細は省略するが，以下のような発表をした現代の都市では，都市基盤の整備や維持に必要なコストを可能な限り削減し，環境問題の緩和と超高齢社会への対応に向けて自動車依存型都市構造を改める．そのために，公共交通機関をはじめとする都市基盤が整備され，かつ，災害危険度の低い適切な場所に都市の諸機能を誘導し，多様性を持つ魅力的な都市空間を創出・維持する．一方で，都市基盤の密度が低い地域では自然環境や農地を積極的に保全・復元することが求められていることを強調し，名古屋市の都市構造や土地利用を具体的に検討するための手順案を示した．その後も，事務局と議論を重ねた．

名古屋市の新しい都市 MP 案において，駅そば生活圏を中心とする「集約連携型都市構造の実現」が盛り込まれたことは，大きな一歩であると評価したい．一方，次のような課題は残されたままである．

まず，市内の災害危険度の高い地域にも，駅そば生活圏や拠点が設定され，都市機能のさらなる強化と居住機能の充実を図ることとなっている問題がある．2004 年に全線開通した鉄道の維持の課題からそうせざるをえない状況もあろうが，災害危険度の高い地域におけるまちづくりについては慎重な議

論が必要である．

　次に，駅そば生活圏の具体的な将来像が不明確であるという課題がある．実際，駅そば生活圏の都市環境が過密により悪化するのではないかとの意見もあり，抽象的なレベルで集約連携型都市構造の賛否に関する議論を聞くが，これは駅そば生活圏の具体的な将来像が提示されていないことによる．今後，多くの駅そば生活圏で地域別構想の検討が進むことに期待するが，一言で「駅そば生活圏」といっても，用途複合のバランスや人口・世帯数・建物の密度の高低は，当然，各駅そば生活圏で異なるはずであり，本来ならば，こうした指標に基づく具体的な議論が必要である．

　上記の課題とも深く関連するが，都市 MP の全体構想と地域別構想をつなぐ仕組みがほとんどない．今後策定する地域別構想は，当然，全体構想の内容を受けたものになるが，全体構想は抽象的な方針にとどまっているため，たとえば，ある駅そば生活圏で地域別構想を検討しようと思っても，一体どの程度の都市機能や居住機能の充実を目指せばよいのかわからない．駅そば生活圏の将来像をある程度規定する指標を設定することができれば，これが全体構想と地域別構想をつなぎ，各駅そば生活圏における地域別構想の手掛かりを与えるだけでなく，集約連携型都市構造の実現性を高め，また，その進捗状況のモニタリングが可能となるはずである．

　「集約連携型都市構造の実現」を含む新しい概念を巡って議論が白熱した一方，肝心の都市計画法に基づき展開される規制・誘導・事業の評価・見直しに関する議論が皆無である．これは，そもそも旧都市 MP に計画と規制・誘導・事業の連動が乏しく，新しい都市 MP も抽象的な方針の提示にとどまっているからであるが，本当に「集約連携型都市構造の実現」を目指すならば，当然，規制・誘導・事業の評価・見直しに関する議論は不可欠である．

　都市 MP の見直しと同時期に，他の分野別の戦略・計画も数多く策定されていた．筆者もいくつかの策定委員を兼任し，縦割になりがちな諸戦略・計画の少なくとも空間に関わる部分は，新しい都市 MP による整理・統合さらには前進を目指して働きかけてきた．その結果，各戦略・計画の方針レベルでの整合性は概ね確保されたが，残念ながら，新しい都市 MP が他分野の戦略・計画を空間的視点から一歩前進させるまでには至っていない．結局，具体的な検討を地域スケールの取り組みに丸投げする格好となってしまった．

さらに，人口減少時代に向けて，グリーン・インフラストラクチュア（オープン・スペース，水路，公園，森林，緑地帯，街路樹，田園等のネットワーク）の整備の課題を挙げたい．新しい都市 MP 案では，当面の課題に対応するために，集約連携する駅そば生活圏に焦点が当てられているが，今後は，機能や密度が低下していく市街地のあり方についても検討が必要である．一般論として，自然環境や農地を積極的に保全・復元することは言われているが，何を根拠に，どのような配置で，どのような社会・経済的な仕組みで，どのようなデザインのグリーン・インフラストラクチュアを整備すべきかの検討はまだ始まったばかりである．

以上のように，名古屋市における都市 MP の見直しにおいては，都市計画制度の問題よりも都市 MP の「作り込み」の課題が多く，これについては，実務・研究の両面において，都市 MP の内容や策定技法に関する議論を深める必要がある．

8.3 多世代共創コミュニティ形成に向けた空間戦略

8.3.1 コミュニティマネジメント志向のプランニングとは？
(a) コミュニティマネジメント志向のプランニング

少子高齢社会への対応や環境配慮が必要とされる現代日本に求められるプランニングとはどのようなものであろうか？　それは一言でいえば，コミュニティとして新しいライフスタイルを探求し，そのライフスタイルの実現に向けて具体的アクションに踏み出すことを働きかけるプランニング，となるだろう．

そこでは，少なくとも以下の各点が重要となる．
(1) 決定した未来と不確実性に立脚した戦略の描出

コミュニティの人口動態や人工物ストックの耐用年数など「（概ね）決定している未来」とよべる要素と，可変であることや不確実／不確定な要素・条件を仕分けながら戦略を検討する必要がある．
(2) コミュニティストックの資源化

少子高齢社会の到来を踏まえて，フロー重視からストック重視に移行すべきといわれて久しい．しかし，ストックは，活用されなければ，単にコミュ

ニティの「負債」になるだけである．つまり，ストックを有効に活用するための構想や戦略，プログラムがあってはじめて資源としての意味を持ちうる．コミュニティにおけるストックの資源化を志向することが必要なのである．

　筆者らの考えでは，コミュニティストックには，大きく分けて人工物，自然，人・組織，文化・制度の4つのタイプが少なくともある．たとえば，人口・世帯減少という社会状況においては，新しい人工物を用意・提供することよりは，現存するストックを持続的にマネジメントすること，さらにいえばストックを課題解決の資源としてより積極的に活用することを志向する必要がある．こうした人工物などの既存ストックの活用は，同時に環境への配慮にも適合的なものとなる場合が多いだろう．

　また，人・組織についてみれば，後述の通り，地域住民，自治組織，コミュニティベースで活動するNPOなどがコミュニティの人的・組織的ストックであり，こうした主体が問題解決に向けた資源となるための（資源化するための）条件を探ることが重要となる．

(3) 問題解決に向けた協働の創出

　冒頭で述べた通り，求められていることは，単に計画や戦略を策定することではない．問題解決に向けた多様な活動や事業を生み出すプランニングである．これについては，そもそも担い手を発掘し発意を育むことやグループ／チームを形成することが必要である（主体形成）．さらに，コミュニティ内外の主体，つまり住民グループ相互に加えて，行政，企業を含めた主体間の協働・協調的関係を構築し，内外の資源と結びつけることが必要である．

(4) 空間的対応

　コミュニティの問題の多くは，空間的に固着して発生する場合が多い．それは，物的問題に限らず，社会的問題についても同様である[9]．先に述べたコミュニティストックのマネジメントや活用についても，各種ストックの存在状況を空間的・地理的に把握し，資源化の可能性や条件を探る必要がある．また，創造的問題解決に必要となる将来の社会的ニーズやリスクについても空間的に把握することが必要であろう．

9）たとえば，高齢世帯の貧困問題は，しばしば住宅形式（建物・所有形式）と関係しつつ存在しており，さらに住宅形式が特定地区に偏ることから，空間的に連担して発生することが多い．

(5) プロセス

以上のポイントを押さえたプランニングのプロセスを整理すると以下のとおりになる．

- ●コミュニティアセスメント
  コミュニティにおける問題の発見や理解ストックの資源化に向けた評価（資源化の可能性や条件の把握）
- ●コミュニティエンパワーメント
  主体形成，エンパワーメント，チーム・ビルディング
- ●課題やビジョン／戦略の共有
  課題抽出
  ビジョン，戦略・対策の描出
  それらの共有
- ●プロジェクト実施に向けた体制構築
  協働のコーディネーション
  プロジェクト実施支援
- ●プロジェクト評価とその共有

(b) 先行事例

以下では，こうしたいわば「次世代型プランニング」の先行的取り組みについて，筆者らが関わった事例を中心に紹介する．

(1) 深谷市都市マスタープラン作成（2000～2002年）

先に紹介した深谷市マスタープラン（旧）は，おそらく日本で初めてコミュニティマネジメント志向で策定された都市マスタープランだろう．そのポイントは，計画策定を通じて課題解決に向けた活動体を生み出すことを，計画策定の当初から念頭においていたことにある．

深谷市では，公募とアウトリーチ活動を通じて100名を超える人の参加者を募り，市民と行政，専門家からなる協議会を中心にマスタープランの策定を行った[10]．この際，協議会の内部に，参加者の関心に応じて7つのテーマ別検討グループ（班）を設定した．各班には，テーマに関連した市役所関連各課，市内外の関係団体代表者や関係者など，主なステークホルダーを加え，

---

10) 小島他（2002）および杉崎他（2003）を参照のこと．

230　第8章　協働フレームワークとしてのコミュニティ戦略

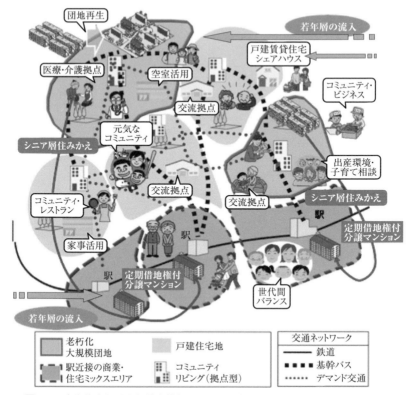

図 8.6　次世代まちづくり基本構想 2013 におけるコミュニティリビングモデル

テーマベースの「プロジェクトチーム」を形成している．そのうえで，協議会を，マスタープラン策定に関連した基本的な前提や課題を確認・共有し，テーマ間の調整を行う場として位置づけた．各班は，協議会全体での議論を踏まえつつ，自主的活動を展開し課題に対する理解を深めてテーマごとの提案を行った．

　このテーマ別の班を設置したねらいは，チームごとでの提案を行い，その提案を実現するための活動団体を生み出すことにあった．当初の構想は，諸種のテーマ型の活動を生み出すアンブレラ型の組織を協議会ベースで立ち上げ，そこからテーマ型の活動を独立させるものであったが，実際には，テーマ型組織のみが立ち上がった．これらは，現在も深谷市の中心市街地などを基点に活動を継続している．

8.3 多世代共創コミュニティ形成に向けた空間戦略　231

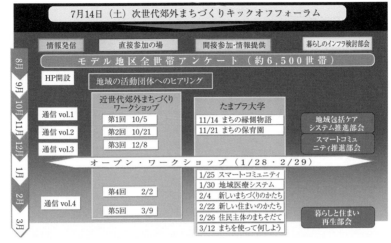

図 8.7　次世代まちづくり基本構想策定のプロセス
出典：次世代郊外まちづくり基本構想 2013

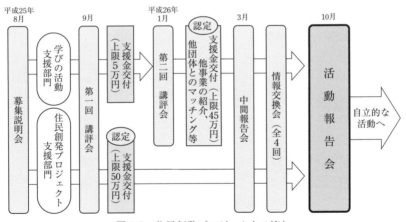

図 8.8　住民創発プロジェクトの流れ

(2) 横浜市次世代郊外まちづくり（2011 年～）

横浜市では，郊外住宅地の再生を電鉄会社や UR と協力した「まちづくり」により進めつつある．東急電鉄沿線のたまプラーザ駅周辺地区を対象とした取り組みは，次世代郊外まちづくりと呼ばれその最も先行した事例である．

まず，たまプラーザ駅周辺地区を対象に，ステークホルダーの発掘から始

めた．そして，公募で募った住民を中心に，100名規模のワークショップを企画・開催した．そこでは，まず地区の課題と今後目指すべき方向・ビジョンを共有し，課題解決やビジョン実現に向けたプロジェクトを企画提案した．これらの検討結果は，2013年6月に次世代郊外まちづくり基本構想2013としてまとめられている．

構想策定後も，東急電鉄と横浜市が協力し，具体的な課題解決に向けた協働的活動や事業を引き出すために，組織形成や企画立案支援，さらに活動助成を地区住民を対象に実施した点が，深谷市とは異なる．その際に，外部企業とのコラボレーションを促すかたちで企画立案を支援した点も新しい試みである．その結果，課題解決やビジョンの実現に向けて，28（うち学びのプロジェクトが15）のコミュニティ事業が実施され，更にその過程においてクラウドファンディングの実施や他の助成金の獲得を促すなどし，コミュニティ事業の育成を試みている．

8.3.2　コミュニティマネジメント志向のプランニングを支える技法と制度の課題
(a) コミュニティストックのマネジメントを前提とした社会サービスの空間デザイン（事業の空間的構想）

(1) 空間統計分析・推計

確定した未来，変更可能な領域，不確実な事項を整理しつつ，少子高齢社会の到来に備えるために，空間統計分析・推計（予想）のアプローチをより積極的に援用する必要がある．

具体例を挙げて考えてみよう．超高齢社会の到来に向けて，医療・福祉・健康に関連した各種の社会サービスをコミュニティ内に展開する必要がある．このうち介護保険事業の推計について見てみると，介護保険事業計画では，3年ローリング（循環的な見直し）となっており，10年，20年スパンでの需要予測は行っていない[11]．また，場合によっては市町村単位（合併自治体

---

11) 厳密にいうと，要介護認定者数については，10年スパンで推計しているが，必要となるサービスや施設については3年ローリングで推計を行っている場合が多い．確かに，介護保険制度自体が頻繁に見直されることもあり，精度の高い推計は1年単位でローリングが行われてもよいが，一方で，空間計画の立場からは，大づかみでのサービス量でよいので，10年，20年スパンのサービス量と必要となる施設量を，生活圏単位で見積もっておくことが必要である．

は旧町村単位）の推計のみで町丁目単位の推計では行われておらず，そのままでは各生活圏域における施設計画に反映することは難しい．日本では，高齢者の社会移動が相対的に少なく，むしろ推計しやすい面もあり，積極的にプランニングに活用すべきだろう．

また，単身高齢世帯数や空家の発生量なども，人口動態等を分析することである程度予測でき，その活用や必要となるサービスや事業について，予め検討することが可能となる．同様に，子育て関連のサービスニーズや，あとで述べる健康・スポーツ関連のサービスニーズについても，同様なアプローチで生活圏の計画に応用できる空間単位をもって，ざっくりと推計することが必要なのである．

(2) コミュニティストックの評価と資源化の手法開発

その上で，各種のコミュニティストックにそうした必要とされるサービスを結びつける方法と仕組みが必要となる．たとえば，近年小学校の統廃合が進められる場合も多い．その際，近い将来地域に必要とされる社会サービスを想定しその拠点とし，併せて公共・共同輸送サービスを提供させることなどが必要になるだろう．そして，そのサービスの担い手としてコミュニティに存在する主体を育成することや，必要があれば外部の担い手との協働などを構想することも必要になる．

現代日本では，コミュニティにおいて必要とされる社会的サービスの多くが，NPOや社会的企業を含めた民間ベースで提供されている．NPOによる活動や社会的事業の支援プログラムは，活動や事業を発意する主体に対して，企画立案や実施に対する技術的，経済的，組織的支援を行うものであった．そのルーツは，世田谷区まちづくりセンターによる活動助成（まちづくりファンド）にあるといってよい．

こうした世田谷区のまちづくり活動助成にルーツをもつ支援制度の設計思想は，基本的には，顕在化してないニーズの発見を含めて，市井のだれかが「必要」な社会サービスを提供（少なくとも発意・構想）するもの，という前提に立っている．ただし，そうしたサービスは多くの場合，先端的なニーズを捉えたものであることから，萌芽的であり，また必ずしも営利事業としては成立しない，通常の民間営利事業よりも事業性に乏しいものであるから，発意や構想を事業化することを支援するというものである．

確かに，問題解決に必要な事業を実際に発想することは，「市場」に委ねることに理がある．一方で，そのコミュニティにはどのようなストックがあり，どのような社会的問題が発生しまた予想され，なにを解決することが求められているのか？　これについて，多様な関係主体間で共有し，問題解決に向けた戦略と事業を構想し実施する．このようなプロアクティブな問題解決を志向した，更にはコミュニティストックの資源化をベースとしたアプローチが求められている．

先の横浜市たまプラーザ地区での試みは，こうしたコミュニティの問題解決に向けた社会サービスを，ニーズの発掘からはじめて，人的組織的なストックを資源化し，人工物ストックの資源化と組み合わせ，活動・事業をデザインする新しい試みといえるだろう．また，第7章でも取り上げた，空家や公共施設の利活用が問題となっているいくつかの都市で進められている「リノベーションスクール」(http://renovationschool.net) は，まちづくり活動助成やコミュニティビジネス支援の仕組み（寄付にもとづくファンドからの助成を機会としてまちづくり活動やコミュニティ・ビジネス提案を受け付け，企画を練り上げて実施支援する仕組み）を，未利用・低利用の不動産アセット（人工物ストック）と結びつけて行っている方式と理解することができる．問題の発見や課題やビジョン共有の側面をより強化することで，コミュニティの問題解決に協調的に作用するプログラムに発展しうるだろう．

しかし，以上の2つのアプローチ以外にも多様な方法が構想しうるはずであり，地域ごとの多様な試みの登場を期待したい[12]．特に，人工物，自然，人・組織，文化からなるコミュニティストック全体を対象に状況把握と評価を行い資源化することが求められる．現在の試みの多くは，人工物，すなわち不動産アセット・ベースを志向しているものや，人・組織のみに着目しているものが多く，より包括的にコミュニティストックを活用し，かつ協調・協働の効果を高める方法[13]を模索する必要がある．

---

[12] たとえば，国分寺市では，コミュニティカフェを基点とした協働的なまちづくり活動が生まれつつあり，こうした試みを発展させるという方式も想定しうるだろう．コミュニティカフェは，コミュニティ（まちづくり）事業体，いいかえれば「まち仕事」の一形態である．すなわち，コミュニティを基点として生業を確立しつつ，コミュニティに求められる社会的サービスを提供していると理解できる．

(3) アクティブ・デザイン

　日本では，少子高齢社会の進展と並行して，単身世帯が急増し，単身の高齢者や未婚の成年，単親の親子世帯などの増加も予想されている．このことは，両親と子どもからなる核家族を標準世帯と考える社会観から，多様な小規模世帯がマジョリティとなり世帯相互が支えあう社会観へと転換する必要性を意味しているだろう．

　そこで，重要となるのが，社会参加や，社会的包摂を図る機会の提供であり，そうした活動が行いやすいコミュニティの空間デザインである．近年，こうした社会的活動と空間デザインを総称してアクティブデザインと呼んでる[14]．

　つまり，人々の活動をアクティベイトする観点からは，「場」，つまり活動の「機会」とそれが行われる「空間」のデザインが重要であり，この観点からコミュニティデザインを考え直す必要がある．居室においては，外部にでやすく，またいろいろな人とふれあう機会が適度に存在し，さらに屋外では歩行者環境が充実しており，さまざまな場所において気軽に活動や運動ができる．また自転車や公共／共同輸送サービスが利用できる，といったことは，極めて重要と考えられる．

　こうしたアクティブデザインの試みは，近年始まったばかりであり[15]，各試みの有効性を確認しつつ，計画・デザイン論として進化させる必要があるだろう．

---

13) 協調・協働的活動の効果をコレクティブ・インパクトと呼ぶが，近年コミュニティ問題解決の重要なキーワードとなりつつある．各種の協働的アプローチをとる事業やその集積の評価を，協働が存在するが故により効果が高まった点に着目して行うものである．

14) たとえば，高齢者や障害者，さらには 10 代後半の青少年などにとっては，コミュニティにおいてスポーツを楽しむ環境が用意されていることは社会的包摂や心身の健全性を保つ上で極めて重要といわれている．このため，地域スポーツクラブがハード・ソフト面で充実しており，またスポーツ施設までのアクセスが可能であり，さらにいえば道すがらもアクティブになるさまざまな空間的な工夫や機会が提供されている，といったことが求められている．

15) ニューヨーク市では，こうした発想のもとアクティブデザインガイドラインを 2013 年にまとめている．以下参照のこと．http://www.nyc.gov/html/ddc/html/design/active_design.shtml（2015 年 9 月 7 日参照）．

(b) 制度的課題

(1) 統合的な空間戦略を位置づける制度

　従来の法定都市計画の範疇にとどまらず，社会事業やサービスの空間（地理）的展開を含めた内容が必要になる．また，西欧近代都市計画における計画（マスタープラン）では，公共が行う事業（お金）と規制（権限）の配分を決定することに主眼があった．しかし，上記のようなコミュニティマネジメント志向のプランニングにおいて戦略や計画が果たす役割は，多様な主体による活動を協調的なものに導き，また必要に応じて協働的活動とするためのフレームワーク，すなわち協働のフレームワークとしての役割を求められている．こうした，「計画」の役割の転換は，計画論における大きなイノベーションといってよい[16]．

　こうした新たなパラダイムの計画の役割を，どのような計画制度で受け止めるのか？

　1) 空間の無くなった総合計画，個別分野化した市町村都市マスの限界

　現状の制度でいえば，総合計画や都市マスタープランが最も有力である．しかし，総合計画は，90年代に，行政管理の考え方が導入されて以降，空間・地域の概念がほとんど無くなってしまった[17]．一方，1992年の都市計画法改正で導入された市町村都市計画マスタープランは，制度導入当初は，狭義の都市計画に限らず空間的課題を取りまとめる性格のもの，すなわち

---

16) アメリカやイギリスでは，すでに2000年前後からこうした新しいパラダイムにもとづく「計画」や「計画制度」に転換した先端的な事例が報告されていた．たとえば，アメリカにおいては，カンザスシティにおけるコンプリヘンシブプラン「FOCUS」などがあり，イギリスにおいては持続的なコミュニティ戦略がある．詳しくは，小泉（2006）や似внешは他（2011）を参照のこと．

17) 限られた資源を「どのように振り分け，利用するか」という点については，近税・財源の配分を費用対効果に基づいて妥当性を図り，またその達成度を示す指標と目標値の設定を行い，管理するという行政管理／評価の視点を取り入れた計画の型が，1990年代に，日本の総合計画の策定において広がり，一般化していった．PDCAのプロセスを取り込むこと，そして評価指標を取り入れることについては，一定の計画論的な進展があったと評価されるべきものであろう．しかし，一方で，それまで，総合計画に一般に含まれていた地域別の指針は，この時期にほぼ策定されなくなってしまった．行政評価を行うにあたっては，方針—施策—事業という階層構造で計画を記述・記載することが都合が良く，一方で空間戦略・計画に該当する部分については，達成度が測りにくいため削除されていったということが筆者の解釈である．

「都市マスタープラン」として策定することを志向する向きもあった（森村 1998）．しかし，他分野の計画関連法制度が整備されたことに伴い，市町村が決定する都市計画に関するマスタープランという法定上の役割に限定し策定する場合が多くなってきた．

2）プランのシステムを前提とした試みの必要性

各省庁ごとの縦割り構造の中，また省庁内での縦割り構造の中，マスタープラン・計画と呼ばれるものを個別施策分野別に策定されることが，特に1990年代以降，顕著になってきた[18]．このことにより計画制度全体としては「プランのシステム」として表現される構造をとることになってきたが，このシステムは，個別領域ごとのマスタープランが乱立するなかで，必ずしも空間調整や分野間調整を図ることについて，うまく機能していない．

求められているのは，乱立するプランによって構成されるプランのシステムを前提としながら，分野間が相互調整された，空間的にも統合的な役割を果たす戦略・計画を立案することにあるといってよいだろう．

3）計画制度をめぐる新しい動き

それでは，どのような計画制度が必要なのか？　1つは，既存計画を統合的に策定することであろう．筆者らが関わる草加市においては，総合計画，都市マスタープラン，地域福祉計画，公共施設管理計画，環境基本計画を連携させ，一体化して作成することを志向している．特に，少子高齢社会に対応した住環境性能を，地域の特性に応じて獲得するために，介護福祉サービスや保育施設のニーズを，住宅地に今後増えるであろう空家や市街地にまだ残る生産緑地，公有地・公共施設などで積極的に受け止めることについて，コミュニティ単位で詳細に検討する．

また，コミュニティを単位とした新しい制度的対応は，地方都市が先行して試みてきている．特に，平成の合併を機会に，コミュニティ自治型制度を

---

18) これは，各政策分野を所管する中央官庁の個々の部課の意図により自治体行政において行政計画によるアプローチを推し進めてきたことによる．例を挙げれば，みどりの基本計画（1994年），地域福祉計画（2003年），地域公共交通計画（2007年），また市町村計画の義務化はなされなかったが，環境基本法の制定により多くの自治体が策定した環境基本計画（環境基本法1994年）のように，各分野で基礎自治体レベルでの計画が次々と法定化ないしは関連法の整備が行われ，分野別のマスタープランが広がっていった．

導入した自治体が少なからずある（第4章参照のこと）．こうした制度的対応を，コミュニティストックのマネジメントを視点に評価することも必要だろう[19]．

　また，まったく任意の計画を策定し，それに個別計画や制度を整合させる方法もありうる．横浜市「たまプラーザ地区」における試みでは，策定された非法定の計画にもとづき，住民による協働事業が展開されているだけではなく，行政の各種制度の適用や運用についても，分野横断的につなぎつつ，また民間企業や専門家と協力して実施することを目指している．新しい計画の役割を志向した好例といえるだろう．

　一方で，国交省を中心とした立地適正化計画制度や総務省による公共施設管理計画制度などの新たな制度の創設も相次いでいる．さらにいえば，地方創生関係では，総合戦略の作成を各自治体が行っている．こういった新しい制度の創設が，さらなる個別化を進めるものとならないように，社会事業やサービスの空間（地理）的展開を含めた，より総合的な計画・戦略を策定することにつながるような工夫が必要になる．その際，これまで，ほとんど連携のなかった地域福祉計画（および活動計画）や介護保険事業計画との連携も必要不可欠となる．

　実際，国交省では，立地適正化計画制度の策定にあたり，地域公共交通総合連携計画はもちろん，公共施設管理計画制度や地域包括ケア，環境配慮など多角的な観点から自治体を支援することを開始している[20]．こうした動きが，コミュニティの問題解決に向けた，意味ある新たな計画行政の取り組みを生み出すことに期待したい．

---

19) なお，伊賀市，名張市，朝来市，雲南市の先進自治体は，こうした制度にもとづいて設置される住民自治組織を小規模多機能自治組織としてその法人格について制度提案を行っている．http://blog.canpan.info/iihoe/img/1403_rmo_houjinka_final.pdf（2015年9月7日参照）

20) 国土交通省では，立地適正化計画制度の創設に伴い，自治体による計画策定を支援するコンパクトシティ形成支援チームを結成したが，自治体からの要望に応える形で，この中に連携施策ワーキンググループ（連携WG）を設置し，(1) 地域公共交通施策，(2) 医療・福祉・子育て施策，(3) 公共施設再編施策との連携をはかりながら，立地適正化計画を策定することを支援するとした．以下参照のこと．http://www.mlit.go.jp/common/001095209.pdf（2015年9月2日参照）

(2) 協働的問題解決に取り組む事業や活動を発展させる社会的仕組み

以下では計画制度とセットとなる，事業制度の発展方向について論じる．

1) 総合的事業制度：1つは，総合的事業制度である．筆者らは社会資本整備審議会などにおいて，省庁横断型の包括補助金の必要性を指摘してきた．こうした指摘を受け，国交省都市局が所管するまちづくり交付金が創設され，後に社会資本整備総合交付金として拡充されたものの，依然として以下の点において限界がある．1つは，基幹事業の枠が設定されており，自由度に限界があるということである．もう1つは，基本的には物的空間整備を目的の中心に据えた従来的な補助金の性格であり，協働活動を育む新しい計画（本稿における空間戦略）との関係に基づいているものではないことである[21]．

近年の制度的対応としては，6月30日に閣議決定された「まち・ひと・しごと創生基本方針2015」にもとづく地方創生の新型交付金が注目される[22]．まちづくりやコミュニティ形成に関する補助金は，省庁ごとに分散的に存在しており，コミュニティベースでの実践に包括的かつ自由度が高く利用することに向いていない．今回の地方創生による新型交付金が，まちづくりやコミュニティ形成に関連した補助金を統合する新型補助金として成長することに期待しているし，そのために各自治体による意味ある実践の展開に期待したい．

2) 原資を獲得する多様な仕組み，投融資：先進例として，まちづくりファンドに基づく活動助成があり，全国各地で一定の成果を挙げている．しかし，近年，クラウドファンディングやふるさと納税制度を組み合わせた試みが登場してきている．こうした試みを，コミュニティ再生の事業支援の仕組

---

21) 同交付金は，立地適正化計画を策定することで補助率が上がる．立地適正化計画制度との連携が一応図られているが，同計画制度の枠組みが当てはまらない自治体もあることなど課題もある．

22) 同交付金は，「先駆的な取り組みを実施する自治体に自由度の高い予算配分を実施する」としており，「これまでのような「縦割り」による事業や経費の制約を緩め，複数の自治体や官民が共同で実施する高齢者移住のモデル事業などを対象」とし，更に，「交付金を配布した自治体には，定期的に事業の進捗（しんちょく）度を見直すプロセスの導入を求め」「財源は各省庁所管の補助金を見直すことで捻出する．」としている．以下参照のこと．http://www.sankei.com/politics/news/150630/plt1506300044-n1.html（2015年9月7日閲覧）

みとして組み立て直すことが求められている．これについても，ここ数年で先端的試みが登場してきている．

たとえば，Local Good Yokohama や，ふるさと納税制度を住民発意や協働型のコミュニティ活動・事業の助成制度と組み合わせた米子市，神戸市などの例が注目に値する[23]．

また，財政的な持続性を考えると，補助金から政策金融にシフトすべきとの指摘もある（佐々木，2015）．従来，政府セクターが担ってきた多くの事業も民間ベースで提供する事例が増えつつあり，補助金から政策金融に原資を振り分け直すことには意味がある．しかし，社会的包括など，民間ベースでは採算には直ちに乗らない事業も多く存在している．このことから，コミュニティ再生に対する投資減税制度の創設などが必要で，そうした制度を策定された戦略のもとで運用することで，より強力に民間企業と NPO，市民や住民との協働的な取り組みを支援することができるだろう．

(3) 持続可能性評価制度の必要性

さて，これらについて，空間戦略や事業がコミュニティの課題解決に十分に機能するのか？　最後に，こうした計画，事業制度を評価するメカニズムとして持続可能性評価制度の必要性を指摘して本章を閉じたい．確定した未来と不確実な事柄を広範に亘る政策領域について確認しながら，空間戦略を策定してゆく必要があり，また諸種の活動や事業の効果も確認する必要がある．そのためには，分野統合的に空間戦略を科学的に評価し，一方で市民の参加を促す情報提供の手段としても意味がある持続可能性評価制度が必要不可欠だろう．それがあれば，持続可能性評価の結果を協働事業のモニタリングにも用いることができ，持続可能性を視点にした PDCA の仕組みの構築につながるだろう[24]．

---

23) 各々の取り組みについては以下参照のこと．
　　http://yokohama.localgood.jp
　　http://www.city.yonago.lg.jp/3333.htm
　　http://www.city.kobe.lg.jp/ward/activate/participate/platform/ps-top.html

24) 持続可能性評価については，原科・小泉（2015）に詳しい．

参考文献

小泉秀樹（2006）「コラボラティブ・プランニング」『都市計画の理論』3章第4節，高見沢実編著，学芸出版社

小泉秀樹（2011）「まちづくりと市民参加」大西隆編『人口減少時代の都市計画——まちづくりの制度と戦略』学芸出版

小島康太朗・三浦聖樹・杉崎和久・小泉秀樹（2002）「市民の自律的まちづくり提案活動を支援する情報提供に関する研究」都市計画論文集，no. 37, pp. 841-846

後藤　純・小泉秀樹他（2015）「超高齢社会のまちづくりのために——コミュニティ戦略型計画を目指して」雑誌都市計画, vol. 64, no. 4

佐々木晶二（2015）「事業のポテンシャルを踏まえた都市・地域再生の新しい視点と課題を考える——「空間計画から事業」でなく「事業から空間計画」へ」http://www.minto.or.jp/print/urbanstudy/pdf/research_16.pdf（2015年9月15日参照）

佐々木晶二（2015）『政策課題別都市計画制度徹底活用法』ぎょうせい

杉崎和久・小泉秀樹・大方潤一郎（2003）「市民参加による計画策定におけるアウトリーチ活動の効果に関する考察——埼玉県深谷市都市マスタープラン策定プロセスを事例として」都市計画論文集, no. 38-3, pp. 835-840

堤可奈子（2013）「地域住民自治型まちづくり制度の課題と可能性」東京大学学位論文

永田麻由子・小泉秀樹・真鍋陸太郎・大方潤一郎他（2014）「地方公共団体における公共施設マネジメントの取組みに関する実態と課題——公共施設の総量削減手法と住民生活に与える影響に着目して」都市計画論文集, vol. 49, no. 3, pp. 663-668

似内遼一・後藤　純・小泉秀樹・大方潤一郎（2011）「英国プリマス市におけるコミュニティ戦略の実現における地域協定の役割の意義と課題」都市計画論文集(46) 703-708

原科幸彦・小泉秀樹　編著（2015）『都市・地域の持続可能性アセスメント　人口減少時代のプランニングシステム』学芸出版社

森村道美（1998）『マスタープランと地区環境整備：都市像の考え方とまちづくりの進め方』学芸出版社

第9章 情報・ICTをまちづくり支援に活かす

9.1 まちづくりに関係する情報の捉え方

　図9.1は東京のある近郊駅の駅前広場のパノラマ写真である．この空間はさまざまな情報で溢れていて多くの人びとがこれらの情報を否応なしに目にする．情報の多くは商業的な宣伝であるが区から市民向けにお知らせが提供されている場合もある．大型ディスプレイのような動画を提供する装置もみえる．一方で，図9.2はある町内会の掲示板である．この中の情報は多くの場合は地域住民の身近なことに関する情報であるが，どの程度の地域住民が目にしているだろうか．

　『大辞林』によると情報とは「①物事・出来事などの内容・様子．また，その知らせ．②ある特定の目的について，適切な判断を下したり，行動の意思決定をするために役立つ資料や知識．」とされている．本章では，まちづくりに関する情報を「空間や社会のさまざまな事象を誰かに伝えるために表現したもの」として考えてみたい．まちづくりに関する情報の捉え方として，「集め方」「まとめ方・見せ方」「交わり方」という3つの視点を設定して，以下，論じる．

9.2 4つの集め方

　まちづくりに関する情報を，集め方に着目して分類したものが表9.1である．「行政調査型情報」は，都市計画法第6条に定められた都市計画を決定・変更するために必要とされている都市情報を調査する「都市計画基礎調査」

244　第9章　情報・ICTをまちづくり支援に活かす

図9.1　多くの人びとが行き来する駅前はさまざまな情報に溢れかえっている東京都足立区北千住駅前（筆者撮影）

図9.2　町内会の掲示板は地域住民の交流の場として機能する東京都文京区菊坂町会の掲示板（筆者撮影）

表9.1　まちづくりに関する情報の集め方に着目した分類

行政調査型情報	行政の公式な調査によって集められる情報．都市計画基礎調査をはじめとして，各種事業などでも調査されている．
参加過程型情報	市民参加の過程で集められる情報．生活に根ざした市民感覚の情報が収集・蓄積される．
SNS蓄積型情報	個人が日常的にSNSで発信・コミュニケートする大量の情報が電子的に記録される情報．
自動ログ型情報	個人の日常の行動（移動・位置情報、購買情報など）が，スマートフォンなどのモバイルデバイスを経由して，（半）自動的に記録される情報．

をはじめとした行政が行う調査で集められる情報である．都市計画基礎調査のマニュアルは旧法時代から5回にわたり作成されており，それぞれ当時の都市の様相を反映した興味深いものとなっている．最近では平成25（2013）年度に「都市計画基礎調査実施要領（平成25年6月）」が策定され，1つ前の昭和62（1987）年要領と比べて，調査項目を統廃合して，「大規模集客施設の立地」や「公共交通の状況」といった調査項目を新たに設定したほか，調査範囲を都市計画区域に限定しないこと，GISデータベースを活用するこ

となどに触れている．

　都市計画・まちづくりの実践ではその参加の過程で，行政調査型情報とは違った種の情報を蓄積してきている．まちづくりでの市民参加の意義の1つとして日常暮らしている市民であるからこそ知りうる情報，生活に根ざした市民感覚の情報を得ることも挙げられる．工夫にみちたさまざまなワークショップが参加の方法として実践され，アウトリーチ活動はより丁寧で適切な方法となり，また参加の過程を電子化・インターネット化しようとする取り組みもみられ，市民参加はより広範な市民の参加を促すようになり，すなわち広範な情報の収集が行われるようになってきている．これらで収集される情報が「参加過程型情報」である．

　ICT（Information and Communication Technology）が広く普及し，TwitterやFacebook，mixiに代表されるSNS（Social Network Service）という個人からの情報発信が大量に発生する場ができてきた．多くの人々がそれらを日常的に気軽に使用している現在において，そこでの情報のやり取りは日常の社会生活を対象とする都市計画やまちづくりにとって貴重な情報源となりうる．これらを「SNS蓄積型情報」と呼びたい．SNSは市民の情報が多く交わる場でもありその点については後述する．

　個々人の日々の行動が（半）自動的に記録されていて，コマーシャル・マーケティング分野などでは既に有用に活用されている．上述のSNS蓄積型情報が自らの意思で発信している情報であるのに対し，これらの情報は，（個人が記録することについての同意をしていることが「前提」であることが多いが）個人が意識することなしにスマートフォンなどのモバイルデバイスを経由して記録され蓄積されている情報である．空間的移動・位置，購買行動などをはじめとして行動に関わるさまざまな情報が自動的に記録されている．これらを「自動ログ型情報」としたい．

　コミュニティデザインが客観的情報のみに頼って自動的な算術計算のもとに行われるということはありえない．情報は行動の良し悪しを判断する際の明確な根拠として活用される．まちづくりや都市計画の判断材料や客観的根拠としては，行政調査型情報や参加過程型情報などはすでに活用されている．SNS蓄積型情報や自動ログ型情報は，判断材料や客観的根拠として，都市についてのより広範な情報を，それもタイムリーな形での把握が容易なもの

として提供してくれる．このような情報を得ることはコミュニティデザインの技術・制度さえも変えうる可能性を秘めている．

集め方の違いにより集まる情報の質や量が違い，その違いを考慮してさまざまな集め方で集めることができる情報を適切に組み合わせることで，まちづくりにより有用な情報を得ることができる．SNS 蓄積型情報や自動ログ型情報はいわゆるビッグデータであり，従来のまちづくりでの情報の活用とは違った情報技術の応用が期待されるところである．

9.3　情報のまとめ方・見せ方のバリエーション

9.3.1　都市の情報集

集められた情報をどのように見せるのか．集められた情報は「都市の情報集」という形でまとめられる．「都市の情報集」は既述の都市計画基礎調査の図書もあてはまるし，1970 年代にコミュニティ行政推進の中で作られてきたコミュニティカルテもそうである．収集した情報を住環境整備など何らかの目的のもとにまとめたものが都市の情報集である．

情報集の代表的なものの 1 つとしてコミュニティカルテについて述べたい．コミュニティカルテは，地区のさまざまな空間整備課題を地区全体の中で考察することで地区の環境整備（＝まちづくり）を考えることを目的に作られた情報集で，作成の過程に市民の積極的参加を位置づけたことが特徴である．発行は 1973 年の神戸市のものが最初であり，作業が開始されたのは高知市（発行は 1974 年）のものが最初と言われている．行政域をいくつかの狭い範囲（＝地区）に細区分し，地区ごとの施設整備状況や市民意識，空間整備課題の分布を整理して，他地区との比較ができるようにまとめている．たとえば，高知市のものは，市域を小学校区程度の 23 地区に分けて，地区ごとに A2 判で折り込まれた「地区詳細図（1/1 万）」と A4 判 1 ページのカルテで構成されている（掲載されている項目は表 9.2 を参照）．

これらのコミュニティカルテは住民参加や地区の施設の整備状況の把握などを非常に丁寧に行って地区やコミュニティの状況を的確に把握し環境の整備へ寄与するものであったが，その丁寧さゆえに更新コストが大きく，継続して作られる例は一部の自治体のみとなってしまった（たとえば，三鷹市で

表 9.2　高知市（1974）に見られるコミュニティカルテの項目

地区の概況，地区の基本指標，地区詳細図，都市計画 用途地域図，小学校区区域図，生活の実感 - 市民の意識
　地区カルテその 1 - 地区開発の動き
　地区カルテその 2 - 安全なまちづくりのために
　地区カルテその 3 - 施設の状況
　地区の課題，地区のなりたち，地名の由来

は 1980 年代に「コミュニティカルテ」，1990 年代に「まちづくりプラン」と引き継がれた）．現代的なコミュニティ・カルテとして，更新コストの削減やより積極的で広範な市民参加の実現を目指しての ICT 化などの取り組みの進展も期待したいところである．

9.3.2　街のなかに情報を埋め込む

　情報の見せ方に着目すると，冒頭で掲載した 2 つの写真のように市街地の中にまちづくりに関する情報を「埋め込む」という方法も従来から多く見られる．人の往来の多いターミナル駅などでは商業的な情報が主となっていて，地域に根ざした情報が提示されることは多くはない．一方で，集会所へ足を向けると集会所の前に，前掲のような掲示板が設置されていて市民生活に直結するような情報に触れることができる．この中間的な位置づけで最近の取り組みとして，東京都大田区の大森山王地区の商店街の「まちづくりフラッグ型デジタルサイネージ・まちまど」（図 9.3 左）や，愛媛県松山市銀天街商店街・大街道商店街の「ストリートビジョン」（図 9.3 右）を紹介する．

　大森山王のまちづくりフラッグ型デジタルサイネージ「まちまど」は，まちの隙間（ここではアーケードに吊り下げられているフラッグ）を街の情報交流の場として活用しようという「まちづくりフラッグ」（当初は印刷媒体）をデジタル化したものである（饗庭他，2012）．表示されるコンテンツは商店街が用意したもので，個店の情報・セール情報などのほか，区や警察署からのお知らせ，さらには利用者と商店街との交流を図るイベントの成果（たとえば，今年の一文字書き）などである．松山市のストリートビジョンは，中心市街地の活性化を担う組織（TMO）である株式会社まちづくり松山が運営している商店街に設置された大型ディスプレイである．ここには地元商店の宣伝の他，行政からのお知らせ，個人からの依頼（プロポーズな

248　第9章　情報・ICTをまちづくり支援に活かす

図 9.3　商店街に埋め込まれたまちづくり情報を「返す」ディスプレイ
左：大田区大森山王地区のまちまど，右：松山市銀天街商店街・大街道商店街のストリートビジョン（ともに筆者撮影）

ど），街からのお知らせ（新年の挨拶など），イベント中継・録画コンテンツ，街の紹介（CATVの番組）などが放映される．

　どちらも，人びとの往来が比較的多い商店街という場に，地域の情報を提供していこうという取り組みであり，駅前広場にあふれる情報と町内会掲示板との中間的な要素，すなわち比較的多くの人の目に触れる場所に，地域に根付いた情報を提供していく，という特徴がある．TMOや地域住民とのつながりを意識した商店街が情報発信を担うことで，地域内の人びとのつながりのきっかけを生む装置となっている．

9.3.3　情報の見せ方の工夫

　情報の見せ方にも多くの工夫が見られる．

　たとえば，1990年に発行された熊本県鏡町（現八代市）の「まちづくり絵本」はまちの資源を絵本という形でまとめることで町の次世代を担う子どもたちにもわかりやすく魅力的に伝えようとする試みである．

　子どもの遊びと街研究会が東京都世田谷区太子堂で取り組んできた「3世代遊び場マップ」「4世代遊び場マップ」は，子ども，父母，祖父母の3世代（4世代マップでは，3世代マップの子供が親世代となり，その子どもの

世代を4世代目としている）のそれぞれの遊び場をインタビュー調査を通じて情報集約し，遊び場環境の変化がわかるように世代別にまとめた地図であり，遊び場という身近な情報を時系列にまとめて違いがわかるように見せる工夫のひとつである（子どもの遊びと街研究会，1999）．

山形県鶴岡市の都市計画マスタープランには「まちづくり情報帳」が付録している（饗庭他，2002）．このまちづくり情報帳にはまちづくりの課題の協議の場を通じて形成された解釈がまとめられていて，順次発行されるニュースが追加して綴じられるようにバインダー方式となっている．

また，もっと身近なアイテムとして，「色は匂えど長者町カルタ」（2010，図9.4左）や，大垣市景観遺産トランプ（2013，図9.4右）といったような，身近なものにまちづくり情報がまとめられ地域住民が気軽に手に取れるようにしている工夫も最近では多い．

9.4　ICTの展開と情報の交わり方の多様化

まちづくり情報がさまざまな方法で集められ地域住民へ返されることで情報が交わり，すなわち市民が交わることにつながる．むしろ情報とはそのために存在するものと言ってもよいくらいである．これまでのアナログな情報もその役割は十分に発揮してはいたが，近年のICTの展開は交わりの頻度を大きくし，交わり方の多様化を促進している．

9.4.1　まちの情報で市民が学習する

ごく普通の街並みのなかにある景観を市民が意識できる対象とするためのシステムである「三鷹景観脳」（図9.5）は，「市民が気軽に好みの景観のデータを蓄積できること」，「その蓄積されたデータを使って『好みの構造化』ができること」，「『好みの構造』にそった適切な景観のデータが提供され具体的な景観形成行動の支援につながること」を実現することを目的として，スマートフォンとPCとの双方で動作するように作られたシステムであり（Manabe et al., 2013），東京都三鷹市を中心として試用されてきた．市民自らが蓄積した景観の評価情報を，自らの手で他者の視点と相互比較することで，市民自らが自主的に景観について学習し，さらに景観形成行動を支援

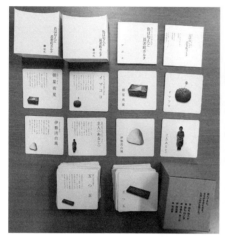

図 9.4　まちづくり情報が身近な「もの」に埋め込まれる
左：色は匂えど長者町カルタ（錦二丁目まちの会所 hanare），右：大垣市景観遺産トランプ（大垣市都市計画部都市計画課）

図 9.5　「三鷹景観脳」は市民が景観について意識を相互学習することを目指している

しようとする取り組みである．地区に存在する景観と，市民それぞれが持つ景観についての意識という情報を ICT を使って相互につなげ，市民個人が学習するといった仕組みである．

9.4.2 ソーシャルメディアの活用

改めて述べるまでもないが，Facebook や mixi などの SNS は市民同士の交わりを促進している．

振り返ると都市計画分野での電子会議室利用についての初期の記述は 2000 年ころに見ることができる（小林，1999）．当時は行政が設置した電子会議室をどのように運営し，電子会議室から出てきた行政課題をいかにして行政施策に取り込んでいくかということが検討されていた．2004 年には市民が無料で情報交流を行える Yahoo! グループが登場し，その翌年に mixi が本格運用開始，2008 年には Facebook の日本語版が公開されるなど，市民が交流するための「場」がインターネット上に多く用意されてきて久しい．2000 年以前の市民同士の情報のやりとりが電話や Fax，訪問が中心であったことを想像してほしい．ICT の展開による情報交流のコスト（お金，時間のコストのみならず，精神的なコストもあるだろう）の低減は非常に大きなものである．

Facebook や mixi などのソーシャルメディアは，誰からでも情報が発信され，情報の流れが固定されない「ネットワーク型」で，情報に関わる人の役割も固定されず参加者はさまざまな役割で情報の発信・伝播に関わる「コラボレーション型」，さらに当事者・仲間という意識が生まれ役に立つ情報を迅速に共有したいと思う「ヨコ型の情報網」というように言われている（小林，2011）．これはコミュニティデザインの仕組みそのものと合致し，その形成を強くサポートする道具である．

9.4.3 まちづくりのための資源の集約

近年のクラウドファンディングやふるさと納税は，ICT の技術的発展に支えられたお金という資源の動きを変える仕組みである．都市計画協会の「クラウドファンディングを活用したまちづくり入門」（2015）では，空き店舗を活用したコワーキングスペースの整備，古民家の改修によるゲストハウスの整備，マラソンコースとなる道路沿いの道路植栽整備などのクラウドファンディングを活用した事例がさまざまなまちづくりの目的で実施されて，兵庫県や大阪府，鯖江市，名古屋市などにクラウドファンディング活用のための公的制度が登場していることが紹介されている．

気仙沼市では「気仙沼まちづくり応援寄附金」という名称でふるさと納税をしてもらいその用途をコミュニティセンターの修繕や商店街イベント事業の補助金などに限定した取り組みを行っていたり，岡山市は「まちづくり人づくり応援寄附金」とし応援したい分野（希望使途）を寄附の際に選択できるような仕組みになっていたりと，まちづくりへの間接的な支援をふるさと納税を通じて行うことが可能となっている．

従来のまちづくりファンドに基づいた活動助成は全国各地で一定の成果をあげている．クラウドファンディングやふるさと納税の活用は，より広い範囲でコミュニティ活動や事業を資金面から支える道具であり，ICT の展開の効果の 1 つであるといえる．

9.5 コミュニティデザインの基礎を支える情報と ICT

「空間や社会のさまざまな事象を誰かに伝えるために表現した」情報は，コミュニティデザインを基礎で支える．社会のあり方の変化や ICT の展開で情報の集め方や見せ方がよりコミュニティ志向のものとなり，その交わりはコミュニティデザインの心魂そのものである．たとえば，ソーシャルメディアで扱われる情報が多くなるということは，すなわち，ネットワーク型・コラボレーション型・ヨコ型のつながりを形成している「まちづくり」との親和性がより強くなるということである．

一部の先進的なまちづくり事例は ICT を適切に取り込んで情報を活用したものとなっており，行政もこの動きに連動してきている．しかし，ごく身近なまちづくり活動のなかにこのような ICT の潮流を十分に活かせているだろうか．ICT や情報に関わる適切な制度的支援と技術的支援を用意することで，まちづくりやコミュニティのデザインの方法が大きく変わることになる．

多種多様な情報がいわゆる「情報の海原」に氾濫し，情報に踊らされることになりかねないのが現状でもある．SNS や自動ログで蓄積された情報は玉石混淆である．しかし，より広範で多様な情報をタイムリーにさまざまな主体が把握することが可能となってきている現実があり，いわゆるピラミッド型の情報形成図式の中でトップにあった行政やマスコミといった存在と，

地域住民との間の情報の格差が今やなくなりつつある．さまざまな情報を活用していこうという意思と，情報を処理する方法・技術，それらを受け入れる制度的体制をコミュニティの基盤として確立していく必要があるだろう．さまざまな情報を簡単に手に入れ適切に処理できるようになってきた現実を念頭におき，旧来型で固定的なデザイン・プロセスに執着するのでなく，幅広い主体をまきこんでその場・その瞬間で情報が手に入り多様な主体の交流を発生させるものであるということを前提とした，多様で柔軟性を持ったコミュニティデザインを実現したい．

参考文献

饗庭伸・佐藤滋・有地裕之・長谷川政敏（2002）「まちづくり情報帳の開発とその市民評価」日本建築学会技術報告集, (16), pp. 293-298, 日本建築学会

饗庭伸・真鍋陸太郎・白石祐也・川原晋・杉崎和久・平田徳恵（2012）「地域情報を共有するまちづくりフラッグの開発」日本建築学会技術報告集, 18（40）, pp. 1083-1086, 日本建築学会

子どもの遊びと街研究会（1999）「三世代遊び場図鑑」，風土社

小林隆・日端康雄（1999）「マスタープランニングにおけるインターネット電子会議室の利用可能性」都市計画論文集, No. 34, pp. 469-474, 日本都市計画学会

小林啓倫（2011）「災害とソーシャルメディア ――混乱，そして再生へと導く人々の「つながり」」, 毎日コミュニケーションズ

公益財団法人都市計画協会（2015）「クラウドファンディングを活用したまちづくり入門」, http://www.tokeikyou.or.jp/research/doc/nyuumon-crowdfunding.pdf

堀田昌英・真鍋陸太郎・杉崎和久（2004）「まちづくりにおけるコミュニケーション技術」, 都市計画, vol. 249, pp. 55-58, 日本都市計画学会

Manabe, R., S. Aiba and F. Ito（2013）"Keikan-Brain," a Device that Builds Knowledge and Consciousness about a Townscape, The 13th International Conference on Computers in Urban Planning and Urban Management (CUPUM) 2013, Utrecht

Manabe, R.（2015）, Concept Model "the Flow of Information in the City", The 14th International Conference on Computers in Urban Planning and Urban Management (CUPUM) 2015, Cambridge, MA USA

真鍋陸太郎（2015）「21世紀型の住環境の評価：様々な多様化をともなう住環境評価」, 都市計画, vol. 313, pp. 32-35, 日本都市計画学会

Facebook, https://www.facebook.com/
mixi（ミクシィ）, https://mixi.jp/

索引

[あ行]

アウトリーチ 216
空き空間 158, 159
空き地 159, 190
空き家 159, 190
　――情報提供事業 165
アクティブデザイン 235
新しい公共 13, 17, 20, 137
「新しい公共」事業 43
新しいコミュニティのあり方に関する研究会 97
アドボカシー型の団体 51
アーバンデザイン 7, 8
アリーナ 67
伊賀市自治基本条例 102
伊賀市市民活動支援センター 103
育成支援 134
生垣設置補助制度 166
（一財）世田谷トラストまちづくり 160, 168
異文化交流促進事業 109
色は匂えど長者町カルタ 249
インターネット 10, 15, 216
インフォーマル xv
インフラ長寿命化基本計画 202
運営支援 171, 174
営利事業 233
駅そば 220
　――生活圏 223, 224
　――ルネサンス 221
笑みの市 109
エリアマネジメント 86, 218
大垣市景観遺産トランプ 249
岡さんのいえTOMO 176, 178-181, 190
おでかけひろば事業 182, 184
オーナーズプラス会議 175
オープンガーデン 166, 188
オープンスペース 167, 191

[か行]

介護保険事業 114
　――計画 232
介護保険制度の充実 49
介護予防事業 114
階層格差 96
革新自治体 95
柏の葉アーバンデザインセンター 29
価値多元化 121
活動助成制度 135
活動助成方式 123
加点方式 128
ガバナンス iii
ガリバーマップ 11
環境基本計画 237
環境的制約 i
環境配慮 238
環境ホルモン ii
キブツ 4
基本構想 9
給食サービス事業 12
休眠預金 57
行政調査型情報 243, 245
協定書 139, 143, 146
協働 117
　――事業制度 136
　――事業負担金 138, 142
　――条例 v
　――の定義 119
　――のフレームワーク 236
　――のまちづくり事業 120
　――のまちづくり事業制度 150
　――の領域 iv
京都市景観・まちづくりセンター 28
共有空間 161
拠点形成 225

拠点施設　101
近郊住民　107
近代的コミュニティ再生　93
金融機関　208
金融商品取引法　42
近隣政府　97
空間マネジメント　xii
クラウドファンディング　vi, xiv, xvi, 180, 239, 251
グラミン銀行　45
グリーン・インフラストラクチュア　227
ケアチーム　ix
欅ハウス　170
建築空間（外部空間）　164, 165, 190
建築空間（内部空間）　164, 190
限定的な協力関係　118
合意要件　82
公益財団法人 京都地域創造基金　44
公益信託佐倉街づくり文化振興臼井基金　27
公益信託世田谷まちづくりファンド　27
郊外既成住宅市街地　157, 160, 190, 191
郊外住宅地の再生　206
公開審査会　127
公開審査方式　135
郊外スプロール　5
公共・共同空間　7
公共空間デザイン　11
公共交通　207, 220
公共サービス　98
公共施設　195, 215
　——管理計画　237, 238
　——総合管理計画　207, 208
　——マネジメント　196
公共性　146, 215
公共政策としての合理性　151
公共的利用　191
洪水・内水ハザードマップ　222
公正な手続き　154
公定　84, 138
神戸市丸山　4
こうべまちづくりセンター　27
広報支援　174

公募市民　96
公民館　195
公有空間　161
効率性　146, 150
高齢社会　15
高齢者世帯エスコート事業　109
国民生活審議会　3
越谷住まい・まちづくりセンター　34
子育て環境　213
子育て支援施設　197
コーディネート役　104
コート　67
子ども文庫　164
コミュニケーション　v
　——過程　215
コミュニティアセスメント　229
コミュニティエンパワーメント　229
コミュニティ・オブ・プラクティス　19
コミュニティ活動　x, 93
　——活性化地区　94
コミュニティガーデン　xi
コミュニティカフェ　xi, 15
コミュニティカルテ　246
コミュニティ協議会　96
コミュニティケア　121
コミュニティ計画（プランニング）　1, 93, 109
コミュニティ形成　92
コミュニティ研究会　93, 97
コミュニティ再生手法　94
コミュニティ財団　39, 40
コミュニティ事業　232
コミュニティ施設　94, 198, 200
　——計画　206
コミュニティ資本　vii
コミュニティ推進地区　94
コミュニティストック　227, 233
コミュニティスペース　165, 168, 170, 189, 191
コミュニティスポット　xii
コミュニティ政策　6, 91
コミュニティセンター　94
コミュニティ戦略　iv, 213

コミュニティ組織　ix
コミュニティ・ソリューション　10
コミュニティデザイン　1
コミュニティビジネス　234
コミュニティプレイスメイキング　xvi
コミュニティ・ボンド　94
コミュニティマネジメント　195, 227
コミュニティ問題小委員会　3, 92
コミュニティリーダー養成事業　95
コミュニティリビング　xv
　——ワーク　207
コレクティブハウジング　16

[さ行]

災害危険度　225
　——判定調査　222
最終報告会　129
(財)世田谷トラストまちづくり　169
在宅医療　xiv
サインデザイン　9
策定プロセス　214
サービスの質　150
サービスプロバイダ方式　203
サポートセンター　x
参加型アクションリサーチ　xi
参加型モニタリング　v
参加過程型情報　245
三軒協定　166
3世代遊び場マップ　11, 248
事業委託方式　123
事業実施の効率性　147
事業提案方式　123, 139
資源化　227
事後評価　132
地震マップ　222
次世代型プランニング　229
事前相談　127, 131
持続可能性評価制度　240
自治会　99
　——活動　106
自治基本条例　v
自治的コミュニティ　97
指定管理者制度　197

児童館　195
児童福祉　106
自動ログ型情報　245
市民活動支援センター　v
市民活動センター　101, 110
市民基金　39, 40
市民懇談会　215
市民参加　62
市民事業　vi
市民施設　197
市民社会組織　i, 98, 217
　——の自由な発意　148
　——の主体形成　149
　——を育成　153
市民社会の育成　152
市民提案　215
市民農園　167
　——整備促進法　167
市民の森　167
市民ファンド　v, vi, 20
市民風力発電　41
市民緑地制度　168
社会教育法　198
社会資本　195
社会的関係　14
社会的企業論　13
社会的合意　216
社会的孤立　213
社会的投資　54
社会福祉法　198
集会施設　197
住環境　20
　——整備モデル事業　8
私有空間　161
　——の公共的利用　161
住区協議会　96
住生活基本計画　219
住民協議会　96
住民自治協議会　102
住民によるプランニング　110
集約連携型都市構造　220, 224
松陰コモンズ　170
生涯学習施設　197

小規模多機能自治組織　111
少子高齢化　i
少子高齢社会　16, 114, 195
仕様書　143, 146
情報交流の場　xii
情報デザイン　15
女性・市民コミュニティバンク　44
助走期組織　68
新コミュニティ法人　112
推進会議　138, 142, 143, 151
ステークホルダー　216
ストックの資源化　206
ストリートビジョン　247
スーパーコミュニティ法人　111
住まい・場づくり　170
生活環境の整備　93
生活クラブ生活協同組合　47
生活圏域　200
正規事業化　147
政策金融　240
生物多様性　213
　　──の喪失　ii
生物多様性2050なごや戦略　221
世田谷トラストまちづくり　35
　　──大学　180
世田谷まちづくりセンター　27
世田谷まちづくりファンド　60
センター　126
全体構想　226
専門家派遣　68, 173, 175
造園　9
総合計画　208, 237
総合性　215
総合設計制度　166
総合戦略　239
総合的事業制度　239
属人的　122
ソーシャル・ビジネス　54
ソーシャルメディア　251

［た行］

第2種金融商品取扱業者　46
耐震化　197

対等性　118
対話　127
対話型事後評価システム　152
対話型審査プロセス　128
対話型で意思形成　146
対話の機会　153
多世代共創コミュニティ　213, 227
立ち上げ支援　171, 172
建て替えデザインゲーム　xii
頼母子講　45
地域移譲　199
地域格差　96
地域活動支援補助金　102
地域企業　208
地域協議会　98
地域共生のいえ　35, 171, 176, 188
　　──開設　173
　　──づくり支援事業　169, 172, 175, 178, 189
　　──づくり支援事業制度　160, 168, 171
　　──憲章　173, 174, 179, 183, 187
　　──プレート　173, 174
　　──訪問ツアー　171, 175, 182
地域公共圏　i
地域交付金　102
地域資源　204
地域自治区　98
地域自治組織　99
地域社会人口　16
地域住民自治型まちづくり制度　vi, 98
地域住民自治組織　100
地域情報基盤　v
地域生活圏　16
地域センター　97
地域通貨　15
地域における公共圏　iv
地域の拠点　15
地域福祉計画　208, 237
地域包括ケア　98, 238
小さな公共性　161, 191
小さな森　188
地球温暖化問題　i
地球環境問題　219

地区市民センター　104
地区街づくり協議会　62
地区街づくり計画　62
地区まちづくり計画　59, 71
地区まちづくり提案制度　77
ちびっこ広場設置　167
地方創生　239
中間支援組織　151
中間報告会　129
長寿命化　196
町内会　91
提案権　145
　──の保証　137
提案制度　v
提案に関する制度規定　151
提案の公定　78
低炭素都市2050 なごや戦略　219
デザインゲーム　215
テーマ型協議会　66
テーマ型提案　81
テーマ型まちづくり　74
　──協議会　76
　──提案制度　74, 77
　──提案　62
点検ワークショップ　xi
伝統的建造物群保存地区　165
討議　216
投資減税制度　vi, 240
特定管理者制度　196
特定農地貸付に関する農地法等の特例に関する法律　167
都市機能　224
都市計画基礎調査　243
都市計画法　63, 214, 226
都市内空地　166
都市の情報集　246
都市マスタープラン（都市マス）　v, 21, 77, 81, 200, 208, 213, 237
図書館情報学　15
土地バブル　8
土地利用構想図　224
富山式デイサービス　208
トヨタ財団　27

トラストまちづくり大学　180

[な行]

なごや交通戦略　220
名古屋市都市計画マスタープラン　218
名古屋新世紀計画2010　219
名古屋都市計画区域マスタープラン　219
奈良まちづくりセンター　26
にしお未来まちづくり塾　204
ニューアーバニズム　16
ニュータウン　5
認定NPO法人 高木仁三郎市民科学基金　43
認定NPO法人 まちぽっと　47
ネットコミュニティ　18
練馬区　125
練馬区まちづくり条例　29
練馬まちづくりセンター　29
農業体験農園　168
農村コロニー　4
能動的信頼関係　153
ノンプロフィット　xv

[は行]

旗揚げゲーム　216
発意の形成　148, 149
パブリック・コメント手続　97
バブルエコノミー　60
阪神淡路大震災　10, 215
阪神淡路ルネッサンスファンド　14
非建ぺい空間　164, 167, 190
ビジュアルデザイン　18
ヒートアイランド　ii, 213
美の基準（パタンラゲージ）　61
評価基準　138
ひょうごまちづくりセンター　28
費用対効果　147
ファンド　vi, 39
フォープロフィット　xv
フォーマルサービス　xv
フォーラム　67
フォローアップ　132
複合化　199

福祉NPO　13
福祉サービス　102
藤沢市辻堂　4
負担金　145
不動産アセット　234
プラットフォーム　208
プランニング　→　コミュニティ計画
　　　──プロセス　111
プランのシステム　237
ふるさと納税　vi, 251
　　　──制度　239
ふれあい・いきいきサロン　164
プレイスメイキング　86
フレームワーク　iv
プロアクティブ　203
プロジェクトチーム　230
プロノボ　vi
平成大合併　96
保育・教育サービス　114
保健・福祉施設　197
補助金　240
ボランタリーセクター　10
ボランティア　107
　　　──ワーク　10

[ま行]

マイクロファイナンス　45
マスタープラン　6, 61
まちづくり　4
　　　──NPO　62, 217
　　　──委員会　79
　　　──絵本　248
　　　──基金　60
　　　──協議会　ix, 59, 64, 216
　　　──計画　107
　　　──構想　71
　　　──懇談会　7
　　　──支援　101
　　　──事業　121
　　　──準備会　67
　　　──情報センター・かながわ（通称アリスセンター）　26
　　　──情報帳　249
　　　──条例　v, 8, 20, 59
　　　──センター（まちセン）　v, 25, 60, 63, 83, 151
　　　──ファンド　233, 239
　　　──フラッグ型デジタルサイネージ・まちまど　247
街づくり提案　ii
街並み　191
　　　──づくり　165
街なみ環境整備事業　166
まち・ひと・しごと創生基本方針　239
まちまど　247
学びのコミュニティ　15
マンション紛争　82
水の環復活2050なごや戦略　221
三鷹景観脳　249
密集事業　208
みどりのまちづくりセンター　29
見守り隊員　180, 181
ミュージック・セキュリティーズ　41
未来バンク事業組合　44
民主性　109
無尽　45
模合　45
モデル・コミュニティ事業　93
モデルプロジェクト　203
モニタリング　71, 240

[や行]

大和市協働推進会議　138
大和市自治基本条例　136
有償ボランティア　107
夢未来くんま　112
横浜市次世代郊外まちづくり　206, 231

[ら・わ行]

ライト・ライブリーフッド賞　47
ランドスケープ　9
立地適正化計画　208
　　　──制度　238
リノベーション　195, 203, 208
　　　──事業　218
　　　──スクール　204, 234

――まちづくりセンター　206
リブロ・ニワース　176, 186
リブ・ワークモデル　xvi
ルツの家　176, 182, 190
歴史まちづくり戦略　219
路地　ix

ワークショップ　202

[欧文]

CSR　vi
ICT　15, 21
Local Good Yokohama　240
NPO　107, 208, 228
　――バンク　39
　――法（特定非営利活動促進法）　10, 48
NPO法人　107
　――コレクティブハウジング社　170
　――しみん基金・KOBE　44
　――せたがやオルタナティブハウジングサポート（SAHS）　170
　――ふれ愛名古屋　55
PDCA　240
PFI　196, 203
SAHS　178, 179, 182, 183, 184, 186
SAN　188
SNS　19
　――蓄積型情報　245
SPC　204
UR　206
Webデザイン　19

執筆者および分担一覧（刊行時）

編者

小泉秀樹［はじめに，序章，第 1, 3, 4, 7, 8 章］
東京大学先端科学技術研究センター・大学院工学系研究科都市工学専攻教授，博士（工学）
著書：『都市・地域の持続可能性アセスメント――人口減少時代のプランニングシステム』（共編，学芸出版社，2015）『まちづくりの百科事典』（共編，丸善，2008），『成長主義を超えて（シリーズ都市再生）』（共編，日本経済評論社，2005），『スマート・グロース』（共編，学芸出版社，2003）など
受賞：2003 年日本不動産学会著作賞，2004 年都市住宅学会賞，2013 年第 8 回日本ファシリティマネジメント大賞（特別賞），2015 年日本環境共生学会賞（著述賞），2015 年グッドデザイン賞など

著者（五十音順）

大宮　透［第 3 章］
東京大学大学院工学研究科都市工学専攻
慶應 SDM ソーシャルデザインセンター研究員

奥田裕之［第 2 章］
認定 NPO 法人まちぽっと事務局長，天然住宅バンク理事，桜美林大学非常勤講師
著書：『市民ファンドが社会を変える――ぐらんが紡いだ 100 の物語』（共著，コモンズ，2009），『市民が描く社会像――政策リスト 37』（共著，生活社，2009）

川田さくら［第 4 章］
東京大学大学院工学系研究科都市工学専攻博士課程前期

後藤　純［第 5 章］
東京大学高齢社会総合研究機構特任講師，博士（工学）
著書：『地域包括ケアのすすめ――在宅医療推進のための多職種連携の試み』（共著，

東京大学出版会，2014)，『災害復興からの介護システム・イノベーション』(共著，ミネルヴァ書房 2016)

後藤智香子［第6章］
東京大学大学院工学系研究科都市工学専攻特任助教，博士（工学）
著書：『自分にあわせてまちを変えてみる力――韓国・台湾のまちづくり』(共著，萌文社，2016) など

島田昭仁［第3章］
東京大学先端科学技術研究センター共同研究員，博士（工学）
著書：『規範理論の探求と公共圏の可能性』(共著，法政大学出版局，2012)

杉崎和久［第1章］
法政大学法学部政治学科大学院公共政策研究科教授
著書：『住民主体の都市計画――まちづくりへの役立て方』(共著，学芸出版社，2009)，『人口減少時代の都市計画』(学芸出版社，2011)，『まちづくり百科事典』(共著，丸善，2008 年) など

堤可奈子［第4章］
前・東京大学高齢社会総合研究機構特任助教，博士（工学）．
著書：『かしわ在宅医療情報ガイドブック　わがまち』(編集責任，東京大学高齢社会総合研究機構，2014)

永田麻由子［第7章］
東京大学大学院工学系研究科都市工学専攻修了

真鍋陸太郎［第9章］
東京大学大学院工学系研究科都市工学専攻助教，博士（工学）
『住民主体の都市計画――まちづくりへの役立て方』(共編著，学芸出版社，2009)，『住環境――評価方法と理論』(共著，東京大学出版会，2001)

村山顕人［第8章］
東京大学大学院工学系研究科都市工学専攻准教授，博士（工学）
著書：『都市・地域の持続可能性アセスメント――人口減少時代のプランニングシステム』(共著，学芸出版社，2015)，『都市のデザインマネジメント――アメリカの都市を再編する新しい公共体』(共著，学芸出版社，2002) など

コミュニティデザイン学
その仕組みづくりから考える

2016年9月28日　初　版
2021年2月1日　第2刷

［検印廃止］

編　者　　小泉　秀樹
　　　　　こいずみひでき

発行所　　一般財団法人　東京大学出版会

代表者　　吉見俊哉

153-0041　東京都目黒区駒場 4-5-29
電話 03-6407-1069　FAX 03-6407-1991
振替 00160-6-59964

印刷所　　株式会社暁印刷
製本所　　誠製本株式会社

Ⓒ2016 Hideki Koizumi, *et al.*
ISBN 978-4-13-061133-6　Printed in Japan

JCOPY〈出版者著作権管理機構　委託出版物〉
本書の無断複写は著作権法上での例外を除き禁じられています。
複写される場合は、そのつど事前に、出版者著作権管理機構
（電話 03-5244-5088, FAX 03-5244-5089, info@jcopy.or.jp）
の許諾を得てください。

大野秀敏＋MPF
ファイバーシティ　縮小の時代の都市像　　　　　　　　　　　B5 判 /192 頁 /2,900 円

東京大学高齢社会総合研究機構編
地域包括ケアのすすめ　在宅医療推進のための多職種連携の試み　A5 判 /288 頁 /3,500 円

JST 社会技術研究開発センター編
高齢社会のアクションリサーチ　新たなコミュニティ創りをめざして　B5 判 /224 頁 /2,800 円

阿藤誠ほか編
少子化時代の家族変容　パートナーシップと出生行動　　　　A5 判 /264 頁 /4,800 円

延藤安弘
「まち育て」を育む　対話と協働のデザイン（POD 版）　　　A5 判 /286 頁 /3,200 円

浅見泰司編
住環境　評価方法と理論　　　　　　　　　　　　　　　　　A5 判 /400 頁 /3,800 円

宇都正哲ほか編
人口減少下のインフラ整備　　　　　　　　　　　　　　　　A5 判 /320 頁 /4,000 円

ここに表記された価格は本体価格です。ご購入の
際には消費税が加算されますのでご了承下さい。